生活·讀書·新知 三联书店

胡马北风踏汉关

汉匈百年战争

莲悦 著

图书在版编目（CIP）数据

胡马北风啸汉关：汉匈百年战争／莲悦著．—北京：
生活·读书·新知三联书店，2019.9 （2020.10 重印）
ISBN 978 - 7 - 108 - 06523 - 0

Ⅰ．①胡…　Ⅱ．①莲…　Ⅲ．①匈奴－战争史－研究－中国－秦汉时代
Ⅳ．① K289

中国版本图书馆 CIP 数据核字（2019）第 041236 号

责任编辑　胡群英
装帧设计　刘　洋
责任印制　卢　岳
出版发行　**生活·讀書·新知** 三联书店
　　　　　（北京市东城区美术馆东街 22 号 100010）
网　　址　www.sdxjpc.com
经　　销　新华书店
印　　刷　北京隆昌伟业印刷有限公司
版　　次　2019 年 9 月北京第 1 版
　　　　　2020 年 10 月北京第 2 次印刷
开　　本　635 毫米 × 965 毫米　1/16　印张 21.25
字　　数　248 千字　图 20 幅
印　　数　08,001 - 13,000 册
定　　价　48.00 元
（印装查询：01064002715；邮购查询：01084010542）

今天，我们应该怎样看待战争？

战争应该是一切政治手段、外交斡旋都失效后不得已的选择。就个体而言，交战双方很少有人能从战争中获益。

在古代中国社会，君主的意志压倒性地超越一切。发动一场战争，为政者首先考虑的往往不是民生问题，不是国家利益，而是君主的个人意志。于是，我们的战争观逐渐异化成君主的战争观。我们不会设身处地，站在战争之中个体命运的角度感受他们的苦难，审视社会家国的得失；而通常是以君主的视角，用成王败寇的理念来衡量战争。于是，我们渐渐地只会为胜利欢呼，而咒骂鄙视失败者。

从汉高祖刘邦白登被围到呼韩邪单于降汉，汉王朝和匈奴之间的战争持续了百余年。

这场战争的结果也许是明确的：匈奴在向汉王朝臣服后，逐渐衰落，最终被赶出蒙古高原，甚至彻底消失在历史的长河中。但因此便得出我们是胜利者的结论，未免草率。毕竟，匈奴被汉王朝打败、赶出蒙古高原后，鲜卑取而代之，继续威胁南方汉民族建立的政权。而在五胡十六国、南北朝之后，又有突厥、契丹、蒙古、满族……如果将两千年的历史拉通了看，其实，帝制时代的中国从来没有真正彻底解决过北方游牧民族的威胁，胜利都是阶段性的。

　　所幸，我们的文明之所以能贯穿上下数千年，从未中断，并不是因为我们有多么的强大，取得了多么辉煌的军事胜利，而在于我们的文明如同海绵一样，兼收并蓄，包容和吸纳了许许多多已经消失或仍旧存在的文明。世界上没有哪一个民族是绝对纯种的，现有的所有民族都是不断融合的结果。

汉匈战争的一百年也是秦王朝覆灭之后我们走进帝制最初的一百年，国家该如何发展？为政者应该与民休息、无为而治，还是应该建立一个无所不管、无所不能的强权政府？一切的一切还处在"摸着石头过河"的阶段。在这个时候爆发的汉匈百年战争，无疑极为深刻地影响到了西汉王朝的政治、经济、外交以及社会的方方面面。而在这段时间总结出来的执政理念，又更长远地影响到了未来两千年整个帝制时代。

如果我们不是从成王败寇的角度来看待汉匈百年战争，而是从这场战争对西汉王朝，甚至整个帝制时代的深远影响的角度来看问题，又会得出怎样的结论？

第一章

邻敌之国

关于匈奴这个民族，今天的中国人并不陌生，充斥荧屏的各种汉代宫廷剧为我们进行了不少历史知识的普及。不过，历史中真实的匈奴，恐怕与宫廷剧所表现出来的，相距甚远。

这些层出不穷的汉代宫廷剧几乎都在向我们传递着一个观念：匈奴是野蛮、落后、凶残的代名词。

不可否认，在两千多年前的秦汉时期，匈奴在政治、经济、文化上都远远落后于南方的中原王朝。同样不可否认的是，就是这样一个"落后"的族群，却在相当漫长的时间里，一直是我们华夏民族最为强劲的敌人，甚至一度在政治、军事上对我们保持了长久的优势。

如果不以丑化、矮化的方式看待匈奴，会不会有更多的收获呢？

秦汉时期，匈奴以"敌国"的面目出现在历史中。"敌"当然有"敌对"之意，但也可以解读为"匹敌"。

游牧民族行动非常迅捷，骑着快马风驰电掣，对所到之处进行劫掠。而在相当长的一段时间内，中原地区定居的农耕民族采用的是以将步卒兵车为主的作战方式。那么，至少在机动性等军事能力上，北方的游牧民族一度遥遥领先于中原的农耕民族。所以，赵武灵王才会锐意改革，学习游牧民族，全面推行胡服骑射，所有国民无分贵贱，革带皮靴、窄袖左衽，废车乘马、日逐骑射。

不过，在我们的文化理念中，"华""夷"一直有别。春秋时期，中原的各诸侯国开始有"诸夏""华夏"的意识，而周边其他民族便被称为"夷狄"。这个时候的"华夏朋友圈"其实蛮小，甚至像秦、楚、燕这样的大国也因为长期处于戎狄、蛮夷之中，而被排斥在圈子之外。

就民族而言，文化比血缘更有价值。所以，到战国时期，小国多被夷灭，"华夏朋友圈"中的成员便更少了。齐国本来就是老大哥，韩、赵、魏三家分晋后各占据一席之地，于是，原本被视作蛮夷的秦、楚、燕也被拉入了圈子。

而居于蒙古高原，虽然被司马迁描述为华夏苗裔，但饮食、服饰、风俗、习惯与华夏民族大相径庭的匈奴，自然而然被排斥在"华夏朋友圈"之外，成为"敌国"。一道明确的分界线——长城也在华夷之间逐渐出现。

在很长的一段时间里，长城都被当作中国人封闭、保守的象征。但现在，越来越多的学者认为，至少，战国到秦汉时期的长城，在军事防御的同时，还有更多军事进攻的意图。

无论如何，当秦始皇连通燕、赵、秦旧有的长城，长城便成了一道明确的分界线，长城以北是游牧的草原民族，长城以南则是农耕的华夏民族。南北两边，是两个力量上相互匹敌，彼此竞争、角逐，并相互影响的不同的国家、不同的文化。

因为文化的差异而形成的民族意识，不仅仅存在于华夏民族的头脑中，匈奴人同样有。如果，我们曾以将中原王朝视作世界的中心、天朝上国来体现民族自豪感；那么，匈奴人也有类似的情结。

《史记》告诉我们，在汉文帝和匈奴老上单于时代，老上单于在给汉文帝写国书时，刻意用更大尺寸的木牍书写，并倨傲地称自己为"天地所生日月所置匈奴大单于"[1]。彼时彼地，匈奴人的"大匈奴"意识，完全不逊于漫长的历史岁月中我们的"大中华"意识。

而即便在汉武帝时期，在漠南、河西、漠北惨败给汉王朝，国家实力大为削弱的匈奴，在战胜汉军之后，其狐鹿姑单于在写给汉武帝的国书中，依旧非常骄傲地称："南有大汉，北有强胡。胡者，天之骄子也。"[2]

不应该将北方的游牧民族简单地贴上野蛮的标签。文明的发展和进步有赖于不同文化的碰撞、交流和竞争。两千多年前，正是因为有一个强大的、富于侵略性的匈奴存在，才力促西汉初年的统治者千方百计保护民生，壮大国力，中国两千年的帝制时代才得以出现第一个欣欣向荣的治世——文景之治。

在历史长河中，匈奴人在自然环境的驱使下选择着自己的生存方式。今天的我们，如果能更多地站在异族的角度，用更平等、更平和的目光看待历史留给彼此的生存机遇，或许，更有助于还原历史本来的面目。

匈奴的起源　　上个世纪，在今天蒙古国首都乌兰巴托北面诺颜山地区发现了规模较大的古代匈奴墓葬群。1924年至1925年，苏联考古工作者科兹洛夫在对其中的一些匈奴墓葬进行发掘后得出一个结论：匈奴是雅利安人种的一支，是源于西方的外来民族。[3]

匈奴是最早出现在北部亚洲历史舞台上的骑马的游牧民族。两千多年前，秦汉时期的强大匈奴人究竟从哪里来？他们是从公元前 7 世纪就活跃于黑海周围的斯基泰人那里学会了骑马作战的本领，最终迁徙并定居于蒙古高原的吗？

但蒙古学者和大多数的中国学者并不认可这种说法。

蒙古学者坚持认为，匈奴就是古代蒙古人，并由此将蒙古人的历史追溯到了匈奴时代。

在蒙古境内一个大型匈奴贵族墓葬中出土了一块深棕色的毛织品，那是一幅匈奴人像的刺绣画。画中人浓密的头发梳向后方，前额宽广，眼睛巨大，鼻梁颇矮，上唇有浓密的胡须。因为人像的眼珠虽然是黑色，但瞳孔却用蓝线绣成，所以有学者得出"匈奴人是蓝眼珠的突厥种人"的结论。不过，蒙古考古学家策·道尔吉苏荣则坚持认为，刺绣画上的匈奴人和今天的蒙古人是一样的。用蓝线绣瞳孔只是为了让目光更威严，蒙古人虽然胡须少，但并不能说完全没有胡须。墓葬中还发现了一缕黑发，这恰好说明匈奴人的发色和蒙古人一样是黑色。[4]

匈奴人的起源为何？最能回答这个问题的，无疑应该是曾经与匈奴人打过无数交道的秦汉时期的中国人。

> 匈奴，其先祖夏后氏之苗裔也，曰淳维。唐虞以上有山戎、猃狁、荤粥，居于北蛮，随畜牧而转移。

这是司马迁在《史记·匈奴列传》中对匈奴起源的描述。《汉书》的作者班固应该算得上汉代对匈奴最有研究的人。他不仅写了匈奴的历史《匈奴传》，还曾随大将军窦宪北伐匈奴，接触过很多的匈奴人。关于匈奴的起源，班固几乎是沿用了司马迁的说法。

从司马迁和班固的记录，我们不难得出这样的结论：匈奴乃夏朝遗民，是华夏民族的后裔，避居蒙古高原，为适应当地的自然环境，与聚居地的土著杂居融合之后，逐渐发展成为风俗习惯与农耕华夏民族迥异的游牧民族。

这种说法在古代中国被史家普遍认可。随着历史学的发展，近现代的历史学家对匈奴的起源更偏重于匈奴与华夏民族无关，亦非外来民族，而是许多北方少数民族的共同后裔。

如果我们认可匈奴人起源于北方少数民族，那他们在人种上是否有可能异于汉人呢？根据《晋书·石季龙载记》中留下的匈奴人的一支——羯人"高鼻多须""（深目）婉婉"等记载以及史书中关于休屠太子金日磾、前赵刘渊和刘曜、大夏赫连勃勃等人身材都很高大的记录，日本学者内田吟风先生认为匈奴人"白皮肤、高个子、黄头发、绿眼睛、多须髯、眼窝深陷、鼻梁高挑"，属于"高加索人种中的北欧类型"。[5]

然而，陈序经先生在《匈奴史稿》中断然否认了这种观点。他认为，如果匈奴人的体貌特征如此大异于汉人，司马迁和班固不可能不进行详细记录。在《史记》和《汉书》中，我们找不到匈奴人样貌的记录，只能说明匈奴人与汉人长相大致相同，才不用做特别的介绍。

与汉王朝鏖战上百年的匈奴人到底长什么样子，也许今天仍矗立在西汉名将霍去病墓前的大型石雕"马踏匈奴"能让我们窥见一斑。这尊石雕雕凿于汉和匈奴激战的时代，被汉军高大军马踏于马腹下的匈奴人是一个须发茂盛的虬髯客，其头甚巨，眼大而圆，额低耳巨，"一见而知非中国人而为夷狄"。陈序经先生也据此得出结论：这个夷狄的形貌绝非白种人，匈奴人与汉人是有分别的，但汉人与匈奴人均为黄种人，即蒙古种[6]。而林幹先生根据自己的研究和一些考古墓葬中出土的器物认为，匈奴"属于突厥种的可能性较大"[7]。

狼噬牛纹金牌饰（1972年内蒙古伊克昭盟杭锦旗出土的战国时期金银饰件，具有浓厚的草原游牧民族特点，其族属一般认为属于匈奴族。现藏国家博物馆。黄豁摄）

茂陵陵区霍去病墓前的马踏匈奴石雕（黄豁摄）

人类学家对俄罗斯贝加尔地区、蒙古诺颜山以及我国内蒙古桃红巴拉古墓、青海大通匈奴墓的人骨进行了研究，发现不同地域出土的人骨在人类学特征上存在较大的差异。考古人类学家潘其风先生在《从颅骨资料看匈奴族的人种》一文中认为：公元前3世纪以前的早期匈奴人属于蒙古大人种，具有东亚人种和北亚人种混合的特征。当匈奴进入扩张时期，随着对周边民族的征服，其血缘因为民族融合而变得复杂，在某些地区甚至混杂有欧罗巴人种的成分。因此，匈奴人种构成是多元的，这种血缘成分的复杂性因为大规模的军事征服而愈演愈烈。

直到今天，我们在匈奴民族的起源和人种问题上仍然存在广泛的争论，但可以肯定的是，匈奴是一个在风俗习惯上与当时的华夏民族大相径庭的民族。匈奴过着逐水草迁徙的游牧生活，华夏民族的生活方式则是定居和农耕；匈奴以畜肉和乳制品为主食，华夏民族的主食则为谷物；匈奴衣皮革被旃裘，华夏民族则穿丝麻布匹做的长袍、短衣；匈奴贵壮贱老，华夏民族敬重长者，以孝治天下；匈奴父子同帐，实行娶兄嫂、庶母的转房婚制度，华夏民族重人伦、讲礼仪……

公元前318年，匈奴配合韩、魏、赵、燕、齐五国联合攻打秦国[8]。这是"匈奴"这个名称和民族出现在史籍中的最早时间。这以后，匈奴便开始散见于各种典籍的记载。

匈奴的疆域和人口

在历史的长河中，中原文明一直遭受北方游牧民族的威胁，从五胡十六国到蒙元入侵到大清立国，对于中原人而言，骑在马背上行动风驰电掣的游牧民族几乎成了一种民族心理阴影。

作为中国北方最早骑马的游牧民族，匈奴自出现在史籍中起，和南方华夏民族之间的冲突就没有停止过。然而客观地说，尽管匈奴国势一度极盛，但从已有的历史记录看，我们找不到匈奴有入主中原的意图。这一点，从刘邦遭遇白登之围后，不是"留取韩彭守四方"，而是致力于消灭异姓诸侯王也能得到相应的佐证。

匈奴在蒙古高原崛起壮大之初，并不算一个大国，其部落联盟分布在阴山南北包括河套以南地区：南方与强秦以长城为界；北界贝加尔湖，与丁零、坚昆等部落相接；东方有控制着今天内蒙古东部大兴安岭一带的劲敌东胡；西部的月氏国则在甘肃省西端保有强大实力，占据着丝绸之路的要冲。有学者甚至认为，月氏曾经控制着大部分的蒙古高原，包括从天山北麓至塔里木盆地的广大地区。

匈奴的扩张之路非常明晰：首先是破灭东胡，将疆域扩展至辽东；然后西击月氏，占领月氏故地，即河西地区，"敦煌、祁连间"；紧接着南并河套地区的楼烦、白羊二王，趁秦末农民起义和楚汉争霸之机，占领了秦将蒙恬夺取的匈奴故地；最后北上征服丁零、坚昆等部落。

汉初之时，在平城之役中将刘邦围于白登山后，匈奴与汉王朝确立了关系，成为名副其实的北亚霸主。但是，匈奴并没有选择继续南下，将富庶肥沃的中原地区变成牧场，而是将自己国家的发展方向指向了西域地区。

和后来在中国历史中登场的各个强大的北方游牧民族不同，西汉时期的匈奴还没有那种入主中原，建立一个世袭罔替的一君万民的集权制度的野心。因为这种制度模式对初生的汉王朝来说，都还处在探索阶段。对此时的匈奴而言，与南方定居的农耕民族进行交易，或者对他们进行掠夺，更符合游牧民族的天性和利益。

《史记》载，"（匈奴）其俗，宽则随畜，因射猎禽兽为生业，急则人习战攻以侵伐，其天性也"[9]，"匈奴明以战攻为事"[10]。主父偃在给皇帝的奏疏中也曾说匈奴"行盗侵驱，所以为业也，天性固然"[11]。因为这些习俗而形成了固有思维模式，就像中原人认为长城以北之地不适合农耕一样，匈奴人也认为长城以南的土地虽然富庶，但并不适合游牧。在白登之围时，单于阏氏劝说冒顿放刘邦一马时是这样说的："今得汉地，而单于终非能居之也。"[12]

对匈奴人而言，最具吸引力的土地是河西之地和西域地区，那里有大片水草丰美的牧地，还有许多风俗习惯相近的小国家，而且，这些散布在沙漠绿洲中的小城小国力量分散，易于征服和统治。

所以，冒顿和他的儿子老上单于都致力于攻击月氏，将河西地区纳入自己的版图，切断汉王朝通向西方世界的通道，并将西域纳入自己的势力范围，同时"臣服诸羌"[13]，控制青海羌族聚居地。

公元前 176 年，冒顿在给汉文帝的一封信中这样写道："以天之福，吏卒良，马强力，以夷灭月氏，尽斩杀降下之。定楼兰、乌孙、呼揭及其旁二十六国，皆以为匈奴。诸引弓之民，并为一家。北州已定……"[14]

经过冒顿时代的攻击，月氏人分裂为两部，其主力经由天山山脉的北侧徙往伊犁地区，还有一小部分人则留居今天甘肃、青海地区，与当地原住居民羌族等融合而成为小月氏。

老上单于时期，匈奴对已迁徙至伊犁地区的月氏人进行了追击。老上单于砍下了月氏王的首级，将其头颅作为饮器。月氏人无奈，只得继续迁徙。

还有一种观点是，冒顿对月氏进行打击后，月氏虽然西迁，但仍在"敦煌、祁连间"，直到老上单于斩下月氏王的头颅，月氏人才迁徙至伊犁地区。以后，乌孙在匈奴的支持下继续攻击月氏，月氏人不得不再度迁徙。

可以确定的是，在两代单于的共同努力下，匈奴的国力达到极盛，成为一个势力范围东达辽东、西逾葱岭、北抵贝加尔湖、南侵河套的强大帝国，让北方和西域所有引弓之民皆为匈奴。这个时期的匈奴，号称有控弦之士三十万，将周边的小国家、小部落悉数纳入麾下。

陈序经先生在《匈奴史稿》中根据《史记》的这些记录推算认为："像匈奴这个'百蛮大国'，有三十余万至四十万士卒似乎没有问题。所以照我们的估计，在冒顿在位后的前半期，匈奴人口大致上可以说是在一百五十万左右。"

刘邦遭遇白登之围时，《史记·匈奴列传》记载："冒顿纵精兵四十万骑围高帝于白登。"[15]陈序经先生认为冒顿麾下可能还不止这四十万士卒。不过，我们认为冒顿此战的目的应该是向刘邦和汉王朝展示自己雄厚的实力。在骑兵的战斗力远远高于步兵的冷兵器时代，展示战马的数量和质量应该比展示士卒的数量和质量更具有说服力。于是我们看到，冒顿几乎是以"阅兵"的方式，将不同颜色的马匹集中列队展示。所以，这四十万"精兵"可能是为了展示匈奴人战马如云，而且骑兵极具组织性，战斗力爆表。

当然，我还是同意陈序经先生的说法，白登之围时，匈奴的士卒在三十万到四十万，人口在一百五十万以上。接下来，随着自然繁衍和战争俘获他国人民的补充，这个数字应该还会增加。所以，我们一般认为匈奴极盛时期的总人口为一百五十万至二百万。

汉初的匈奴，是名副其实的"百蛮大国"。

匈奴的政俗　　林幹在《匈奴通史》中认为匈奴是奴隶制国家，并推算匈奴国内大约有几十万奴隶。但更多的学者认为，匈奴还没有发展到阶级社会阶段，更倾向于认为匈奴是一种部族联合政权，单于只是各个部落推举或者认可效忠的共同首领，是贵族共同体利益的代言人。美国作家狄宇宙在《古代中国与其强邻》一书中，将匈奴的政治制度定义为与汉朝制度性皇权截然不同的"神赐能力的酋长制"。日本学者泽田勳的《匈奴》一书则认为匈奴尚处于游牧政权的形成期，甚至在其政权制度尚未完备时就已经分裂为南北两部，最后消失在历史的长河中。

的确，匈奴的政治结构十分简单。

单于是国家的最高领导人，姓挛鞮氏，正式名称为"撑犁孤涂单于"。《汉书·匈奴传》记载："匈奴谓天为'撑犁'，谓子为'孤涂'，单于者，广大之貌也，言其象天单于然也。"

单于以下的二十四长是军事组织同时也是政治机构。《史记·匈奴列传》的记载如下：

> 置左右贤王，左右谷蠡王，左右大将，左右大都尉，左右大当户，左右骨都侯。匈奴谓贤曰"屠耆"，故常以太子为左屠耆王。自如左右贤王以下至当户，大者万骑，小者数千，凡二十四长，立号曰"万骑"。诸大臣皆世官。呼衍氏，兰氏，其后有须卜氏，此三姓其贵种也。诸左方王将居东方，直上谷以往者，东接秽貉、朝鲜；右方王将居西方，直上郡以西，接月氏、氐、羌；而单于之庭直代、云中：各有分地，逐水草移徙。而左右贤王、左右谷蠡王最为大国，左右骨都侯辅政。诸二十四长亦各自置千长、百长、什长、裨

小王、相封、都尉、当户、且渠之属。

匈奴人与华夏民族的习俗相反，他们以左为尊。如上，《史记·匈奴列传》载"匈奴谓贤曰'屠耆'，故常以太子为左屠耆王"。《后汉书·南匈奴列传》也明确记载，"左贤王即是单于储副"。在匈奴的历代单于中，由左贤王继承单于位的人数明显远多于其他诸王。不过，匈奴单于位的继承与中原王朝严格的嫡长子继承制不同，左贤王不一定就是单于的儿子，继承单于位者也不一定都是左贤王。

在匈奴这个部族联合政权的国家，单于位的继承法则更倾向于实权派，或者说，遵循丛林法则。

冒顿即是杀父夺位，以后两任单于虽然都是父死子继——实现了权力的顺利交接，但军臣单于去世后，单于位便没能顺利交到太子於丹手中，而是被军臣单于的弟弟左谷蠡王伊稚斜夺取。於丹在争夺单于位失败后，投降了汉朝。

军臣单于是公元前126年去世的。在此之前，汉武帝已经展开了对匈奴的全面反击，大将卫青在公元前129年的关市之战中取得了龙城大捷，随后又在公元前127年出云中（今内蒙古托克托），收复河南地（今河套地区）。

匈奴对汉王朝保持了七十年的军事优势一夕扭转，我们可以想象匈奴上下的震恐和忧惧。恰在此时，军臣单于去世，如果具有足够的军事才华和政治能力，作为太子，於丹理应顺利继位，但左谷蠡王伊稚斜不仅用武力击败太子於丹，夺得单于位，而且接下来虽然仍旧接连惨败给汉王朝，匈奴上下对他却坚定不移地予以支持。伊稚斜在公元前119年和卫青决战于漠北，战败后于乱军中逃走。当时很多匈奴人都以为伊稚斜已死，所以，右谷蠡王自立为单于。但伊稚斜出现后，右谷蠡王便主动去掉"单于"号，让其复位。足见，至少从军臣单于执政晚期开始，伊稚斜便是匈奴上下公认的最具有军事领导力和政治号召力的实权派人物。

再比如，带领南匈奴降汉，娶了王昭君的呼韩邪单于在汉成帝建始二年，即公元前 31 年病逝前，打算将单于位传给心爱的颛渠阏氏长子且莫车。但颛渠阏氏认为，"且莫车年少，百姓未附，恐复危国"[16]。最后，为了国家的稳定，呼韩邪单于将单于位传给了更为年长，也更受贵族百姓拥戴的大阏氏的长子雕陶莫皋。

这种拿实力来说话的继承法则，当然有其优越性。在一般情况下，能够登上单于位，带领匈奴人南征北战的，往往是各个部族公认的最具有军事、政治能力之人。不过，在国家最高权力的传承上缺乏制度建设，也许正是匈奴走向衰败，最终成为汉王朝臣属国的重要原因。

长城以南的中原王朝实行的是严格的嫡长子继承制，皇帝拥有至高无上的决定权。即便如此，围绕继承权的明争暗斗仍让我们两千多年的集权帝制时代总是笼罩在腥风血雨之中。而匈奴单于位的继承，似乎间于单于指定和诸王、贵族推选之间。这就让权力的继承出现了更多的不确定性。

汉宣帝时代匈奴的虚闾权渠单于，在继承单于位之初，废黜了自己的一个后妃——颛渠阏氏。这以后，这个颛渠阏氏不仅与右贤王私通，更在虚闾权渠单于死后，与自己的弟弟左大且渠都隆奇一起，谋立右贤王为握衍朐鞮单于。

握衍朐鞮单于异常残暴，大肆屠杀虚闾权渠单于在位时所任用的亲信官员。匈奴贵族无奈，共同拥戴虚闾权渠单于的儿子为呼韩邪单于。呼韩邪单于击败了握衍朐鞮单于，迫其自杀。然而，匈奴此后也进入了五单于争立的时代，内乱不休，走向彻底的没落。

一个被废黜的后妃便能擅行废立之权，这应该足以说明，匈奴在最高权力的继承上缺乏必要的制度建设。

匈奴的经济　　　　匈奴人据以繁衍生息的蒙古高原平均海拔为一千五百米，常年降水量稀少，冬季的气温往往低至零下二十摄氏度。这里的生存环境非常恶劣，无法像温暖的南方地区那样进行农业耕作。匈奴人只能以游牧和行猎为生，以马、牛、绵羊、山羊、骆驼等为经济来源。

由于自然环境恶劣和生产模式单一，游牧民族的生产劳动并不能完全满足生活所需。有学者甚至认为，游牧社会必须寄生于农耕社会才能存续，如果游牧民族不能顺利地与农耕民族进行商品交换，他们就会对农耕民族进行掠夺。

所以，在接下来的历史中我们会看到，匈奴非常重视汉匈两国边境上"关市"的正常货物交换。汉初七十年，汉匈保持和亲关系时期，开放关市，让两国人民能够在关市中自由交易，就是和亲的重要内容之一。在汉武帝时代，两国绝亲鏖战四十多年，到汉武帝晚年，匈奴狐鹿姑单于借着战胜贰师将军李广利的余威，提出要和汉王朝恢复和亲关系，向汉王朝所提的第一个条件就是开放关市。

东汉初年，南匈奴内附，称藩保塞，"北匈奴见南单于来附，惧谋其国，故数乞和亲，又远驱牛马与汉合市"[17]。汉章帝元和元年（公元 84 年），章帝批准了武威太守关于北单于请求合市的奏报，于是，北单于乃派大且渠伊莫訾王等"驱牛马万余头来与汉贾客交易"[18]。

"唯至互市，乃来靡服。苟欲中国珍货，非为畏威怀德。"记录在《后汉书·应劭列传》中的这句话虽然说的是鲜卑，但用在和鲜卑有着一样风俗习惯和经济条件的匈奴身上同样中肯。与南方物产丰富的中原王朝进行物品交易是北方所有游牧民族的一种经济需求。中原王朝维持与游牧民族在边境上正常的关市贸易，对维系边塞和平非常重要。

然而，仅仅依靠边境上时开时闭、时有时无的关市，并不能完全满足游牧民族的经济需求。而对于本身即是以自给自足的小农经济为主，贯之以重本抑末、重农抑商发展思路的中原王朝来说，关市从来都不是出于自身的经济需求，而一直都是"羁縻"少数民族的手段之一。因此，两千年以来，中原王朝和北方游牧民族之间的关系都是征服与被征服，双方似乎从来没有真正找到能够让彼此和平共处的长久之道。

所以，游牧民族在强大之时，对中原王朝进行劫掠，也是其满足物质需求的一种重要手段。这就是汉初七十年，汉匈之间虽然维持着和亲关系，但匈奴南下的铁蹄始终没有终止过的根本原因。

台湾历史学家王明珂先生曾多次到内蒙古及四川西北对蒙古地区和藏区的游牧经济进行考察。他在《游牧者的抉择——面对汉帝国的北亚游牧部族》一书中，用了一组数据来形象地告诉人们游牧地区和农耕地区自然条件有着怎样巨大的差异：在中国农业精华地区，不到一亩地便能养活一个五口之家；在较贫瘠的山地，如川西羌族地区，要六至十余亩地才能养活这样的家庭；然而在当前内蒙古的新巴尔虎右旗，二十亩地才能养一只羊，三四百头羊才能养一个五口之家，也就是说，要养活一个牧民家庭需要六千至八千亩地。

简而言之，自然条件决定了匈奴人口规模远小于汉王朝。

西汉立国之初确曾民贫国弱，但农耕民族一旦安定下来，辅以良好的政策鼓励生产，国力的恢复和壮大速度非常之快。在人口是最重要的生产和战略资源的古代社会，这意味着汉朝国力势必远超匈奴。

所以，匈奴的历代单于从未轻视过南方的汉王朝。同时，他们将国家的发展方向更多地指向西方。

匈奴从冒顿单于时代便取代月氏，控制着河西地区和西域诸国，控制着这条东西方贸易的黄金通道。这条黄金通道带给匈奴人两笔财富：来自西域诸国的赋税和与西域甚至更远的国家进行贸易的经济收入。

遗憾的是，匈奴怎样向西域诸国征税，税率是多少等等问题，我们在历史典籍中找不到相关记录。

在汉武帝时代，汉匈两国绝亲鏖战，公元前119年决战漠北后，惨败的匈奴退居漠北，十余年不敢南下。以往靠劫掠和汉王朝每年的"岁奉"所能获得的财物，现在都没有了。于是，匈奴人加强了对西域诸国的税收管理。

公元前96年（汉武帝太始元年），匈奴狐鹿姑单于设日逐王，以强化匈奴对西域地区各个国家的统治，更在日逐王下设置了僮仆都尉，治所在焉耆、危须、尉犁之间，专门负责赋税的征收。《汉书·西域传》的记载是，"赋税诸国，取富给焉"。

匈奴征收赋税的对象不仅仅是西域诸国，所有向它臣服的国家、民族应该都会向它纳税。在汉平帝时期，王莽摄政，匈奴虽然早已内附汉王朝，但仍向乌桓索要"皮布税"。《汉书·匈奴传》记载"匈奴以故事遣使者责乌桓税"。而汉朝护乌桓使者因为汉朝新颁布的规定，禁止乌桓继续向匈奴缴纳"皮布税"，结果导致匈奴、乌桓相互攻杀。乌桓战败，匈奴掳劫其人民千人。这些人的亲属只得带着牛羊等财物去赎人。

除了向臣属国征收赋税，匈奴还会通过古丝路北道这条东西方贸易的黄金通道开展贸易。不过，就匈奴而言，这些"贸易"可能只是进行比较原始的物品交换而已。

匈奴的普通民众通过汉匈两国边境上的"关市"交换生活必需品，也与周边其他民族、国家进行物品交换。《汉书·匈奴传》在记录上文所述匈奴和乌桓因为"皮布税"相互攻杀时还记录道："匈奴以故事遣使者责乌桓税，匈奴人民妇女欲贾贩者皆随往焉。"可见，匈奴人民与周边民族、国家进行物品交换的需求非常旺盛。

利用古丝路北道这条贸易通道与西域甚至更远的国家进行贸易的，则更可能是匈奴贵族。在《汉书·西域传》中，我们可以看到很多西域国家利用汉王朝的"经济厚赂"政策，大量换取汉王朝赏赐。这些赏赐以丝织品为主，而当时丝织品在西方世界非常昂贵，在后来的罗马帝国甚至有"一磅丝等于一磅黄金"的说法。很多西域国家正是以此牟取高额的商业利润。

在整个西汉时代，无论是汉初七十年以"岁奉"的方式，还是汉武帝时代用"经济厚赂"以招降的方式，甚至南匈奴称藩保塞后用女人和财物实行"羁縻"的方式，汉王朝每年都会有大量绢、絮等物品流入匈奴。这些物品肯定有相当部分被匈奴贵族消耗掉了，但也别指望贵族们将用不完的东西再分配给普通牧民。那么，剩余物品是不是都通过西域的胡商辗转流入西方世界了呢？虽然史书中没有相关记录，但我们不妨如此大胆揣测。

注 释

［1］《史记》卷一百十《匈奴列传》，中华书局 2014 年版，第 3505 页。

［2］《汉书》卷九十四上《匈奴传上》，中华书局 2012 年版，第 3245 页。

［3］ 泽田勋：《匈奴》，内蒙古人民出版社 2010 年版，第 8 页。

［4］ 林幹：《匈奴史》，内蒙古人民出版社、人民出版社 2010 年版，第 307 页。

［5］ 泽田勋：《匈奴》，内蒙古人民出版社 2010 年版，第 11 页。

［6］ 陈序经：《匈奴史稿》，中国人民大学出版社 2007 年版，第 139 页。

［7］ 林幹：《匈奴史》，内蒙古人民出版社、人民出版社 2010 年版，前言第 3 页。

［8］《史记》卷五《秦本纪》，中华书局 2014 年版，第 261 页。

［9］《史记》卷一百十《匈奴列传》，中华书局 2014 年版，第 3483 页。

［10］《史记》卷一百十《匈奴列传》，中华书局 2014 年版，第 3505 页。

［11］《史记》卷一百一十二《平津侯主父列传》，中华书局 2014 年版，第 3579 页。

［12］《史记》卷一百十《匈奴列传》，中华书局 2014 年版，第 3499 页。

［13］《后汉书》卷八十七《西羌传》，中华书局 2012 年版，第 2313 页。

［14］《史记》卷一百十《匈奴列传》，中华书局 2014 年版，第 3501 页。

［15］《汉书》卷九十四上《匈奴传上》记录为三十余万骑，中华书局 2012 年版，第 3223 页。本书从《史记》的记录（中华书局 2014 年版，第 3499 页）。

［16］《汉书》卷九十四下《匈奴传下》，中华书局 2012 年版，第 3266 页。

［17］《后汉书》卷八十九《南匈奴列传》，中华书局 2012 年版，第 2369 页。

［18］《后汉书》卷八十九《南匈奴列传》，中华书局 2012 年版，第 2372 页。

第二章

白登之围

"天子依然归故乡，大风歌罢转苍茫。当时何不怜功狗，留取韩彭守四方。"

这是清代诗人黄任的咏史诗《彭城道中》。黄任所感慨的是：汉初，刘邦率领大军北征匈奴，却遭遇白登之围，以至于后来不得不采取和亲政策，才能换来与匈奴的和平共处。试想，如果韩信、彭越等大将都还在，为大汉王朝、刘家天下守土安边，那么，刘邦还需要用女人和财物来向匈奴换取和平吗？

每次读到这首诗，就会想起汉高祖刘邦的《大风歌》："大风起兮云飞扬，威加海内兮归故乡。归故乡兮独彷徨，安得猛士兮守四方。"

刘邦是西汉王朝的开国之君。他原本是秦王朝一个最为基层的小官吏，大汉的江山纯粹是在秦末农民起义和楚汉争霸中，一寸河山一寸血地打下来的。他的身边曾经猛将如云，韩信、彭越、英布……不过，这些人都在开国后不久就被他自己以非常血腥的手段诛杀了。

所以，刘邦在《大风歌》中咏叹"归故乡兮独彷徨"的那份孤独和仓皇，恰恰是他自己一手造成的。

"狡兔死，走狗烹；高鸟尽，良弓藏；敌国破，谋臣亡。"不过，两千多年前，当刘邦登上九五之尊，成为汉家天子的时候，楚王韩信、梁王彭越、淮南王英布这些人真的是他的"走狗""良弓"吗？

刘邦的时代，中央集权制度尚处于初创期。秦始皇统一六国，成为中国历史上第一个集权天下的皇帝，他所创立的郡县制还未用实践证明其优越性，秦王朝便二世而亡。

之后，群雄逐鹿中原，诛灭暴秦，实力雄厚的项羽自立为西楚霸王。为招揽人心，项羽将秦始皇所创制的郡县制退回到分封制，大肆分封诸侯，而楚霸王不过是天下共主。楚汉争霸之时，刘邦为战胜项羽也大封诸侯王，汉朝建立之初更封了不少的同姓诸侯王。

所以，秦亡之后到刘邦于公元前202年称帝为止的这段乱世，我们不妨看作一个诸侯并起的时代，所谓"秦失其鹿，天下共逐之"。而垓下之围，正是诸侯共灭"楚霸王"。此时刘邦这个汉王与项羽一样，乃是天下共主。如果刘邦不能牢固地掌握最高权力，那么，他未必不会成为第二个被诸侯们联合起来一起消灭的"楚霸王"。

刘邦在称帝后诛杀的三大功臣中，功高莫如韩信。韩信用兵如神、屡建奇功，在刘邦被项羽围于荥阳时，求封作"假"齐王以镇齐地，刘邦无奈只得将他封王，灭楚后改封楚王，后又被贬为淮阴侯。英布原是项羽帐下猛将，封九江王，后叛楚归汉，封淮南王。彭越和刘邦一样，在秦末便聚兵起义，西汉建立后受封梁王。

那是一个中央集权尚未深入人心，皇权还没有主导一切的时代。秦王朝失去的"鹿"，项羽可得之，刘邦可得之，那凭什么韩信、彭越之徒不能得呢？这些功高震主的诸侯王们对皇权无疑是极大的威胁。因此，也有人认为，刘邦杀他们不是屠杀功臣，更确切地说，是在杀竞争对手，更像是进行一次统一战争。

两千多年后的今天，我们再回首这段历史，不应该仅仅局限于为"兔死狗烹""鸟尽弓藏"这样的人性悲剧扼腕。既然从秦皇到汉武，中国人用一百多年的时间来建立和完善了一个高度集权的制度，既然在以后的两千多年中，我们都一直沿用着这套制度，从未有过任何的反思和改进，那么，对彼时彼地的刘邦，我们又有什么资格去指责和贬损呢？

高度集权的悖论之一即：集权制度下，权力通吃一切，所以，权力看来如此美好诱人，所有的人都希望能够拥有它，但不受任何制约的权力终将反噬所有接近它的人，甚至包括最高权力的拥有者。

所以，韩信、彭越、英布们并非人心险恶的牺牲品，而是集权制度的牺牲品。

刘邦诛除异姓诸侯王全都在平城之役、白登之围后。按理说，经历平城一役，发现有匈奴这个虎视眈眈的强大敌人，刘邦更应该集中一切人力来抵御外敌，更应该"留取韩彭守四方"。然而，恰恰相反，也恰如后世的许多统治者一般，他选择了"攘外"必先"安内"。这即是集权的必然选择，如果不能"搞定"权力内部所有的竞争者，就可能在全力对付外敌时被别人"搞定"。这是集权的悲哀，是集权者的悲哀，但归根究底，是国家的悲哀、民族的悲哀。

现在，我们应当先看看汉匈百年战争史上最重要的一场战役——白登之围。此战确立了汉初七十年汉匈之间的关系，也对汉初七十年的政治、经济决策影响深刻。

百蛮之王

公元前 202 年，刘邦击败了宿敌项羽，登基成为皇帝。五十五岁的刘邦，终于走上了人生的巅峰。

不过，刘邦可能是中国历史上最不省心的一位皇帝：大半辈子混迹市井，四十八岁才起兵反秦；在反秦的各路人马中，他算不上实力雄厚者，贵族出生的项羽在各方面都更胜他一筹；好容易战胜项羽，建立汉王朝，第二年，韩王信反，匈奴大举南下；他御驾亲征，北击匈奴，却遭遇白登之围，碰上了一个比项羽更可怕的对手——匈奴单于冒顿。

刘邦在做皇帝的短短八年间，一直都在为剿灭异姓诸侯王、稳固刘家天下而征战。可即便如此，因为冒顿的存在，刘邦为子孙们开创的汉室江山终究难以高枕安寝。

在匈奴的历史中，冒顿应该是最为有名的一个领袖。不过，他并非匈奴人的第一任单于。

陈序经先生的《匈奴史稿》认为，匈奴与中国发生关系的可考年代大约在公元前 3 世纪，也就是头曼单于时代。可以这样认为，匈奴大概在这个时间段进入信史时代。

头曼单于是冒顿的父亲。德国汉学家夏德认为，"头曼"这个名字与突厥语"Tumen"有密切联系，其意思是"万"。这也许意味着，头曼单于所统治的人民数以万计。对善于骑射的北方游牧民族而言，这已经是一个不容小觑的庞大力量了。

头曼单于时代，除了南面的秦，匈奴周边还有更为强大的国家存在：一个是位于匈奴东面的强悍的东胡国，一个则是居住在河西地区的势力极盛的月氏国。

冒顿是头曼单于的长子。但更爱少妻幼子的头曼打算废黜冒顿的继承权，让自己宠爱的阏氏（匈奴后妃）所生的幼子继承单于位。于是，头曼将冒顿送往月氏人那里做质子，却率军攻击月氏。这是想假借月氏之手除掉长子冒顿。

《史记·匈奴列传》说："月氏欲杀冒顿，冒顿盗其善马，骑之亡归。头曼以为壮，令将万骑。"

冒顿竟然单人匹马从月氏人的围剿中逃了回来。匈奴是个贵壮贱老的民族，天生就崇敬英雄和勇士，头曼单于十分欣赏儿子的强壮勇武，不仅放弃了废长立幼的念头，还爽快地给了他一万人马。

但是，冒顿却怀恨在心，他开始用鸣镝训练卫士，在射杀了自己的宝马和妻子后，终于如愿以偿地杀父夺位，自立为匈奴单于。这时，强大的东胡王遣使来索要已故头曼单于的千里马，甚至提出索要冒顿的一个阏氏。匈奴人异常愤怒，欲与东胡一战。冒顿却毫不在意，爽快地将千里马和阏氏送给了东胡王。冒顿百般示弱，东胡不觉大意轻敌。当东胡王再提出索要匈奴土地时，冒顿出其不意地挥军灭掉了东胡。

根据司马迁在《史记》中的这些记录，我们不难得出结论：冒顿能单人匹马逃出月氏，说明他是一个勇武剽悍且性格坚毅的人；能成功杀父夺位，说明他性格中有狡黠而冷酷的一面；能忍辱负重最终击败东胡，说明他有政治智慧和头脑。

在秦二世冤杀蒙恬、自毁长城之后，秦末农民起义风起云涌，中原地区一片混乱，守边的秦军纷纷离开边关，匈奴得以渡过黄河，在黄河以南与秦王朝旧有的关塞接界。如今，冒顿治下强大起来的匈奴，西击月氏，北服丁零、坚昆等部，南吞白羊、楼烦二王，更大举侵入战国时秦、燕、赵旧地。

对于冒顿的崛起和匈奴的扩张，我们一般将其视作游牧民族好掠夺杀伐的天性。不过，美国作家狄宇宙在《古代中国与其强邻》一书中提供了一个完全不同的视角。他认为："中国向北方大草原的推进所引起的危机就成为一种催化剂，这种催化剂导致了匈奴更严格的等级制度的产生和更有凝聚力的军事组织的诞生。"

战国时期，"冠带战国七，而三国边于匈奴"[1]。在与匈奴的对抗中，秦、燕、赵的力量是分散的。秦始皇统一六国后，不仅派蒙恬征讨匈奴，将其逐出鄂尔多斯地区，更在边境线上修筑了长城以防御匈奴。狄宇宙认为，正是秦王朝的"入侵"削弱了匈奴的力量，使之成为别的国家——例如东胡、月氏等——攻击的目标。在严重的生存危机下，对更具有政治能力和军事才华的领袖的期待便显得更为迫切。于是，冒顿顺势而为，匈奴的扩张也成为一种必然。

史书中没有记录冒顿的出生年月，即便是冒顿杀父夺位的时间《史记》《汉书》都没有明确记载，只有南朝史学家裴骃编撰的《史记集解》中引徐广说，冒顿是在秦二世元年（前209年）自立为单于的。蒙恬领三十万秦军北击匈奴是在公元前215年。从时间上看，狄宇宙的观点的确有其合理性和逻辑性。

当强秦崩溃，匈奴崛起，刘邦和冒顿的遭遇就成了一种必然。我们假设公元前209年冒顿二十岁，刘邦则比他大了差不多三十岁，这在古代社会几乎是一对祖孙的年纪。现在，刘邦已是统一中原的大汉皇帝，而冒顿则是蒙古高原上的"百蛮之王"。

平城之役

韩王信，本名韩信，战国时期韩襄王的庶孙，为与名将韩信区别，史书一般称其为韩王信。

韩王信在秦末之时攻取韩国故地而受封韩王，后随刘邦平定天下。公元前201年，刘邦因为韩王信的封地为"天下劲兵处"的颍川而将他徙往晋阳，以太原郡的三十一个县划为韩国，有让韩王信驻守关塞、北拒匈奴之意。

应该说，韩王信对刘邦还是忠心耿耿的。到了晋阳后，他还因为晋阳离边塞太远，匈奴入掠时鞭长莫及，向刘邦请求将王都迁至马邑。可是，就在这年秋天，匈奴大军压境，将韩王信包围在马邑城中。韩王信一边请求朝廷派兵救援，一边暗中遣使者向匈奴求和。

直到这个时候，我们都看不出韩王信有任何反叛之意。但疑心病重的刘邦认为，韩王信向匈奴派使者就是有二心，于是，赐敕书责备韩王信："专死不勇，专生不任，寇攻马邑，君王力不足以坚守乎？安危存亡之地，此二者朕所以责于君王。"[2]

没想到，这反而将韩王信逼反。于是，"（韩王）信恐诛，因与匈奴约共攻汉，反，以马邑降胡，击太原"[3]。追随刘邦多年，且都是从秦末农民起义、楚汉争霸的烽烟中一路厮杀过来的，韩王信当然了解刘邦的为人。事实证明，韩王信的判断没有错。这以后的数年，刘邦都致力于扫灭异姓诸侯王。韩王信因为投降匈奴，子孙得以保全。多年后，他的儿子在文帝时期归汉封侯，爵位一直传至王莽建立新朝。而留下来的韩信、彭越等人就没那么幸运了。

得到韩王信投降匈奴的消息，出离愤怒的刘邦决定带领三十二万大军御驾亲征。

当年，蒙恬带领三十万大军北拒匈奴。现在，刘邦麾下的兵力甚至比蒙恬还多。借着赢得楚汉争霸、击败强敌西楚霸王项羽的余威，刘邦的部队倾巢而出，大约是想在诛灭韩王信的同时，一举击溃匈奴，彻底解决北方边患。

关于平城之役，《史记》和《汉书》的记录大致相同。刘邦亲率大军直奔晋阳。另一路军队则在周勃、灌婴、樊哙等的带领下快速深入敌后，先攻占霍人（今山西繁峙），灌婴部收降楼烦以北六县，周勃则破胡骑于武泉（今内蒙古武川）之北。尔后，周勃、灌婴等挥师南下，在上党铜鞮与刘邦率领的军队会合，大败韩军，斩杀韩将王喜；紧接着，又在晋阳大破韩王信及匈奴联军。刘邦进驻晋阳，匈奴单于冒顿则率军退至代谷。在晋阳，汉军再度兵分两路：周勃与灌婴带领一支军队乘胜追击逃敌至砻石（今山西宁武境内），击败匈奴骑兵后又向北追击八十余里，攻占楼烦三城；刘邦则率领主力大军准备继续北上，打算亲自将匈奴人赶出去。

刘邦出兵的时候已是十月。北地苦寒，大雪纷飞，士兵中十之二三都冻掉了指头。冻伤严重困扰着汉军。

不过，以天子之威带领三十二万人马御驾亲征果然不同凡响，一连几场胜仗冲昏了刘邦的头脑。这以后，两军甫一接触，匈奴军队便大败而走。刘邦接连派人刺探军情。探子们看到了一路上匈奴的老弱残兵和赢弱牲口。他们众口一词告诉刘邦，匈奴不堪一击。只有谋臣刘敬认为这是匈奴诱敌深入之计。心花怒放的刘邦却不肯听刘敬之言，还将刘敬锁起来送往广武，自己则亲率一队骑兵先行追击，将大部队远远甩在身后。

事实证明，刘敬是对的，这就是冒顿的诱敌深入之计。当刘邦带着亲随追击至平城，冒顿的四十万匈奴铁骑突然现身，将刘邦团团围困于白登山。

在秦末农民起义的烽烟和楚汉争霸的尔虞我诈中成长起来的刘邦，显然低估了在漠北草原上更加险恶的生存环境中磨砺出来的冒顿的军事才能和政治智慧。所谓"知己知彼，百战不殆"。但这一次，刘邦完全是在没弄清匈奴人实力的状况下便轻易出兵了。

实力为王

刘邦在小小的白登山上被围困了整整七天七夜。这七天七夜足以让他彻底改变对北

26

方蛮夷——匈奴的认识。

对于华夏民族来说，周边凡是与之风俗习惯不一样的小邦小国，都是化外之地、蛮夷之邦，匈奴也不例外。在当时的刘邦看来，匈奴是落后、野蛮的代名词。用司马迁的话来说："（匈奴）利则进，不利则退，不羞遁走。苟利所在，不知礼义。"[4] 所以，对农耕的华夏民族而言，匈奴就是一群只追逐利益、完全不讲礼义廉耻的强盗。这种思维贯穿了整个两千多年的帝制时代。甚至直到今天，在谈论民族问题时，我们都很容易陷入这种简单、粗暴的文化偏见，而难以从理性的角度正确地辨析问题的症结所在。

《史记·匈奴列传》记载："冒顿纵精兵四十万骑围高帝于白登，七日，汉兵中外不得相救饷。匈奴骑，其西方尽白马，东方尽青骢马，北方尽乌骊马，南方尽骍马。"

小小的白登山下场面蔚为壮观：西面是清一色的白马骑士，东面是青骢骑士，北面是乌骊骑士，南面尽皆赤色战马（骍马）骑士。冒顿指挥麾下的匈奴铁骑以这种极为自负的方式展示着国家的实力。

被困山上的刘邦眼前都是奔腾的骏马、剽悍的匈奴骑士。而这个时候正值汉王朝民贫国弱之际，皇帝出行凑不齐四匹颜色相同的马，将相则只能乘坐牛车。刘邦不得不改变旧有的观念，承认面对的不是一个强盗集团、一群乌合之众，而是一个崛起的、强大的、马背上的国家。

刘邦是如何从白登山脱困的？

《史记·匈奴列传》记载刘邦遣使者贿赂单于阏氏，于是单于阏氏劝冒顿："两主不相困。今得汉地，而单于终非能居之也。且汉王亦有神，单于察之。"

冒顿南下，是因为汉王朝驻守代地的韩王信投降。而且，此番出兵，冒顿曾与韩王信的部将王黄、赵利相约合击汉军，但两人一直没有如约到达。冒顿怕他们又背叛自己，与汉军合谋，于是网开一面，放走了刘邦。

不过，刘邦从白登山脱困，仍旧给我们留下了千古谜团。《汉书》说刘邦用了"陈平秘计得出"；《资治通鉴》则引应劭注，说是陈平让画工画了汉家美女的画像，让使者给阏氏看，欲献给单于，阏氏醋意大发，生怕自己失宠，于是设法帮助刘邦。

其实，这些说法不过是站在汉人的角度，认为刘邦的脱困全赖我们自己的各种奇计妙策。但实际上，当时放刘邦与否，主动权完全在冒顿手中。冒顿是一个有勇有谋，有政治智慧的人。为杀父夺位，他可以让卫士射杀自己的阏氏；为迷惑东胡，他也可以将阏氏慷慨相送。所以，阏氏的地位并不足以影响冒顿自己的判断。

还有人根据《史记·匈奴列传》和《汉书·匈奴传》中所录"汉兵中外不得相救饷"和步兵行军速度等进行推断，认为匈奴骑兵虽将刘邦及其少数骑兵部队包围于白登山，但汉朝主力大军又将匈奴骑兵团团围困。迫于汉军主力的威慑，冒顿才不得不放刘邦一马。所以他们得出结论，白登之围汉匈堪堪打了个平手，而就整个平城之役的战果而言，匈奴才是输家。

其实，在白登之围前，整个平城之役，汉军虽然取得了铜鞮、晋阳两场大捷，但与其作战的部队主要是韩王信的韩军。史书上多处有"破胡骑"这样的记录，但匈奴人不需要守城防御、捍卫领土，其骑兵的作战方式是一溃即走，不会死战，汉军想要取得太大的战果并不容易。在具体的战果上，《史记》和《汉书》也只有在《灌婴传》中记录其部属"斩胡白题将一人"[5]。我们了解匈奴的二十四长军事机构，这个叫作白题的匈奴将领级别应该非常低。

台湾"三军大学"编撰的《中国历代战争史》一书在讲述白登之围时认为,刘邦自率骑兵有十万左右。但这个数据很难令人信服。在国力极盛的汉武帝时代,与匈奴决战漠北时,汉军也只出动了十万骑兵。很难想象,在民贫国弱、皇帝出行都凑不齐四匹毛色相同的马匹的汉初,刘邦麾下会有十万骑兵部队。

还有一种说法是,因为当时史书中有征召车骑部队的记录,所以有人认为刘邦带领的是汉军数万人的车骑主力。因为车骑部队战斗力强,所以匈奴骑兵围困刘邦七天也无法将其生擒或悉数歼灭。

随刘邦出征的三十二万汉军绝大多数是步卒这一点毫无疑问。整个平城之役,史载汉军动用车骑部队的记录只有两处:在取得晋阳大捷后,《韩信卢绾列传》中载"匈奴复聚兵楼烦西北,汉令车骑击破匈奴"[6];《樊郦滕灌列传》同样是在攻取晋阳后载"(灌婴)受诏并将燕、赵、齐、梁、楚车骑,击破胡骑于硰石"[7]。据《史记正义》按:"(硰石)在楼烦县西北。"所以,这两处记录实际上指向的是同一场战役,即周勃、灌婴率领各国车骑部队击胡于硰石。

汉初的车骑部队应当是以战车为主的部队。在对阵北方游牧民族的骑兵部队时,灵活性极低,对地形要求极高的战车战法早已经落伍。所以,早在战国时期,赵武灵王就开始军事改革,要求废车乘马、胡服骑射。汉武帝时期,卫青、霍去病对匈奴取得了骄人的战绩,我们也只是看到汉军骑兵部队战果累累,而以战车为主的车骑部队已然在实战中被淘汰。刘邦用车骑部队对付匈奴骑兵,恰恰是汉军缺乏马匹和没有强大骑兵部队的实证。所以,姑且不论刘邦被匈奴骑兵围于白登山的小股部队是汉军车骑主力的说法是否成立，即便我们认可这种说法，四十万匈奴骑兵却奈何不了几万人的车骑部队，并不符合军事常识。

现在，我们不妨换一个角度来看待问题。

即使在白登山下，匈奴的四十万骑兵内困刘邦的骑兵和车兵于白登山，外与汉军三十二万步卒呈对峙状态，步兵的战斗力是不及骑兵的，但如果加上武器装备精良（值得注意的是，汉初汉军的武器装备虽然胜过匈奴，但肯定远远达不到汉武帝时代的水平，所以此时汉军对匈奴的战斗能力也不可能如以后那样能实现以一敌五）和车兵的配合，汉军的战斗力与匈奴骑兵相当。在一场势均力敌的拼死搏杀后，汉匈两国谁又能真正从中获益呢？结局只怕是两败俱伤。

从冒顿的选择我们可以看出，冒顿对南方中原王朝的了解远远超过刘邦对匈奴的认知。汉王朝初建，国内局势并未稳定，异姓诸侯王林立，冒顿即便抓住刘邦，也无法挟天子以令诸侯；而杀了刘邦，他的主力大军却在包围圈外，中原王朝还有能征善战的功臣集团和在战火中千锤百炼的军队。作为异族，匈奴想在此时入主中原，应该说没有机会。经此一乱，最多能造成汉王朝的分崩离析，再来一次楚汉争霸。而"无利不往"的匈奴人又能从一个极度贫弱、战乱不息的地方得到什么呢？再退一步说，即便冒顿能够问鼎中原，如此庞大的人口、辽阔的疆域，他该如何治理呢？这即便对刘邦和他的功臣集团来说，都还是个未解的难题。强秦以统一六国之雄，不也倏忽而亡了吗？

史料中当然没有冒顿所思所想的记录。但根据当时的局势，我们可以分析，冒顿放走刘邦，而不是抓住机会杀死或俘虏刘邦，趁机南下入主中原，并非因为政治的短视，相反是充分权衡了利弊的。他诱刘邦深入，再以举国之力将其围困，目的很简单，就是要向刘邦展示匈奴的国力。今日的匈奴早已不是华夏诸国一直鄙夷的蛮夷、流寇，而是一个足以与南方汉王朝毗邻而居的军事强国。只有汉王朝不得不承认匈奴的对等大国地位时，匈奴才可能从中取得经济利益。

白登之围后，以刘邦为首的西汉统治集团的确如冒顿所愿，非常清楚地意识到，世界很大，不只有汉，还有一个可怕的、值得敬畏的对手。南有大汉，北有强胡。在汉初，无论汉王朝，还是匈奴，都没有能力彻底将对方打败、征服。所以，建立睦邻友好的双边关系将是一个双赢的局面。

白登之围的政治遗产　　白登之围在后世很多人眼中都是屈辱和失败的象征。汉武帝就曾以"高皇帝遗朕平城之忧"[8]为理由，解释自己连年北击匈奴是为了替父祖复仇。但是，如果我们纯粹从军事和国家利益的角度来看待这场战役呢？

首先，这是一场汉匈双方倾其国力的战役，但双方付出的代价都不算大。

刘邦带了三十二万人马出征，汉军主力应该是倾巢出动；冒顿用四十万骑兵包围刘邦，也是倾尽了国力。

一开始，汉军气势如虹，连克铜鞮、晋阳，不仅大败韩军，还击溃了韩王信和匈奴联军。这也向匈奴充分展示了汉军的实力。

在人员伤亡方面，史书没有具体的记载，只有隆冬大雪时汉军被冻伤困扰的记录。所以，铜鞮、晋阳的两次战斗，汉军伤亡应该不会太大。接下来，汉匈两军甫一接触，匈奴人就诈败而走，双方没有再付出更多的伤亡代价。随后，刘邦亲率一队骑兵进行追击，被四十万匈奴铁骑困于白登山，而汉军的主力部队尚在包围圈外。

由此可见，尽管汉匈双方都倾尽国力，但在战争中皆无太大损耗。也就是说，这是一场双方并没有进行过生死对决的战争。刘邦被围于白登山，战争以汉王朝示弱而收场，但其实，汉匈两国即便在此时展开生死对决，胜败尚在未知之列。

其次，国与国之间的相处并非征服与被征服的关系，能够在妥协的基础上和平共处才是最可贵的。

白登之围让敌对的双方都认清了彼此的实力。所以，在白登之围后，刘邦听从了谋臣刘敬的建议，采取以和亲和赠送财物的方式来维持两国的和平。

汉初的经济一派凋敝，《汉书·食货志》是这样记录的：

> 汉兴，接秦之弊，诸侯并起，民失作业，而大饥馑。凡米石五千，人相食，死者过半。高祖乃令民得卖子，就食蜀汉。天下既定，民无盖藏，自天子不能具醇驷，而将相或乘牛车。

而这个时候的匈奴已经强大崛起。如果刘邦选择用战争来捍卫颜面，很显然，会将整个国家拖入灾难的深渊。"天下初定，士卒罢于兵，未可以武服也。"[9]从刘敬和刘邦的对话，我们也能发现，刘邦和初生的汉王朝，并非打算臣服于匈奴，而是从当前实际情况出发，认为还不是用武力征服匈奴的时候，所以，战不如和。

同时，汉初的政治局面并不稳定。刘邦自建立汉王朝后终其一生都在为削平异姓诸侯王而征战。刘邦去世后，汉王朝又有诸吕之乱，文帝、景帝时期还有同姓诸侯王之忧。所以，与北方强大的匈奴保持相对的和平，对汉王朝来说，就是为自己创造崛起的时间和空间。

漠南和中原地区土地肥美、水草丰富，对匈奴人来说具有强大的诱惑力。因而，向南方扩展以掠夺财富便成为匈奴人的一种生存需要。但对匈奴人来说，至少在这个时候，他们还没有南下入主中原的意图。现在，不需要武力抢夺，南方汉王朝每年都会奉送大量的财物，对冒顿来说，何乐而不为呢？

由此，白登之围让汉和匈奴两个国家以最小的代价，达成了长达七十年的稳定关系。如果从国家层面而非国君层面来看，平城之役、白登之围对汉王朝来说算不上一场失败而耻辱的战争。所以，汉武帝说的是"高皇帝遗朕平城之忧"，而非"耻"。北方边境上有强胡虎视眈眈，对于初生的汉王朝而言乃是心腹大患。

刘邦死后，冒顿写了封信给吕雉，称："孤偾之君，生于沮泽之中，长于平野牛马之域，数至边境，愿游中国。陛下独立，孤偾独居。两主不乐，无以自虞，愿以所有，易其所无。"[10] 这对西汉王朝来说，无疑是奇耻大辱。有人还将冒顿的信解读为一种野心的表达：吕雉若嫁给冒顿，那么，汉王朝的土地、人口便成了陪嫁，冒顿不费一兵一卒唾手可得。

这个时候汉王朝虽然吕雉手握大权，但皇位的实际继承者毕竟是汉惠帝刘盈。所以，以冒顿的政治头脑，他不可能有娶吕后便能夺江山这种幼稚荒唐、根本不具现实性的念头。冒顿的国书向我们传递着匈奴这个民族另一个与华夏民族截然不同的习俗——转房婚。

转房婚是指在父亲和兄长死后，娶其庶母和嫂子的婚俗。在中国古代北方，很多少数民族都有这样的习俗，匈奴亦然。《史记》里就有"冒顿杀父代立，妻群母"[11] 的记载。如今，汉王朝和匈奴结盟，刘邦和冒顿乃昆弟。兄长刘邦去世，作为弟弟的冒顿娶其寡妻，以匈奴的风俗来看，是再自然不过的事。

同样的话语在不同的语境中会有不同的理解，更何况冒顿罔顾他人的风俗习惯写下这样的国书，确有轻侮、戏谑之意。吕雉读信后大怒，欲攻打匈奴。不过，她是个有政治智慧的女人，最终选择了忍气吞声，再度将和亲公主送往匈奴。冒顿也遣使到汉谢罪称："未尝闻中国礼义，陛下幸而赦之。"[12]冒顿的回信让我们看到，他并未执着于以娶吕雉的方式"入主中原"，而是满足于与汉王朝的新君——汉惠帝刘盈再度确立汉匈之间的和亲关系。这也许才是冒顿给吕雉写信最真实的用意。

在汉文帝时代，匈奴右贤王率部南下寇边劫掠，汉文帝于是给冒顿写信谴责匈奴的背约行为。第二年，冒顿便回信给汉文帝，称自己已经对右贤王进行了惩罚，罚他领军进击河西地区的月氏国，并向汉文帝献马以示友好。此后，汉文帝与匈奴确立了和亲关系。

通过这些国书，我们不难看出，汉与匈奴在白登之围后形成了两雄并立的局面，国君之间是相对平等的关系。虽然，汉王朝向匈奴送和亲公主和财物，局面较为被动，但并非臣服于匈奴。而匈奴最在意的，即是维持双方的和亲关系。

注　释

［1］　《史记》卷一百十《匈奴列传》，中华书局 2014 年版，第 3490 页。

［2］　《汉书》卷三十三《魏豹田儋韩（王）信传》，中华书局 2012 年版，第 1632 页。

［3］　《史记》卷九十三《韩信卢绾列传》，中华书局 2014 年版，第 3193 页。

［4］ 《史记》卷一百十《匈奴列传》，中华书局 2014 年版，第 3483 页。

［5］ 《史记》卷九十五《樊郦滕灌列传》，中华书局 2014 年版，第 3237 页。

［6］ 《史记》卷九十三《韩信卢绾列传》，中华书局 2014 年版，第 3194 页。

［7］ 《史记》卷九十五《樊郦滕灌列传》，中华书局 2014 年版，第 3237 页。

［8］ 《史记》卷一百十《匈奴列传》，中华书局 2014 年版，第 3523 页。

［9］ 《史记》卷九十九《刘敬叔孙通列传》，中华书局 2014 年版，第 3293 页。

［10］《汉书》卷九十四上《匈奴传上》，中华书局 2012 年版，第 3224—3225 页。

［11］《史记》卷九十九《刘敬叔孙通列传》，中华书局 2014 年版，第 3293 页。

［12］《汉书》卷九十四上《匈奴传上》，中华书局 2012 年版，第 3225 页。

第三章

国家的女人

　　和亲，一直到今天，都还是很多民族情绪甚浓者心中的一个块垒。和亲，似乎就意味着妥协和屈辱，意味着国家的衰弱和男人的无能。但是，那些豪气干云地吼着"不能将和平建立在女人的胸脯上"的男人们，真的每一个人都能够为女人上马击狂胡吗？

　　在古代中国，女人一直都是男人的附属品，文化血脉中从来就没有保护女人是男人的责任这样的理念。反倒是男人为保全自己而牺牲女人的案例比比皆是。

　　在古代中国，历史也一直都由男人书写。从汉高祖刘邦到汉武帝刘彻，西汉王朝一共将九位宗室之女以公主的名义送往匈奴和亲。但是，这些女人早已湮没于历史的烟尘中，没有人记得她们，哪怕是一个用以传颂的名字。她们为一个王朝的和平和安定付出了所有，却如同和她们一起出塞的布匹、粮食一般被整个王朝弃置、遗忘于苦寒的漠北。男人们甚至连她们的名字都怯于记录下来。

　　汉武帝时代，汉王朝终于在北击匈奴的战争中取得了决定性的胜利。这个时候，再将女人送出塞外就摇身变成了一件光荣且自豪的事情。于是，历史书上记录下了第一个有名有姓的和亲公主——汉武帝送往乌孙的刘细君。

其实，在先秦时期，国与国之间就有政治联姻。汉初七十年，汉匈之间便是用和亲维持着基本的和平。即便在"明犯强汉者，虽远必诛"的汉武帝时代，除了在即位初年将女人送往匈奴外，汉武帝也曾主动将刘细君、刘解忧两位宗室之女以公主的名义送往乌孙。呼韩邪单于率领匈奴降汉后，家人子王昭君奉汉元帝之命出塞，是为对内附匈奴的羁縻。而在中华文明巅峰时期的唐代，和亲的记录恐怕是历朝历代最为繁多的——唐和吐谷浑、西域、突厥、吐蕃、铁勒、契丹、奚、回纥、南诏都有和亲的记录。

不应该带着过度的民族情绪来看待和亲，而更应该站在国家利益的角度。

中原王朝如果真的已经极度衰微，和亲将是没有任何政治意义的举措。而恰恰是两个国家势均力敌，或者为对少数民族采取羁縻政策，和亲才有其实际的价值。

东汉桓帝时代，鲜卑强盛，檀石槐各部不断袭扰汉边。汉王朝也曾派军队联合南匈奴出塞北击鲜卑，终究"不能制"。于是，《后汉书·乌桓鲜卑列传》记载："（汉桓帝）遂遣使持印绶封檀石槐为王，欲与和亲。檀石槐不肯受，而寇抄滋甚。"

东汉末年，鲜卑之所以不接受与东汉的和亲，就是因为此时的东汉王朝国力衰微，根本没有实力与鲜卑结成"两雄并立"、毗邻而居的平等大国关系。

诚然，那些被送往异域他乡的女人是作为政治博弈的工具加以利用的。她们在塞外的风尘中消殒了青春，在险恶的政治斗争中顽强地背负着王朝的使命，甚至不得不以柔弱之躯承受中原文明所无法容忍的异域婚俗。她们大多客死异乡，幸运如刘解忧，虽得以在汉宣帝甘露三年（前51年）归汉，却已然鹤发鸡皮、垂垂老矣。

和亲公主的命运是不幸的。不过，最为不幸的，恰恰在于历史刻意的遗忘，在于她们在为一个王朝，为她们的子民奉献了一切，却没有得到应有的荣光和不朽。汉初七十年，那九个被送往匈奴的妙龄少女，她们姓甚名谁，来自何处，是何人之女，经历为何……一切的一切，浩如烟海的史籍没有只言片语的记载，今天的我们完全无从探究。这，才是一个民族真正的怯懦和羞耻。

那些出塞和亲的女人并非我们民族的屈辱和伤疤，恰恰相反，她们是最值得我们骄傲和颂扬的历史篇章：能够因为几个女人的横空出世而让整个国家万千黎民百姓得以避免战争的戕害荼毒，充分说明这是一个具有政治智慧的时代。而"不能将和平建立在女人的胸脯上"这样空洞的豪言壮语，一味地用战争替代有效的外交斡旋，事实证明，只能让我们在战争中失去更多的女人。

和亲公主的命运

白登之围后不久，冒顿迎来了南方汉王朝送来的第一位和亲公主。

"和亲"是刘邦的谋臣刘敬的建议。如果刘邦将自己的长女鲁元公主嫁给冒顿，冒顿就成了刘邦的女婿。将来，冒顿和鲁元公主的儿子继承单于位，自然会与汉王朝亲厚。通过物质文化的交流，改变匈奴的文化和生活方式，最终"同化"匈奴，达到"兵可无战以渐臣也"[1]的目的。

刘邦认可了刘敬的建议，只是碍于皇后吕雉的竭力反对，没有将亲生女儿鲁元公主送给冒顿，而是将宗室之女以公主的名义送往匈奴和亲。

从《史记》《汉书》《资治通鉴》等书相关记录来看，汉匈两国的"和亲协定"大致包括五个方面的内容。

1. 将汉朝公主嫁给匈奴单于

自白登之围后刘邦与冒顿确定和亲关系开始，直到汉武帝于公元前133年策划马邑之谋，彻底断绝双方的和亲关系为止，在接近七十年的时间里，历经高帝、惠帝、文帝、景帝、武帝五朝，就史书的相关记录来看，汉王朝一共送给匈奴冒顿、老上、军臣三代单于九个和亲公主。

汉王朝一般在这三种情况下会向匈奴送和亲公主：一、有重大政治事件发生，例如新君即位、政权交接后；二、匈奴大规模南下之后；三、单纯以和亲加强友好关系。

公元前198年，汉高祖刘邦在白登之围后听从刘敬的建议，第一次将宗室之女以公主的名义送往匈奴[2]；公元前192年，即汉惠帝三年，据《资治通鉴》卷第十二的记载，冒顿写下了那封被吕后和整个汉王朝视为奇耻大辱的书信，为了维持与匈奴的和平，吕后选择忍辱负重，汉惠帝刘盈送宗室之女到匈奴和亲[3]；公元前174年，冒顿去世，其子老上单于即位，汉文帝将宗室之女以公主的名义送往匈奴和亲[4]；公元前160年，老上单于去世，儿子军臣单于即位，汉文帝再度与之和亲[5]；汉武帝即位后，《史记·匈奴列传》和《汉书·匈奴传》都记录汉与匈奴"明和亲约束"，而在发动马邑之谋前，汉武帝曾在诏书中说，"朕饰子女以配单于，金币文绣赂之甚厚，单于待命加嫚，侵盗亡已"[6]，所以一般认为汉武帝在即位之初，也曾将公主送给匈奴军臣单于和亲。

上述五次汉王朝将和亲公主送往匈奴都是因为有重大的政治事件发生，为了维持双方的和平。而新君即位必和亲，更是为了重申和明确双方的"友好"关系。

公元前176年，汉文帝即位不久，匈奴右贤王入寇河南地之后，《史记·匈奴列传》和《汉书·匈奴传》都记载文帝向大臣咨询与匈奴是战是和，大臣们认为"和亲甚便"，《史记》和《汉书》因此记录"汉许之"。两年后，老上单于即位，《史记》和《汉书》都记载："文帝复遣宗人女公主为单于阏氏。""复"字让我们看到，这应该是汉文帝第二次送嫁和亲公主。所以一般认为，公元前176年是汉文帝第一次送和亲公主到匈奴。

从公元前166年开始，匈奴入掠汉边异常频繁，云中、辽东每年都有上万人被掳被杀，于是在公元前162年，汉文帝第三次与匈奴和亲。[7]

尽管军臣单于一即位，汉文帝便主动将公主送往匈奴与之和亲，却并没能阻挡匈奴南下的铁蹄。公元前158年，军臣单于率领六万骑兵大入上郡、云中。汉文帝也于公元前157年去世，新即位的汉景帝开始积极与匈奴谋求和平，先是派大臣到边境上与匈奴"与约和亲"，也就是商谈和亲事宜。随后，在公元前155年，《汉书·景帝纪》和《资治通鉴》卷第十五都有"秋，与匈奴和亲"的记录。

上述三次和亲，虽然也有政权更替的因素在内，但更应该归入在匈奴大的军事行动之后，汉王朝不得不采取和亲来维持双方的和平。

汉初七十年汉匈之间还有一次和亲，是在公元前152年，汉景帝为了加强与匈奴的友好关系，再度将和亲公主送往匈奴。[8]

综观汉初七十年汉王朝与匈奴的九次和亲我们发现，汉文帝时代是和亲最频繁的时代，文帝一共将四个宗室之女以公主的名义送往匈奴。究其原因，一方面是迫于匈奴的军事压力，另一方面也因为汉文帝时代匈奴单于位两度更迭。

九个出塞和亲的女人一般都是宗室之女（见下文汉初七十年

和亲简表）。但因为公元前 152 年《汉书·景帝纪》记载的是"遣公主嫁匈奴单于"，公元前 133 年马邑之谋前汉武帝的诏书中说"朕饰子女以配单于"，所以有研究者认为，这两次送去与匈奴和亲的都是真公主，一个是汉景帝的女儿南宫公主，一个是汉武帝的亲生女儿。

汉初七十年和亲简表

时间	送嫁帝王	出嫁者身份	出嫁对象
前 198 年	汉高祖	汉宗室之女	冒顿单于
前 192 年	汉惠帝	汉宗室之女	冒顿单于
前 176 年	汉文帝	汉宗室之女	冒顿单于
前 174 年	汉文帝	汉宗室之女	老上单于
前 162 年	汉文帝	汉宗室之女	老上单于
前 160 年	汉文帝	汉宗室之女	军臣单于
前 155 年	汉景帝	汉宗室之女	军臣单于
前 152 年	汉景帝	汉宗室之女	军臣单于
前 135 年	汉武帝	汉宗室之女	军臣单于

但这种说法是不正确的。从政治的角度来说，既然以前一直送的都是宗室之女，现在改送皇帝的亲生女儿并没有什么实际的作用，而且，匈奴在意的从来都不是女人，而是这个女人所带来的金钱财帛；从现实的角度说，景帝到武帝初即位这段时间，汉匈之间没有大的冲突，所以犯不着用送真公主来加强和亲关系。

史书记载汉景帝的女儿南宫公主有过两次婚姻，唐朝司马贞的《史记索隐》对此的注释为："南宫公主，景帝女。初，南宫侯张生尚之，有罪，后张侯钛申尚之也。"[9] 所以，可以很明确，南宫公主没有远嫁匈奴。

汉武帝时代与匈奴和亲，一般认为是在公元前 140 年，即武帝即位之初。而根据《资治通鉴》卷第十七《汉纪九》在建元六年（前135年）的记录——"匈奴来请和亲……于是上许和亲"来看，汉武帝将和亲公主送往匈奴应该是在公元前135年。这一年，汉武帝不过二十二岁，他纵然有女儿也不出十岁，根本不可能出嫁。

2. 汉与匈奴划边定界

"先帝制：长城以北引弓之国，受命单于；长城以内冠带之室，朕亦制之。"这是《史记·匈奴列传》中汉文帝写给匈奴老上单于国书中的一句话。这句话很明确地表达出当时汉匈两国的国界划分：两国大致以长城为界，长城以北属于匈奴，长城以南则是汉王朝。

汉初七十年，处于弱势地位的汉王朝非常重视这道国界线，不惜采取和亲与赠送财物的方式来确保匈奴不会南下犯境。所以，在上述写给老上单于国书的末尾，汉文帝说："朕闻古之帝王，约分明而无食言……和亲之后，汉过不先。单于其察之。"汉文帝搬出了古代的帝王，说他们一旦订立条约，绝不会背信弃义。汉文帝更主动承诺，和亲之后，汉绝不会先违约，并布告天下："匈奴大单于遗朕书，言和亲已定，亡人不足以益众广地，匈奴无入塞，汉无出塞，犯今约者杀之。"[10]

可惜的是，两千年前汉匈对峙之时正是一个弱肉强食的时代。所以，无论汉文帝言辞怎样恳切，一纸和约其实并不能阻挡匈奴南下。

在之后的历史中我们可以看到，当汉匈强弱之势开始转变后，为了捍卫匈奴的生存和发展空间，历代匈奴单于都有强烈的与汉王朝划边定界的意愿。

汉武帝时，张骞出使迁徙至西域的月氏国，被军臣单于捉获后，军臣单于这样质问张骞："月氏在吾北，汉何以得往使？吾欲使越，汉肯听我乎？"[11]不难看出，军臣单于完全洞悉张骞出使月氏的意图。汉与月氏结盟，势必对匈奴形成夹击之势。就像汉王朝不会允许匈奴联络自己南方的南越国一样，匈奴也不会听任汉使逾越国界，出使西域。于是，军臣单于扣押张骞达十年之久。

3. 汉朝与匈奴"约为昆弟"[12]

两个国家成为兄弟之国，国君之间有着对等的地位。

在《史记》和《汉书》所记录的汉文帝和匈奴冒顿单于互通的国书中，我们都能看到"约为昆弟""昆弟之亲""兄弟之亲"这样的说辞。而在老上单于率领十四万骑大入朝那、萧关（两地都在今宁夏固原县东南）之后，汉文帝在写给老上单于的国书中，刻意强调两国乃是"邻敌之国"，意思就是势均力敌的邻国。

就汉初七十年的汉匈关系而言，尽管汉王朝在军事力量上一度势弱，但历任帝王从未向匈奴臣服过。

4. 汉王朝"岁奉匈奴絮缯酒米食物各有数"[13]

食物和布匹是汉朝每年奉送给匈奴的主要物品，这其实也能从一个侧面揭示匈奴经济的匮乏。到了汉文帝时期，现金（金子或钱币）也成了"礼物"的一部分。在《史记·匈奴列传》中，汉文帝在后元二年（前162年）写给老上单于的国书中提到："诏吏遗单于秫蘖金帛丝絮佗物岁有数。"

从高祖刘邦到武帝刘彻，在汉匈和亲关系中，汉朝向匈奴奉送的财物一定是逐年递增的，到汉武帝时达到最高值。所以，《史记》《汉书》中都有汉武帝初年"厚遇，通关市，饶给之"的记录。

虽然汉匈两国在名义上是"兄弟之国"，但兄弟间的礼尚往来却因为军事力量的悬殊而显得极不对等。汉朝每年奉送大量的财物给匈奴，而匈奴不过是偶尔向汉家天子送一两匹骆驼或马，权做友好象征。

汉朝每年给予匈奴的财物究竟有多少，《史记》和《汉书》都没有具体的记录。在《汉书·韩安国传》中，汉武帝初年的御史大夫韩安国在与大行王恢就对匈奴是战是和进行廷辩时提到："（高祖）遣刘敬奉金千金，以结和亲……"而在《汉书·匈奴传》的结尾处，从作者班固所作的赞语中，我们也可以看到"增厚其赂，岁以千金""和亲赂遗，不过千金"这样的说法。据此可以认为，汉初七十年汉王朝每年给予匈奴的财物价值大约为千金应该是一种共识和成例。一斤黄金等于一万铜钱，那么千金就是一千万铜钱。

在第十九章中，我会详细比较汉初七十年时期和汉武帝的战争时期，汉王朝所需要付出的经济代价。比较可见，在和亲时代，汉王朝所付出的经济代价与汉武帝的战争时期相比，可谓九牛一毛。不过，以和亲为代价本应换来的和平并不稳定，匈奴铁骑的南下仍旧频繁。

有学者认为，在汉匈和亲关系中，汉朝"岁奉"匈奴还有使匈奴在经济上对汉朝产生依赖感，从而达到在经济上控制匈奴的目的。

汉文帝时的宦官中行说投降匈奴后，曾对老上单于这样说："匈奴人众不能当汉之一郡，然所以强者，以衣食异，无仰于汉也。今单于变俗，好汉物，汉物不过什二，则匈奴尽归于汉矣。"[14]

中行说认为，匈奴之所以比汉强大，就是因为风俗习惯与汉人大相径庭。如果匈奴人都喜好汉物，甚至因此移风易俗，那么汉只需要输出极少的财物，就能实现对匈奴的"和平演变"。

根据中行说的说辞，不少学者认为，这恰恰道出了汉与匈奴和亲的目的：用"岁奉"等方式送给匈奴大量中原产品，以求改变匈奴的消费结构，从而使匈奴在经济上依赖汉朝，最后臣服于汉朝。

受自然条件所限，匈奴的经济一直都很匮乏，这也是匈奴人频频南下劫掠的主要动因。面对兵强马壮的匈奴，民贫国弱的汉朝只能任其予取予求的时候，寄望于奉送财物，以改变其消费结构，最终达成经济上的控制。就汉初七十年的事实而言，这并没有成为现实。

5. 在长城下设立关市，方便两国百姓的货物交易

汉匈两国在边境上设立关市，进行边境贸易始于汉文帝时代。在《汉书·匈奴传》结尾处，班固的赞语中即提到"逮至孝文，与通关市"。

关市的开通给了汉王朝一个解决匈奴问题的有效办法。

作为生活于蒙古高原的游牧民族，匈奴人的生活环境非常艰辛，他们的生产劳动所能取得的成果很单一，甚至无法满足基本的生活所需。所以，他们非常强烈地希望能与外族和周边国家的人民进行物质交换。恩格斯在《家庭、私有制和国家的起源》中甚至认为游牧民族是"天生的商业民族"。

我们知道，古代的希腊人和罗马人相信在遥远而神秘的东方世界有一个盛产丝绸的国度——丝国。作为丝绸的唯一原产国，中国人当然毫不怀疑地相信丝国就是古代的中国。生活在公元 1 世纪的古罗马作家普林尼在《自然史》一书中认为，除了大量的丝绸作为奢侈品从丝国运往罗马，贵重的兽皮也是丝国重要的出口商品。这些兽皮包括中亚雪豹皮、貂皮以及西伯利亚黑貂皮。

在两千多年前的丝绸之路上，用大量的兽皮进行交易的，与其说是丝国人（中国人），倒更像是活跃在丝绸之路上，以游牧和狩猎为生的匈奴人，以及被匈奴人征服的其他游牧民族。

普林尼的《自然史》至少从一个侧面印证了匈奴人对商品交换的强烈欲求。匈奴人在击败东胡后，就有向东胡人的后裔乌桓人征收"皮布税"的记录，兽皮应该是这种税收征收的主要物品。在与南方人口众多、财物富厚的汉王朝进行关市贸易时，我们可以想见，兽皮正是这些擅长游牧和狩猎的人们用来换取生活所需品的常见交易品。

　　因为丝绸和兽皮，西方世界大量的财富滚滚流向东方。那么，我们假设汉王朝通过构建一个贸易共同体，以非武力的方式来解决边患，是否会更有效呢？

　　然而，从汉文帝时代开始设立的关市，对于有抑商传统、崇尚自给自足小农经济的中原王朝而言，并没有真正发挥其功效，成为历代中原王朝统治者解决北方游牧民族边患问题的一把钥匙。相反，关市逐渐变成了一种羁縻手段，中原王朝往往通过关市的开和闭，来实现对北方游牧民族的控制。

　　关市，原本应该是边境贸易的口岸。贸易，亦是能够让原本相互敌视的双方实现互惠共赢的方式。然而，在两千多年的帝制时代，关市的政治意义远远大于其原本应该具有的重大经济价值。

刘敬的谋略

　　刘敬本来叫作娄敬，齐国人，在陇西郡戍过边。

　　刘邦初称帝时，本打算把国都建在洛阳。而娄敬认为关中地区背靠秦岭，面向黄河，有四座险关为塞，犹有金汤之固，更是天下少有的膏腴之地，所以建议刘邦将国都定在关中地区。刘邦听取了娄敬的意见，定都长安，并赐其刘姓，拜为郎中。

平城之役，当所有的人都认为匈奴不堪一击时，只有刘敬认为匈奴乃是故意示弱，以诱敌深入。结果，因不听刘敬之言而遭遇白登之围的刘邦后悔不已，脱险后对刘敬封侯重赏。

为了谋求与匈奴的和平，刘邦正是听从了刘敬的建议，才对匈奴施行和亲政策。

根据刘敬的思路，和亲除了上述五大内容外，还有三个重要环节：一、"以適（嫡）长公主妻之（单于）"[15]；二、"厚奉遗之"[16]；三、"使辩士风谕以礼节"[17]。

这样做的目的有三：一、维持双方的和平友好。二、"彼知汉適（嫡）女送厚，蛮夷必慕，以为阏氏，生子必为太子，代单于"[18]。意思是说，匈奴人贪图汉朝的财物，必然会看重皇帝送去的公主，这些女人生下的儿子会成为太子，最终成为单于的接班人。这样，若冒顿娶了汉家公主，就成为汉朝皇帝的女婿，而未来的单于更是汉朝皇帝的外孙，女婿和外孙怎么可能攻击自己的岳父和外祖父呢。三、向匈奴派遣能言善辩之人，用中原文化感染匈奴人，同化匈奴人，以达到"兵可无战以渐臣也"的目的。

刘敬的计谋成功了吗？

1. 双方是否保持了长久的和平？

崔明德在《中国古代和亲史》中认为，汉匈和亲后，冒顿对于雁门、云中的侵扰相对减少，这就足以说明"和亲协定"对双方均有一定的约束作用。

应该承认，这种约束作用的确是存在的，在高祖、惠帝和吕后时期，以及整个景帝时期，和亲的作用还是比较明显的，以至于《史记·匈奴列传》中记载："终孝景时，时小入盗边，无大寇。"而汉武帝即位之初，两国边境上出现了"匈奴自单于以下皆亲汉，往来长城下"的升平局面。

但是，汉文帝时代则不然。匈奴屡屡犯境，还有几次大规模的军事行动。比如，文帝十四年（前166年），老上单于带领十四万骑入朝那、萧关，火烧回中宫，小股侦察部队甚至到了甘泉附近，直接威胁到汉都长安。这以后的几年，匈奴几乎年年入边杀掠甚重，云中、辽东甚至每年都有上万人被杀被掳。

至于匈奴为何在汉文帝时期频繁南下寇边劫掠，第五章会详细阐述。

所以说，和亲只是在大体上维持了汉匈两国的和平，这种和平是非常脆弱的。汉初七十年，汉朝一直处于被动和弱势的状态，和亲并不能从根本上解决汉匈之间的问题，无法完全遏止匈奴南下劫掠的步伐。

2. 我们再来看，匈奴的习俗因为汉朝辩士而改变了吗？

冒顿去世后，他的儿子稽粥继承单于位，号老上单于。汉文帝将宗室之女送往匈奴做老上单于的阏氏，并让宦官中行说同行。中行说本不愿意，但无奈皇帝坚持。到了匈奴，中行说背叛汉朝，得到了老上单于的宠信。

《史记》和《汉书》都记录了大段中行说和汉使的辩论。这些汉使即是刘敬所说的"辩士"，他们出使匈奴，除了向单于传递皇帝的旨意，当然也肩负着向匈奴宣传华夏民族礼法文化的重任。

在辩论中，汉使认为匈奴的风俗不尊重老人。

中行说认为，匈奴以战斗为主要任务，年老体弱者没有战斗能力，年轻人能保家卫国，也能够保护这些老弱者，所以肥美的饮食应优先给强壮的年轻人吃。匈奴并非轻视老人，而是以这种合理利用有限资源的方式实现父子相保。

汉使又嘲笑"匈奴父子乃同穹庐而卧。父死，妻其后母；兄弟死，尽取其妻妻之。无冠带之饰，阙庭之礼"[19]。

《史记·匈奴列传》记录中行说的辩词如下：

> 匈奴之俗，人食畜肉，饮其汁，衣其皮；畜食草饮水，随时转移。故其急则人习骑射，宽则人乐无事。其约束轻，易行也；君臣简易，一国之政犹一身也。父子兄弟死，取其妻妻之，恶种姓之失也。故匈奴虽乱，必立宗种。今中国虽详不取其父兄之妻，亲属益疏则相杀，至乃易姓，皆从此类。且礼义之弊，上下交怨望，而室屋之极，生力必屈。夫力耕桑以求衣食，筑城郭以自备，故其民急则不习战功，缓则罢于作业。嗟土室之人，顾无多辞令，喋喋而佔佔，冠固何当？

可以看出，中行说对汉朝和匈奴都十分了解。正是在这种充分了解的基础上，他认为，娶过世父兄的遗孀为妻，不过是因为匈奴人口贵重，为确保种族繁衍而形成的习俗。相比之下，汉朝宗族间自相残杀，礼法制度过于烦琐，追求豪华宫室导致劳役沉重，百姓只会俯首耕田不会作战……

葛剑雄在其著作《统一与分裂》中讲到这场辩论时认为：匈奴的风俗、习惯、生活方式和政治制度适应匈奴的自然条件和生产方式，绝不能用农业民族的标准来衡量……汉使的言论就显得昧于事理，外强中干，其根本原因是出于汉文化的优越感，却根本不了解"冠带之饰，阙庭之礼"是不能施行于匈奴这样的游牧民族的，对匈奴人也就不会有什么吸引力，更不会引起他们的顶礼膜拜。

这段辩论对今天的我们仍不乏启迪：在衡量一种文化究竟是先进还是落后的时候，我们的标准是什么？是用繁复的衣饰、道貌岸然的仁义道德，还是衡量其是否能对人性本身和人的内在有所烛照和启蒙？

当然，在两千多年前，我们所能够确定的是，汉文化的所谓"冠带之饰，阙庭之礼"对匈奴毫无吸引力。

这次辩论以后，每当汉使打算就礼法文化进行辩论的时候，中行说就直截了当地打断汉使，威胁他们如果每年不把承诺输送给匈奴的絮缯酒米保质保量地按时送到，就会派军队南下劫掠。

可见，至少从汉文帝时代开始，刘敬所谓"使辩士风谕以礼节"以实现对匈奴的礼义慕化就已经失败。

到汉武帝晚年，匈奴单于甚至还会故意让人和汉使辩论，刁难嘲笑汉使。

> 单于使左右难汉使者，曰："汉，礼义国也。贰师道前太子发兵反，何也？"使者曰："然。乃丞相私与太子争斗，太子发兵欲诛丞相，丞相诬之，故诛丞相。此子弄父兵，罪当笞，小过耳。孰与冒顿单于身杀其父代立，常妻后母，禽兽行也！"单于留使者，三岁乃得还。[20]

这里说的是汉武帝晚年的巫蛊之祸，太子刘据起兵谋反之事。汉使只得用当年冒顿杀父夺位、妻其后母来反驳，结果惹恼了匈奴单于，被留滞匈奴三年。

刘敬用辩士潜移默化改变匈奴习俗的企图彻底落空。

其实，我们还可以换一个角度来看这个问题：即便匈奴的风俗习惯发生了改变，变得和汉文化一样了，那么，汉匈之间就不会再有争端和战争了吗？南北朝时期，继匈奴之后在中国北方崛起的鲜卑民族建立了北魏王朝。这时的鲜卑统治者一心一意移风易俗，彻底汉化。而这样做的最终目的，恰恰就是为了消灭南朝的汉人政权，统一南北，建立一个鲜卑人世袭罔替的王朝。

3. 汉家公主的子嗣做了匈奴单于吗？

从汉高祖到汉武帝，汉王朝一共送了九个和亲公主到匈奴。这些女人是否有为历代匈奴单于诞下子嗣，其子嗣有没有成为匈奴贵族中举足轻重的人物，甚至登上单于宝座……无论《史记》还是《汉书》都没有记载。我们不妨从王昭君的遭遇中探寻答案。

呼韩邪单于降汉，王昭君在汉元帝竟宁元年（前33年）出塞和亲。王昭君是西汉唯一一个有名有姓的与匈奴和亲的女人。这个时候的匈奴已经向汉王朝称藩保塞，所以，王昭君在匈奴的地位很高，封号是宁胡阏氏，并为呼韩邪单于生下了一个儿子伊屠智牙师——被封为右日逐王。

根据《汉书》的记载，呼韩邪单于早年曾娶了呼衍王的两个女儿为阏氏。大女儿是颛渠阏氏，生二子——长子且莫车，次子囊知牙斯；小女儿为大阏氏，生四子——长子雕陶莫皋，次子且麋胥，少子咸、乐二人。

在呼韩邪单于去世后的二十多年里，颛渠阏氏和大阏氏的长子和次子相继成为匈奴单于：呼韩邪传位于雕陶莫皋；雕陶莫皋死后，且麋胥继位；且麋胥死后，且莫车继位；且莫车死后，囊知牙斯继位。

我们可以看到，汉家公主、宁胡阏氏王昭君的儿子根本没有任何机会染指单于位。这还是匈奴已经成为汉的臣属国之后的事，更枉谈以往那些在汉朝势弱时送到匈奴的公主们的境遇。也许，这恰是历代匈奴单于刻意为之，就是为了避免出现汉家公主的子嗣领导匈奴人而亲汉的局面。

由此可见，刘敬几乎所有的谋划都落空了。

很多史家因此认为汉初的和亲政策是消极和耻辱的。林幹在《匈奴史》一书中便说:"汉初的和亲是一种消极的政策,是一种变相的纳贡,是在当时的历史条件下迫不得已的一种妥协。"

我个人并不认同这种观念,确切地说,和亲是由汉王朝主导的一种从政治和外交上解决边境争端的有效措施。就现实而言,和亲是当时汉王朝所能选择的最为明智的政策,能以最小的代价换取和平,为汉朝的崛起创造了时间和空间。正是在和亲政策的维系下,汉初七十年,汉和匈奴之间的关系是以和平为主流,这才可能有中国历史上第一个"治世"——文景之治的出现,也才能够为汉武帝时代出击匈奴积累下足够的国力。

至于"变相纳贡"一说,我们如果把历史的眼光放得更长远些就能发现,在汉王朝崛起强大并将周边的小邦小国纳入朝贡体系之后,汉王朝对包括内附匈奴在内的周边臣属国都采取了"经济厚赂"政策,这一点会在以后章节详细论述。这种"经济厚赂"需要汉王朝付出的经济代价其实绝不比和亲时期更少。

而真正可以实现双赢、互惠的边境贸易——关市,其本身的价值却一直被刻意地忽略着。

注 释

[1] 《史记》卷九十九《刘敬叔孙通列传》,中华书局 2014 年版,第 3293 页。

[2] 《史记》(卷一百十《匈奴列传》,中华书局 2014 年版,第 3500 页)记载:"高帝乃使刘敬奉宗室女公主为单于阏氏。"又见《汉书》卷九十四上《匈奴传上》,中华书局 2012 年版,第 3224 页。

[3] 《史记》(卷一百十《匈奴列传》,中华书局 2014 年版,第 3500 页)

记录，吕后忍辱负重，"复与匈奴和亲"。《汉书》（卷九十四上《匈奴传上》，中华书局 2012 年版，第 3225 页）则在双方互通书信后记录："因献马，遂和亲。"

[4] 《史记》（卷一百十《匈奴列传》，中华书局 2014 年版，第 3504 页）记载："老上稽粥单于初立，孝文皇帝复遣宗室女公主为单于阏氏。"又见《汉书》卷九十四上《匈奴传上》，中华书局 2012 年版，第 3228 页。

[5] 老上单于去世，军臣单于立，《史记》（卷一百十《匈奴列传》，中华书局 2014 年版，第 3504 页）记录："孝文皇帝复与匈奴和亲。"《汉书》（卷九十四上《匈奴传上》，中华书局 2012 年版，第 3228 页）则说："汉复与匈奴和亲。"

[6] 《汉书》卷六《武帝纪》，中华书局 2012 年版，第 141 页。

[7] 《史记》（卷十《孝文本纪》，中华书局 2014 年版，第 545 页）在文帝后元二年（前 162 年）记录文帝诏书中说："和亲已定，始于今年。"又见《汉书》卷四《文帝纪》，中华书局 2012 年版，第 113 页。

[8] 《汉书》（卷五《景帝纪》，中华书局 2012 年版，第 126 页）在景帝前元五年（前 152 年）有录："遣公主嫁匈奴单于。"又见《资治通鉴》卷十六《汉纪八》，中华书局 2011 年版，第 537 页。

[9] 《史记》卷十八《高祖功臣侯者年表》，中华书局 2014 年版，第 1086 页。

[10] 《史记》卷一百十《匈奴列传》，中华书局 2014 年版，第 3509 页。

[11] 《史记》卷一百二十三《大宛列传》，中华书局 2014 年版，第 3833 页。

[12] 《史记》卷一百十《匈奴列传》，中华书局 2014 年版，第 3500 页。

[13] 《史记》卷一百十《匈奴列传》，中华书局 2014 年版，第 3500 页。

[14] 《史记》卷一百十《匈奴列传》，中华书局 2014 年版，第 3504 页。

[15] 《史记》卷九十九《刘敬叔孙通列传》，中华书局 2014 年版，第 3293 页。

[16] 《史记》卷九十九《刘敬叔孙通列传》，中华书局 2014 年版，第 3293 页。

[17] 《史记》卷九十九《刘敬叔孙通列传》，中华书局 2014 年版，第 3293 页。

[18] 《史记》卷九十九《刘敬叔孙通列传》，中华书局 2014 年版，第 3293 页。

[19] 《史记》卷一百十《匈奴列传》，中华书局 2014 年版，第 3505 页。

《汉书》卷九十四上《匈奴传上》（中华书局 2012 年版，第 3229 页）为"冠带之节，阙庭之礼"。

[20]《汉书》卷九十四上《匈奴传上》，中华书局 2012 年版，第 3245 页。

第四章

蛰伏的王朝

汉文帝刘恒是汉高祖刘邦第四子，皇位原本跟他没有多大关系，老父亲刘邦对这个儿子也没有太深厚的感情，这从他的封地所在可见一斑。刘恒封代王，封地在旧赵国北部代郡一带，这是当时汉王朝直面北方强大匈奴的前沿阵地之一。

刘恒同父异母的哥哥刘盈是皇太子，在刘邦去世后继承皇位。可惜，刘盈早逝，其母吕雉大权在握，先后立了两个幼子为帝。吕雉死后，功臣集团联合刘姓皇族诛灭了吕氏家族。原本远居北方，在朝廷毫无根基的代王刘恒，却被意外地拥立为帝。

意外登上皇位的汉文帝刘恒也是中国历史上一个"特立独行"的君主。

西汉王朝是在秦末农民起义的烽烟中建立起来的。秦，曾经无比强大，成功地将整个国家打造成了一部高效运转的战争机器。在统一六国的过程中，秦军"追亡逐北"，令六国"伏尸百万，流血漂橹"，表现出来的是无坚不摧、无往不胜的强悍气势。然而，如此不可一世的强秦竟然二世而亡。汉承秦制，但汉初的统治者却时时刻刻以秦为戒，生怕重蹈强秦覆辙。于是，中国历史上第一个治世——"文景之治"出现了。

"文景之治"的"文"即指汉文帝。汉文帝在位二十三年，以仁孝治天下，克勤克俭，在为自己修筑霸陵时下令陪葬"皆瓦器，不得以金银铜锡为饰，因其山，不起坟"[1]。他最宠爱的慎夫人"衣不曳地，帷帐无文绣，以示敦朴，为天下先"[2]。不过，皇帝和后妃们有多节俭，其实不是特别重要。重要的是，他给自己治下的百姓创造了多大的生存空间。

田租是古代中国政府最主要的经济来源。汉初时国家法定的税额为"十五税一"，汉文帝时代只需要缴纳一半，即"三十税一"。汉文帝还数度全部免掉田租，前后加起来有十一年之久。这在中国两千多年的帝制时代是绝无仅有的（关于汉文帝时期长达十一年免除全部田租的说法，根据近年的考古发现，有学者提出了质疑，有关内容详见第十四章）。

除了田租外，汉文帝还将自高祖时期开始征收的算赋由一人一年一百二十钱减为四十钱，并下令"弛山泽"之禁，鼓励农民垦田取利。徭役也由过去的"一年一役"改为"丁男三年而一事"[3]……

汉文帝大幅度减免赋税，与民休息，政府并没有因此变得拮据贫穷，而整个社会却出现了极度繁荣富庶的局面。汉文帝执政的二十三年，至少让我们看到一个不争的事实：疆域辽阔、人口繁滋，有如此众多的户籍以供养赋税，即便每户所征赋税极轻极少，供养一个政府也是绰绰有余。

这是一种"小政府、大民生"的国家治理模式。当统治者清静无为，给予民众更多的自由和更大的发展空间时，我们可以看到一个吃苦耐劳的民族具有怎样惊人的创造力。"京师之钱累巨万，贯朽而不可校。太仓之粟陈陈相因，充溢露积于外，至腐败不可食……"[4]此时的汉王朝欣欣向荣。

汉文帝由此成为中国历史上以德治国的楷模。

然而，汉文帝的治国之道之所以能够成功，其实并不在于他拥有常人无可企及的道德品质，也不是因为他高瞻远瞩的政治眼光超越了所有的后代帝王，根本原因其实在于当时的汉王朝外有匈奴盗掠之患，内无绝对集权之忧。

　　一个强大匈奴的存在逼迫汉王朝统治者必须千方百计保护民生、壮大国力。消灭诸吕的功臣集团和同姓诸侯王雄厚的实力，让这个时候的皇权还没有走到绝对专制的时代，皇帝还不能为所欲为。从某种意义上来讲，这还是一个皇帝与功臣集团共治天下的时代。

　　汉文帝去世后，他的儿子刘启继承皇位，成为景帝。

　　景帝即位之初便爆发了"七国之乱"。内乱一旦发生，边境上的劲敌匈奴便蠢蠢欲动。所幸"七国之乱"很快平定，但汉政权的不稳定性仍然是国家发展的一个掣肘，内忧外患的局面并没有得到根本性的改变。所以，汉景帝在位的十六年延续了文帝清静无为、保护民生的国家发展策略，与匈奴更是积极和亲，通关市，遣公主。整个汉景帝时代，匈奴只是偶尔小规模入边劫掠，没有大规模南下的记录。

　　文帝和景帝持续三十九年的休养生息，不仅大幅度提升了国力，更彻底改变了汉匈之间军事力量的对比。虽然骑兵部队还没有独立作战的记录，但汉军的车骑部队已经替代步兵成为主战兵种；虽然对入侵的匈奴仍旧采取以防御为主的作战方式，但汉军主力一旦出动，匈奴往往会避其锋芒，不愿正面碰撞了。

汉匈军事力量
的改变

公元前 154 年，一辆马车疾行至长安东市突然停下，一个身着朝服的中年男子走下马车，疑惑地看着驾车的中尉：皇帝让中尉召自己上朝议事，却为何在市场停留？

中年男子即是汉初名臣晁错。此时的他身为御史大夫，位列三公，深受汉景帝的宠信。然而，中尉当众宣读了皇帝的诏书，在晁错完全还没有明白究竟发生了什么的时候，便将仍旧身着朝服的他腰斩于东市。

汉景帝之所以要杀晁错，是因为在晁错的主张下，汉景帝诏令削藩，却导致了"七国之乱"。七国打着"诛晁错，清君侧"的旗号起兵反叛。汉景帝乱了阵脚，于是将自己的重臣、恩师腰斩于市。

晁错的死对汉王朝而言可谓一个重大的损失。在汉初文帝、景帝时代，和许多空谈"理想"和"主义"的大臣不同，晁错对汉匈两国之间的军事力量对比有着非常透彻的研究。

在汉文帝时代，晁错便献策御边，向汉文帝上了著名的《言兵事疏》《守边劝农疏》《论贵粟疏》。这些奏疏不仅对汉匈两国军事实力进行了恰如其分的评估，提出了相应的军事改革措施，更对边境地区的社会经济改革有着独到的见解。

1. 军事素质

在汉文帝和汉景帝时代，汉王朝已经逐步走向繁荣兴盛。那么，这个时候汉朝的军事实力是否仍旧如刘邦遭遇白登之围时那样，落后于匈奴？晁错的奏疏给了我们非常明确的答案。

晁错认为匈奴之长技有三：匈奴的战马比汉军的战马更能翻山越岭、出入溪涧；匈奴骑兵的骑射功夫高于汉军；匈奴人比汉人更加能够忍耐恶劣的自然环境、疲劳和饥渴。

比之匈奴，晁错认为，汉军也有五项长技：汉军有车兵的优势，在平原作战，匈奴不敌；汉军装备的强弓劲弩和长戟都是远距离射杀的武器，这是匈奴的弓箭所无法企及的；汉军身着坚硬的铠甲，更配备各式长刀短剑，出击讲究阵法和步骑兵的配合，这让匈奴军队难以抵挡；汉军的弓箭手埋伏阵后，骤然发动，万箭俱发，匈奴人用兽皮做的甲胄、用木头做的盾牌根本无法抵御；马下肉搏，匈奴人也非汉军对手。

从晁错对汉匈两军强弱之势的分析我们可以看出，匈奴军队较之于汉军只是在马匹素质和人员的作战能力上占上风。但这样的劣势，汉军通过更为精良的武器装备和各兵种的集团配合，完全能够弥补。所以，晁错认为，如果两军对垒，汉军所拥有的长技远比匈奴更多。

据此，晁错还提出了"以夷制夷"的对敌策略，建议汉文帝将那些归顺汉朝的、生活习俗和匈奴一样的蛮夷武装起来，组成外籍兵团，配合汉军的车兵、步兵共同应对匈奴。

由此可见，在文景时期，汉军的军事素质其实已经超过了匈奴。但为何匈奴数度大规模袭扰汉边，汉军却苦无对策呢？

2. 攻守难题

在晁错的奏疏中，有一段话很值得我们注意：

> 今使胡人数处转牧行猎于塞下，或当燕代，或当上郡、北地、陇西，以候备塞之卒，卒少则入。陛下不救，则边民绝望而有降敌之心；救之，少发则不足，多发，远县才至，则胡又已去。聚而不罢，为费甚大；罢之，则胡复入。如此连年，则中国贫苦而民不安矣。[5]

此段话的意思是说，匈奴常常于塞下游牧行猎，暗中监视，一旦发现边郡守军较少时，就立刻发动攻击。皇帝远在长安，若不发兵救援，边民绝望，会有敌人一来就投降的心理；若发兵救援，小部队不足以抵抗，大部队却不容易集结，那些较远的边郡，军队好不容易赶到了，匈奴早已劫掠而去。集结起来的军队不解散吧，军费开支会十分庞大；如果解散吧，匈奴又会趁边防空虚再度进犯。

前面我们已经讲过，匈奴尚处于游牧政权的形成期。而从晁错对匈奴当时袭扰汉边的描述，我们也可以看出，匈奴的出击并没有太过明确的政治、军事目的，而纯粹是为了劫夺财物。不像军事行动，更像盗匪行为。

在汉文帝时期，匈奴有过几次大规模的入侵行为，兵锋甚至直逼汉都长安。但这几次入侵，汉朝的中央主力大军和匈奴军队都没有大规模交战的记录。

文帝三年（前177年），匈奴右贤王入河南地为寇。《史记·匈奴列传》记载："于是孝文帝诏丞相灌婴发车骑八万五千，诣高奴，击右贤王。右贤王走出塞。文帝幸太原。"面对匈奴的入掠，文帝派遣灌婴为将带领八万余人的车骑部队出击，但匈奴听说汉军大部队将至，便出塞遁走。因此，两军此次应该没有接战。

同样的情况发生在文帝十四年（前166年）。匈奴单于带领十四万骑入朝那、萧关，侦察部队到达雍（今陕西凤翔县南）和甘泉（今陕西淳化县西北），直接威胁长安。汉文帝以中尉周舍、郎中令张武为将军，发车千乘，骑十万，驻扎长安旁以防备匈奴的攻击，并拜五个将军"大发车骑往击胡"[6]。匈奴在塞内袭扰了月余，待汉军大部队一到，便带着战利品匆匆遁走。《史记·匈奴列传》记载："汉逐出塞即还，不能有所杀。"汉军也没有继续追击匈奴，只是将他们逐出塞外。

在汉文帝晚年，即公元前158年，匈奴还有一次大规模入侵的记录。匈奴军臣单于即位后，率领匈奴骑兵南下，上郡、云中各有三万匈奴人入掠。汉文帝派遣了三个将军屯守北地、句注、飞狐口，又派遣三个将军屯兵长安附近防备匈奴。这一次，虽然边关燃烧的烽火狼烟连甘泉、长安都能看到，但当汉朝主力大军抵达边境时，匈奴人已经撤兵远离关塞了。

《史记·匈奴列传》中的相关记录是："数月，汉兵至边，匈奴亦去远塞，汉兵亦罢。"可见，晁错所说完全是实情，汉朝大军的集结颇费时日，加之路途不易，用了几个月时间才赶到边关。流寇一般的匈奴，对汉军和汉政府而言，的确是一个"防者千里，攻者一点"的大难题。

所以，在文帝、景帝时期，如果汉朝倾其国力和匈奴军队正面交锋，胜败尚在未知之列。汉文帝本身也并不认同，已经持续良好发展了二三十年的汉朝的国力和军事实力仍弱于匈奴。在给匈奴单于的国书中，他便强调："汉与匈奴邻敌之国，匈奴处北地，寒，杀气早降，故诏吏遗单于秫蘖金帛丝絮佗物岁有数。"[7]意思是说，大汉和匈奴是势均力敌的邻国，因为匈奴地处北方，过于寒冷，我才让官吏们每年给单于你送去粮食布匹等。汉文帝的言下之意当然是，汉朝"岁奉"匈奴的物资乃是经济援助，而不是因为汉朝比匈奴弱小，惧怕匈奴，才向匈奴奉献的贡品。

汉文帝的说法并非没有底气的意气之言，而是有国家实力作为实实在在后盾的。

3. 兵种变化

上个世纪六七十年代，陕西咸阳杨家湾汉墓经过漫长的考古发掘工作，出土了两千五百多件彩绘陶兵马俑，其中步兵俑一千八百多个，骑兵俑五百多个。杨家湾汉墓一般被认为是文帝、景帝时期一位高级将领的墓葬。在出土的兵马俑中，成方阵的骑兵俑在总兵力中的比重有显著增加，十一个陪葬坑中，骑兵俑坑就有六个，另有步兵俑坑四个，战车坑仅发现一个。因此，杨家湾汉墓出土的兵马俑被视为文帝、景帝时期骑兵部队已经发展成

彩绘陶兵马俑（1965 年陕西咸阳杨家湾汉墓出土的西汉初年的兵马俑军阵。现藏国家博物馆。黄豁摄）

为主战重要兵种，甚至独立战斗兵种的重要证据。

事实果真如此吗？

文景时期的国力、军力较汉初明显增强，骑兵部队更是空前发展。我们不妨从文帝面对匈奴几次大规模入侵的发兵情况入手，来分析此时汉王朝的军事实力：文帝三年（前177年）发车骑八万五千[8]；文帝十四年（前166年）发车千乘、骑十万屯长安附近以备胡，另拜五将军大发车骑往击胡。在《战国策·韩策》中，张仪为秦连横而游说韩王时透露了秦军的实力："秦带甲百余万，车千乘，骑万匹。"一般认为这是秦军强盛时期的阵容。刘邦遭遇白登之围时，我们能确定汉军有三十二万步卒，虽然有动用车骑部队的记录，鉴于汉初民贫国弱，汉军车骑部队的数量一定有限，至少肯定远远达不到强秦时代"车千乘，骑万匹"的规模。但到文帝十四年（前166年），距离白登之围已有三十四年，休养生息后的汉王朝不仅"发车千乘、骑十万"屯长安，同时"大发车骑往击胡"，说明这个时候汉王朝的军事实力已经超过了强秦时代。

但是，通过文帝的发兵情况我们也可以看出，这个时候的汉军作战部队正处于从车骑部队向骑兵部队转换时期，仍以车骑部队为主。

到景帝平定吴楚七国之乱时，《史记》和《汉书》都有"吴多步兵""汉多车骑"这样的记录。太尉周亚夫以步、车正面御敌，以骑兵奇袭吴楚粮道，取得了良好的战果。这也能看出，景帝时汉军的主力作战部队仍是车骑部队。骑兵部队在这一时期虽然越来越发挥出重要的作用，但仍然是和其他兵种一起协同作战，这与汉武帝时代卫霍时期，汉军数万骑兵部队独立深入匈奴腹地作战还是有极大差别的。

机动性、灵活性更强的骑兵部队缺乏独立作战的实战经验，那么这个时候的汉军便没有深入匈奴领土进行远距离征伐的能力。

此时汉军如果主动出击匈奴，因为匈奴一败即走的作战特性，能取得的战果也许只能如秦时蒙恬北却匈奴数百里，虽付出相当大的代价，却未必能给予匈奴毁灭性打击，最终很可能是两败俱伤。

因此，文帝景帝时期，汉王朝对匈作战的时机尚未成熟。

匈奴最让人头疼的并非其实力的强大和对中原地区虎视眈眈的野心，而是不绝如缕的盗匪行为。诚如晁错所言，匈奴成天在边境线外游牧行猎，一旦发现守军较少，就发动进攻。而汉朝的主力大军无法及时集结、救援，这就造成了边郡损失惨重。但如果一直都集结大军驻防边塞，汉匈两国边境线绵长，对于汉王朝而言，这的确是一笔难以承受的巨大开支。

移民实边　在还没有绝对实力主动出击，一举击溃匈奴的时候，如何守土安边就成了汉文帝和汉景帝时期最主要的问题。

汉文帝时期汉朝的边制是轮戍制，戍卒一年一换，晁错认为，"（戍卒）一岁而更，不知胡人之能"[9]，于是向汉文帝提出了移民实边的具体对策，建议在"要害之处，通川之道"[10]建立城池，"徙民实边，使远方无屯戍之事，塞下之民父子相保"[11]，"使五家为伍，伍有长；十长一里，里有假士；四里一连，连有假五百；十连一邑，邑有假候：皆择其邑之贤材有护，习地形知民心者，居则习民于射法，出则教民于应敌"[12]。

为了鼓励人们到边地居住，晁错还提出了许多针对移民的优惠政策，比如：由政府为移民准备房屋和必要的生产生活用具；对有罪的移民赦免其罪，无罪者赐以较高的民爵，且全部免除赋税；给他们发放冬天和夏天的衣服，准备粮食，直到他们能够自给自足；甚至配备医生和巫师，为单身移民安排配偶等等。

应该说，晁错已为移民考虑得十分周详，汉文帝也非常欣赏晁错的建议，欣然下诏，"从其言，募民徙塞下"[13]。然而，终文帝、景帝之世，晁错的移民实边策略始终没有很好地得以实行。
问题究竟出在哪里呢？

靠近长城的边境地区并非降雨丰沛、土地肥美的膏腴之地，
在此进行农业生产的艰辛远胜传统农业地区。更兼与匈奴为邻，
匈奴人烧杀抢掠无所不为，生活在边地，连基本的人身安全都无
法保障。移民除了要进行繁重的农业生产，还需要联合起来抵御
匈奴、保家卫国。所以，和这些无比具体的边地生产生活现实比
较起来，晁错所提出的一切优惠政策几乎不具备吸引力。

移民实边和屯田戍边，是两千年中国帝制时代巩固边防、抵
御外敌的重要战略措施。大规模的移民实边和屯田戍边要到汉武
帝时代，才得以真正有效地实施。

在中国古代，历代政府开办屯田一般都是强制军队或农民进
行，即使是招募，也往往是强制性的，真正出于自愿的劳动者是
少数。而且，大规模地移民对国家财力要求很高。移民的吃住行，
以及到达边郡初期的生产生活，都需要由政府提供支持。汉武帝
在公元前 119 年将关东贫民七十多万人移往边境，《史记·平准
书》便记载："（移民）衣食皆仰给县官。数岁，假予产业，使者
分部护之，冠盖相望。其费以亿计，不可胜数。"

汉文帝和汉景帝时代还处于"休养生息"阶段，国家财力未
必能支持大规模地移民，而皇帝追求的是无为而治，不想过多地
役使百姓，尽量予以民间更多的自由。尽管晁错建议首先招募那
些希望能免罪的罪犯和希望能成为编户齐民的奴婢，但在非强制、
完全出于个人意愿的状态下，要想募集到相当规模的人员以充实
边地，显然难以成功。

所以，尽管晁错移民实边的策略非常具有价值，但文帝和景
帝如果不顾国家经济实力状况，而强制大规模的民众迁徙至边地，

反而会扰乱整个国家有序发展的大好势头。

更为重要的是，文帝和景帝时期，政权并未稳固，地方诸侯王势力坐大，对中央政权存在巨大威胁。对匈奴仍旧采取和亲政策，以换取国内稳定持续的发展，对汉文帝和汉景帝而言，是最为明智的决策。

两千年前的
军备竞赛

回到公元前 200 年隆冬，汉高祖刘邦遭遇白登之围的那几天。当冒顿将四十万匹赤白青乌各色战马，以颜色为阵，整齐地呈现在刘邦面前时，他展示的是这个时候匈奴人的国力。而此时的汉王朝，皇帝出行凑不齐四匹颜色相同的马，将相则只能用牛车，整个皇室仅有"厩马百余匹"[14]。这样的对比反差不可谓不强烈。

"马者甲兵之本，国之大用。"[15] 马匹，是初生的汉王朝在面对北方劲敌匈奴时最大的软肋。

汉初七十年，历经刘邦、吕雉到文帝、景帝，汉王朝的经济逐渐走向繁荣。对于以农耕为主的汉王朝而言，要战胜北方马背上的草原民族，仅仅有雄厚的国力、更为先进的武器装备和高素质的兵卒还不够，马匹才是决定胜负的关键。"行天莫如龙，行地莫如马"[16]，马的速度在所有大型家畜中是最快的。在战场上，数万步兵列阵，往往不敌几千骑兵的冲杀。

所以，从刘邦、吕雉时期开始，汉王朝就非常重视马政，到文帝、景帝时期，更大力倡导军马的饲养。

吕雉称制时期，与南粤交恶，吕雉就下令："毋予蛮夷外粤金铁田器；马牛羊即予，予牡，毋予牝。"[17] 也就是说，除了金铁田器外，还不允许母马、母牛、母羊出境。这项政令虽然是针对南粤国的，但不允许雌性牲畜出境，客观上也是对本国畜牧业的保护。

根据晁错的建议，文帝颁行"马复令"，"令民有车骑马一匹者，复卒三人"[18]，即用养军马一匹，免除三人徭役的办法鼓励民间养马。"马复令"极大地调动了民间养马的积极性。

汉景帝时，西汉政府开始大规模牧养官马，在秦边郡牧马苑的基础上，"始造苑马以广用"[19]。为防止好马外流，景帝听从御史大夫卫绾的建议，设置"马弩关"，"禁马高五尺九寸以上，齿未平，不得出关"[20]。

文帝、景帝时期，汉王朝招募了大量乌孙人、羌人等擅长养马者为汉军蓄养军马。景帝时西北边郡的马苑共有三十六所，养马三十万匹。[21]到汉武帝时期，边郡马苑的厩马已扩充至四十万匹。[22]所以，在汉武帝元狩四年（前119年），卫青、霍去病各领五万精骑与匈奴决战漠北，汉军能一次性动用官马及私马共计十四万匹。

解决了马的问题，对汉军来说，无论主动出击还是被动防守，粮草的转运仍是一个大难题。

在古代社会，军粮的运输全部依靠人力和畜力，在运输过程中，人和牲畜还要消耗掉大量的粮食。主父偃在劝汉武帝谨慎对匈奴用兵时，用了一个很有说服力的数据来说明粮食运输的巨大消耗：从今天山东半岛一带运输粮食到内蒙古一带，平均起运一百九十二石，抵达前线将士手中时，只剩下一石。[23]所以，边疆地区如果自己能够生产粮食和囤积粮食，便能够节约很大的运输开支。

晁错的移民实边策略，不仅能有效地加强边疆的防御力量，也能减少粮食的转运。不过，诚如我们在前面所说，大规模的移民实边和屯田戍边是在汉武帝时期才开始的。所以，针对粮食的储备，晁错向汉文帝提出了"积粟实边"的建议，"使天下（人）入粟于边，以受爵免罪，不过三岁，塞下之粟必多矣"[24]。

汉文帝当然欣然采纳："令民入粟边，六百石爵上造，稍增至四千石为五大夫，万二千石为大庶长……"[25]

汉文帝如此从谏如流，晁错于是继续上疏皇帝："陛下幸使天下入粟塞下以拜爵，甚大惠也。窃恐塞卒之食不足用大渫天下粟。边食足以支五岁，可令入粟郡县矣；足支一岁以上，可时赦，勿收农民租。"[26]

汉文帝于是下诏免除文帝十二年（前168年）全国田租的一半，即从十五税一减至三十税一。第二年，索性免收田租。[27]

汉文帝如此痛快地决定减免全国田租，正说明晁错"积粟实边"的策略效果明显，完全达到了这项政令实施的初衷——"富人有爵，农民有钱，粟有所渫"[28]，既解决了边防军缺乏粮草的问题，又促进了农民生产的积极性，加快了农产品的流通。

尽管司马迁在《史记》中说晁错是个"陗直刻深"之人，但就他向汉文帝提出的这一系列利国利民的改革措施而言，我不禁要为汉景帝因为吴楚七国之乱冤杀晁错而一声叹息。

注　释

［1］　《汉书》卷四《文帝纪》，中华书局2012年版，第117页。
［2］　《汉书》卷四《文帝纪》，中华书局2012年版，第117页。
［3］　《汉书》卷六十四下《严硃吾丘主父徐严终王贾传下》，中华书局2012

年版，第 2454 页。

［4］ 《史记》卷三十《平准书》，中华书局 2014 年版，第 1714 页。

［5］ 《汉书》卷四十九《爰盎晁错传》，中华书局 2012 年版，第 1993—
1994 页。

［6］ 《史记》卷一百十《匈奴列传》，中华书局 2014 年版，第 3507 页。

［7］ 《史记》卷一百十《匈奴列传》，中华书局 2014 年版，第 3508 页。

［8］ 文帝三年（前 177 年），《史记·孝文本纪》（中华书局 2014 年版，
第 538 页）载"发边吏骑八万五千诣高奴"，所以有人认为这次发
兵全是骑兵部队。但《史记·匈奴列传》（中华书局 2014 年版，第
3501 页）则记录为"发车骑八万五千"；《汉书·匈奴传》（中华书局
2012 年版，第 3226 页）为"发边吏车骑八万诣高奴"。所以，笔者
认为这次发兵仍是以车骑部队为主。

［9］ 《汉书》卷四十九《爰盎晁错传》，中华书局 2012 年版，第 1994 页。

［10］ 《汉书》卷四十九《爰盎晁错传》，中华书局 2012 年版，第 1994 页。

［11］ 《汉书》卷四十九《爰盎晁错传》，中华书局 2012 年版，第 1994 页。

［12］ 《汉书》卷四十九《爰盎晁错传》，中华书局 2012 年版，第 1996 页。

［13］ 《汉书》卷四十九《爰盎晁错传》，中华书局 2012 年版，第 1996 页。

［14］ 《汉书》卷七十二《王贡两龚鲍传》，中华书局 2012 年版，第 2653 页。

［15］ 《后汉书》卷二十四《马援列传》，中华书局 2012 年版，第 659 页。

［16］ 《后汉书》卷二十四《马援列传》，中华书局 2012 年版，第 659 页。

［17］ 《汉书》卷九十五《西南夷两粤朝鲜传》，中华书局 2012 年版，第
3302 页。

［18］ 《汉书》卷二十四上《食货志上》，中华书局 2012 年版，第 1039 页。

［19］ 《汉书》卷二十四上《食货志上》，中华书局 2012 年版，第 1040 页。

［20］ 《汉书》卷五《景帝纪》，中华书局 2012 年版，第 129 页。

［21］ 《汉书》卷五《景帝纪》（中华书局 2012 年版，第 131 页）：景帝中元
六年（前 144 年），"匈奴入雁门，至武泉，入上郡，取苑马"。如淳
注曰："《汉仪注》，太仆牧师诸苑三十六所，分布北边、西边。以郎
为苑监，官奴婢三万人，养马三十万匹。"

［22］ 《通典》卷二十五《职官》（中华书局 1988 年版，第 705 页）："武帝
承文、景蓄积，海内殷富，厩马有四十万匹。"

［23］ 《汉书》卷六十四上《严硃吾丘主父徐严终王贾传上》（中华书局 2012

年版，第 2427 页 ）:"又使天下飞刍挽粟，起于黄、腫、琅邪负海之郡，转输北河，率三十钟而致一石。"颜师古注曰："六斛四斗为钟。计其道路所费，凡用百九十二斛，乃得一石至。"一斛即为一石。

［24］《汉书》卷二十四上《食货志上》，中华书局 2012 年版，第 1039 页。

［25］《汉书》卷二十四上《食货志上》，中华书局 2012 年版，第 1040 页。

［26］《汉书》卷二十四上《食货志上》，中华书局 2012 年版，第 1040 页。

［27］《汉书》卷二十四上《食货志上》（ 中华书局 2012 年版，第 1040 页 ）:"上（文帝）复从其言，乃下诏赐民十二年租税之半。明年，遂除民田之租税。"

［28］《汉书》卷二十四上《食货志上》，中华书局 2012 年版，第 1039 页。

第五章

苍狼的后裔

公元 4—5 世纪，一个叫作 Huns（匈人）的游牧民族突然出现在欧洲。他们披发劗面，野兽般地吼叫着，骑在马背上，如同疾风一般呼啸过整个东欧，给罗马帝国带去了灾难性的重大影响。Huns 的首领阿提拉甚至被称作"上帝之鞭"，兵锋所及，整个欧洲都颤抖不已。

有史学家认为，Huns 即是公元 2 世纪从中国的史书中突然消失的北匈奴的后裔。提出这种观点的学者是 18 世纪的法国汉学家德·基涅以及一些德国和苏联学者。他们对照中国和西方的文献发现，公元 439 年北魏攻克姑臧时获悉粟特国被西迁的匈奴人攻占，匈奴国王杀粟特王后自立，史书中的相关记载为"粟特国，在葱岭之西，古之奄蔡……先是，匈奴杀其王而有其国，至王忽倪已三世矣"[1]，并由此推算出匈奴人杀害粟特国王并夺其国的时间与罗马史料中记录的 Huns 入侵克里米亚半岛的时间很接近——都在公元 4 世纪，属于连续发生的事件，而且事件的地理方位也很相近，于是认为匈奴和 Huns 乃是同一种族。持这种观点的学者，除了以史书中的这些零星记载为依据，还认为 Huns 和匈奴发音接近，也曾对比了 Huns 与匈奴人的容貌。

两千年前，活跃在秦汉时期，曾是中原王朝第一个劲敌的强大匈奴人，究竟是一群什么模样的人呢？最终动摇了罗马帝国根基、引发欧洲民族大迁徙的 Huns 和匈奴人长得像吗？

在公元 445 年前后，一位名叫普利斯库斯的罗马外交人员曾在阿提拉的宫廷中见过阿提拉。在他的笔下，阿提拉"身材是矮短的，胸部广阔，头很大，眼睛小，散播出灰色。他的鼻子是平的，脸色是黑的"。根据普利斯库斯的描写，陈序经先生认为以阿提拉为首的 Huns 是黄种人，是蒙古种无疑。[2]

相比之下，两千多年前活跃在秦汉时期的匈奴人的样貌则要扑朔迷离得多。

在第一章讲匈奴种族的起源时，我们已经说过，因为大规模的军事征服导致的民族融合使匈奴人种的构成呈现出多元化。也许正因为如此，我们今天所能看到的匈奴人具有不同的民族特征：霍去病陵墓马踏匈奴的石雕所呈现出来的与汉人面目截然不同的"胡人"形象；诺颜山匈奴墓葬中出土的刺绣画上蓝色瞳孔的"突厥人"；《晋书》里高鼻深目，甚至可能是白皮肤的白色人种模样……

其实，两千多年前，无论汉人还是匈奴人都没有"民族"的概念。在汉人的观念中，"华夷有别"根深蒂固，除了中原王朝的中华人以外，无论远近，其他的都是蛮夷。匈奴人的观念更简单，在其马蹄和箭镞所及的范围内，所有引弓之民皆是匈奴，那些臣服于匈奴的国家、民族也都是匈奴。汉文帝初年，冒顿单于在写给汉文帝的国书中就表达了这样的观念："定楼兰、乌孙、呼揭及其旁二十六国，皆以为匈奴。诸引弓之民，并为一家。北州已定。"[3]中原王朝的中华人其实也认同这种观念。汉文帝在写给匈奴单于的国书中也说："长城以北引弓之国，受命单于；长城以内冠带之室，朕亦制之。"[4]

这同时也是当时很多游牧民族共同的观念。在匈奴强大时，北方的东胡、丁零、坚昆等原本不属于匈奴的民族，都可能以"匈奴"自居。东汉时期，大将窦宪遣右校尉耿夔击破匈奴，北单于逃走，匈奴不得不西迁，鲜卑趁机据其故地，而"匈奴余种留者尚有十余万落，皆自号鲜卑"[5]。这样的做法目的很简单，就是将自己纳入更为强大的领导者麾下，以保有或取得更多的物质、经济利益，或者简单地说，为了生存下去。

匈奴在强势扩张时期，每次南下除了劫掠粮食、牲畜等，还会掳劫大量的人口。文帝时期有几年时间，匈奴连年南下，云中、辽东两郡，每年都有万余人被杀被掳。汉匈交战期间，汉初即有韩王信、燕王卢绾等人带领家人部众投降匈奴；武帝晚年，赵破奴被俘后，其所领两万骑兵俱投降匈奴，李广利投降时麾下七万骑兵也是死的死、降的降。匈奴南北分裂后，特别是南匈奴内附之后，与边地的汉人杂居融合的匈奴人也一定不在少数。

所以，秦汉时期的匈奴人从其崛起到强势扩张再到渐趋没落，血缘自然会越来越复杂。

匈奴的西迁起始于汉武帝晚年，而大规模的西迁则因为东汉时期汉军的打击和乌桓、鲜卑等民族的崛起。如果这种迁徙一直持续到公元4世纪，那就是三四百年。

汉宣帝时期呼韩邪单于降汉后，与其征战不休的郅支单于只得率领部众西迁。一般认为，郅支单于原有部属十万，但一路迁徙至康居国（约在今天中亚巴尔喀什湖和咸海之间）东部时，死伤惨重，最后只有三千多人抵达。而这三千多人也在后来与汉朝西域都护甘延寿和副校尉陈汤所率的西域兵团的战斗中死的死、降的降。

郅支单于部的迁徙路线应该是经过位于天山以北伊犁河流域

的乌孙本土或绕过乌孙之北，最后抵达乌孙西面或西北面。

汉武帝发动汗血马战争，李广利第一次远征，率领数万汉军西出玉门关，行经天山南麓丝路北道诸国，最后抵达康居邻国大宛时，只剩下几千人。第二次远征时，虽然汉武帝刻意为贰师大军配给了相当数量的牛、羊、骆驼、武器装备，沿途小国也都送水送粮，但六万汉军抵达大宛时仍折损一半，《史记·大宛列传》的记录为"汉兵到者三万人"。可见，在当时的交通条件和自然环境下，仅仅迁徙至中亚地区，无论走哪条路，人员损耗都是非常巨大的，超过百分之五十，甚至可能达到或超过百分之九十。

试想，在漫长的三四百年中，不断有匈奴人从蒙古高原一路向西，从天山以北进入中亚地区，或者经由天山南麓的古丝路北道诸国，走过塔里木盆地，翻越帕米尔高原，进入中亚，然后再继续西进，进入欧洲。如此艰苦卓绝的旅途，与其说是迁徙，倒不如说是一种民族融合。

历史上也曾有西迁并保持国家完整和独立的案例，比如月氏和乌孙，他们都曾在国家与国家的军事较量中落败而整体向西迁徙。但匈奴的迁徙更为复杂。汉军的打击，鲜卑的崛起，在数百年的历史岁月中自身亦数度勃兴、数度衰落，所以匈奴的长程迁徙和月氏、乌孙不同，是一个零星、漫长和更为遥远的过程。所以，很难想象一拨又一拨的匈奴人能在持续三四百年的历史中，依旧保持着民族的独立和完整，固执地结为一体，不断西进。

我们再来看看陈序经先生在《匈奴史稿》中所描述的匈奴迁徙至中亚之后的中心地带——悦般国。在陈序经先生的描述中，匈奴正是从以悦般国为中心的地带开始，继续向西北迁徙到了古代的奄蔡或中国南北朝时代所称的粟特以及阿兰人分布的地区。

这就与法国汉学家德·基涅等人的推断对接起来了。

> 悦般国，在乌孙西北，去代一万九百三十里。其先，匈
> 奴北单于之部落也。

《魏书·西域传》中记录下的悦般人即是被东汉大将窦宪打击
驱逐后的北匈奴后裔。窦宪大败北匈奴是在公元 91 年，北魏于公
元 386 年建国，其间相隔差不多三百年。作为匈奴后裔，三百年
之后的悦般人是什么样的呢？

> 其风俗言语与高车同，而其人清洁于胡。俗剪发齐眉，
> 以醍醐涂之，昱昱然光泽，日三澡漱，然后饮食。

《魏书·西域传》所记录的"匈奴后裔"悦般人习惯于剪齐眉
的头发，用纯酥油涂抹，让头发很有光泽，每天多次洗澡，然后
才吃东西。很显然，悦般人的风俗习惯已经与秦汉时期的匈奴人
大相径庭。

被史书描述为"匈奴后裔"的悦般人恰恰是个最好的佐证：
匈奴的西迁毋宁说是一种民族大融合。

这样，我们将不难得出一个结论：无论匈奴这一种族起源为
何，在秦汉时期，那些被称作"匈奴"的人，其实是匈奴扩张、
兼并北方各民族大融合后的一个结合体。而 Huns 即便与秦汉时期
的匈奴人有着某种关联，也是在几百年漫长、艰辛的迁徙过程中，
历经自然的消耗、战争的损失，并不断与沿途原住民融合之后形
成的一个全新民族。

无论如何，我们可以确定的是，Huns 是匈奴后裔的说法并不

严谨，缺乏决定性的历史证据。

　　两千年前，当那些为了生存和利益而结合在一起的游牧民族如大漠戈壁中凶残捕食的沙漠野狼般嗥叫着，骑着骏马风驰电掣地踏上南方农耕民族的土地时，习惯于俯首耕田的农夫们心中的恐惧，和数百年之后欧洲人对 Huns 的恐惧是等同的。

匈奴的战法　　作为社会发展还比较原始的游牧民族，匈奴为何会对文明发展远为先进的农耕民族造成如此巨大的创伤？仅仅用文明容易被野蛮征服就能解释吗？

　　就综合国力而言，中原王朝若内政清明、社会稳定，北方游牧民族往往都只能以臣属国的姿态出现。匈奴之于宣帝之后的汉王朝，突厥之于盛唐，蒙古之于大清，莫不如此。

　　冒顿治下的匈奴能够在政治、军事上力压汉王朝，是因为经历了秦末农民起义和楚汉争霸的中原王朝国力极为衰微。王莽篡汉后，外交上的一系列颠预措施导致早已内附的匈奴反叛，最终使整个国家在内忧外患中土崩瓦解。西晋末年之所以出现"五胡乱华"的局面，则是因为晋王朝在"八王之乱"的内耗中衰败不堪。"晋为无道，奴隶御我。"《晋书》的这句话出自汉赵帝国的建立者匈奴人刘渊。这里的"我"，不是指某一个人，而是所有被晋王朝暴政奴役的各少数民族。事实上，正是西晋统治者的凶残和颠预逼反了"五胡"。而蒙古人和满族人能够入主中原，原因同样在于当时的中原王朝政治腐败、社会矛盾尖锐，问题层出不穷，即便其不亡于异族，也难以在内部矛盾中苟延残喘下去。

　　匈奴，一个即便在最鼎盛时期也只有一百五十万到二百万人口的国家，在汉初的七十年里，能一直在政治、军事上保持对中原王朝的优势的法宝是什么呢？晁错在分析汉匈两军的强弱之势时已经说过，匈奴人的骑射本领和马匹的数量、素质是问题的关键。

对于游牧民族匈奴来说，马匹是最重要的生产、生活、战斗工具，骑在马背上放牛牧羊是匈奴人与生俱来的生存本领。《史记》和《汉书》都说匈奴人"儿能骑羊，引弓射鸟鼠"，长大一些，只要能弯弓射箭，便"尽为甲骑"。生长在马背上，人马混如一体的生活方式，让匈奴人个个都是大漠草原中最好的骑手和射手。所以，当他们组织起来共同对敌时，便是最好的骑兵部队。

> 他们会出其不意地出现在耕地边缘，侵袭人畜和抢劫财产，然后在任何还击可能来到之前带着战利品溜走。当他们被追赶时，他们的战术是引诱中国军队深入大戈壁滩或是草原荒凉之地，然后在自己不遭埋伏的情况下，以雷雨般的箭惩罚追赶者，直到他们的敌人被拖垮，被饥饿弄得精疲力竭，他们才一举而消灭之。

这是法国作家勒内·格鲁塞在《草原帝国》一书中对匈奴人作战方式的描述。从我们的历史记录来看，这种"匈奴战法"应该是接近历史真实的。这种战法单纯以劫掠为目的，没有政治和军事方面的图谋。

春秋战国时期以至汉初七十年，中原地区最强大的部队当然非统一六国的秦军莫属。今天，秦始皇陵兵马俑即是我们能看到的当时强大秦军的主力部队——阵容齐整的步兵部队，最前边三排全是弩兵，统一装备的武器是远距离射杀用的弩机。临敌时，三排弩兵分别拉弦、搭箭、射击，配合默契，才能在敌人近身前完成轮番射击，最大限度地杀伤敌人。秦军战斗力的最主要部分，是由手执长矛、戟、铍等长短兵器的士兵组成的立体方阵。方阵两翼的骑兵、车兵则是机动部队，负责骚扰、牵制敌人。弩机、长矛、戟、铍等兵器的配合，步兵、车兵、骑兵的协同作战，让秦军所向披靡，令六国之师闻风丧胆。[6]

车兵，在很长的一段历史中，都是步兵之外中原地区的重要兵种。我们在上一章已经分析过，车兵在汉初文景时期，已经成为汉军对阵匈奴的主力兵种。步兵和车兵配合的战法一般是：战车上配置枪手、弓手和御手，与步兵一起结成一个相互配合的战斗团体。

然而，无论步兵还是车兵，在面对千军万马组成的骑兵部队时，都难以力敌。冷兵器时代骑兵部队的速度和冲击力就相当于现代战争中的机械化部队。步兵自不必多说，即便是车兵也只能在平原地区才能发挥作用，而且，车兵的机动性和灵活性也远低于骑兵。

所以，在汉朝骑兵部队还不能独立征战时，中原地区以步兵和车兵为主的部队在与匈奴骑兵部队的交锋中很难找到优势。

不过，我们需要注意的是，秦汉时期的匈奴还远远没有成长为后来能够入主中原的蒙古铁骑那样组织完备的政治、军事实体。诚如我们前面已经说过的，匈奴入掠中原，很难找到明确的政治、军事意图，而更趋向于单纯的盗匪行为。北方游牧民族，或者说周边少数民族仰慕华夏文明，希望能够入主中原取而代之，最早还需要自此后推数百年到五胡十六国的苻秦时代，或者稍后的拓跋鲜卑时代。

对于流寇一般的匈奴，中原王朝在强大之时本不虞其南下。强秦时期，蒙恬领三十万大军北击匈奴便是中原王朝综合国力的最好证明。

匈奴在战争中还有一个法宝，即是其以战养战的作战模式。

在第四章我们讲到，汉军出击，粮草的供应是个非常具体的难题。元朔二年（前127年）卫青出击匈奴，收复河南地，发动十余万人修筑朔方城，《史记·平准书》即说，"转漕甚辽远，自山东咸被其劳，费数十百巨万，府库益虚"。可见，仅一次大战役的费用，就会劳动天下，让国家"府库益虚"。

匈奴则不然，他们作战的根本目的就是劫掠，所以，出征只需要每人随身携带几日口粮。而且，匈奴人一般会多带空马，一人多骑。这样不仅可以让马匹随时保持战斗力，实在缺粮时还能杀马充饥。当然，劫掠成功，这些空马还能多带战利品回家。

就地取食，没有后勤转运之费，确保了匈奴人作战模式的灵活性、机动性。

匈奴为何入掠汉边

游牧民族为何都具有掠夺性，为何要入掠定居的农耕民族？普遍的观点是，游牧民族因为所生存的地域自然环境恶劣，生产劳动无法满足生活所需，所以受饥饿的驱使而对周边国家进行掠夺。对于生活在蒙古高原的匈奴人来说，他们对中原王朝的劫掠，主要以掠夺家畜、军马和人口为目的。

"当原本针对大自然而训练出来的勇猛剽悍，转而应用到对付人类时，乐天知命的农业区域人民，就成了远比豺狼虎豹更为肥美的猎获物与战利品。以至于到后来，通过战争劫掠财富、女人、奴隶、牛羊，已经成为他们的终身职业。"这是文化学者李亚平在《帝国政界往事——前清秘史》一书中对入关以前的满族人的描述，当然，也适用于两千年之前同为游牧民族的匈奴人。

从《汉书》的记录我们可以看到，匈奴从冒顿单于开始，一直到汉宣帝时期的虚闾权渠单于，几乎每一任单于在即位后三年之内必然会入掠中原。由此可见，匈奴对周边国家发动军事进攻，尤其对中原地区发起劫掠，虽然没有觊觎中原王朝政权的政治野心和目的，但就其内政而言，还是有强烈的政治目的的。

冒顿杀父夺位后，灭东胡、击月氏，侵入燕代之地；军臣单于即位后不久便组织了对汉王朝的大规模寇掠；伊稚斜在与军臣单于的太子争夺单于位成功后，甚至连续三年（前126年、前125年、前124年）都组织了对汉朝的劫掠。即便在公元前119年汉匈两国决战漠北、匈奴败退至漠北后，每任单于新即位，仍会组织对汉边的劫掠，甚至在强势武力对抗匈奴的汉武帝时代：乌维单于于公元前114年即位，《汉书·武帝纪》记录，公元前112年匈奴入五原，杀太守；呴黎湖单于在公元前102年继承单于位，当年便组织人马大入云中、定襄、五原、朔方，又遣右贤王入酒泉、张掖。昭帝时期壶衍鞮单于入代，宣帝时期虚闾权渠单于与汉争夺车师控制权。

我们可以因此得出结论，匈奴发动与周边国家的战争，特别是劫掠中原，不仅仅是为了掠夺生产生活物资和人口，还有确立新任单于政治、军事权威的目的。对于匈奴这样的游牧民族来说，首领军事能力的强弱决定了他们能否保护牧场和牧民的安全。有能力的军事首领更能有效地维护部族间的团结，加强整个国家的凝聚力。

除了经济匮乏和新任单于需要树立自己的权威这样一些目的外，匈奴入掠汉边还有一个容易被忽略的原因。

汉朝与匈奴之间边境线绵长，而匈奴虽然以单于为君长，却依旧是松散的部落联盟形态的国家，单于的权威并不能绝对约束手下大大小小的部落酋长。狄宇宙在《古代中国与其强邻》一书中这样论述匈奴单于的政治影响力：在匈奴人中统治者的形象从来就没有真正表现为一个君主意义上的绝对的权力旗帜。在这一管理体制中，更经常地来说，部落首领们首先是平等者，他们的领导地位完全依赖于其他酋长和部落贵族们的支持。

汉文帝即位不久，匈奴右贤王便南下犯境。后来，冒顿单于专门就此事写了封国书给汉文帝，表示右贤王犯境并非自己授意，已就背约犯境之事，对其进行了惩罚。冒顿应该是匈奴历任单于中威望最高的一个，在他的治下尚且如此，更遑论别的单于在位时。

狄宇宙甚至认为，汉初的"和亲"政策还有一个特定的目的，那就是从政治上和经济上支持一个愿意与汉王朝保持相对和平的匈奴统治者。

当然，我并不认可这种说法，因为史实证明，在呼韩邪单于降汉前，没有任何一任匈奴单于对汉王朝抱持着友好与和平的态度。不过，匈奴单于的权力相较于汉家天子，是极为有限的，这却是不容置疑的事实。

匈奴单于即位后三年内对外用兵统计表

单于名称	即位年代	即位后三年内对外用兵情况
冒顿	前 209 年	前 209 年、前 208 年击东胡、月氏，并在秦末时期南侵
老上	前 174 年	推测攻击的是月氏
军臣	前 160 年	前 158 年六万骑大入上郡、云中
伊稚斜	前 126 年	前 126 年、前 125 年、前 124 年连续三年入掠汉边
乌维	前 114 年	前 112 年入五原，杀太守
儿	前 105 年	前 103 年败赵破奴两万骑兵

单于名称	即位年代	即位后三年内对外用兵情况
句黎湖	前 102 年	前 102 年大入云中、定襄、五原、朔方，遣右贤王入酒泉、张掖
且鞮侯	前 101 年	前 99 年战贰师，败李陵
狐鹿姑	前 96 年	前 96 年在西域地区设日逐王
壶衍鞮	前 85 年	前 83 年入代
虚闾权渠	前 68 年	前 68 年两万骑南下，因消息走漏汉有所防备而放弃；前 67 年、前 66 年与汉争车师

汉文帝时期为何匈奴南下最频密

汉文帝一朝无疑是汉初七十年匈奴南下犯境最为频密、规模也最为浩大的时期。汉文帝在位的二十三年，匈奴一共有三次大规模入侵的记录：公元前 177 年，匈奴右贤王入河南地（河套地区）为寇；公元前 166 年，老上单于率领十四万骑入朝那、萧关，兵锋直逼长安城；公元前 158 年，军臣单于领六万骑大入上郡、云中，边关的烽火狼烟连甘泉、长安都能看到。

我们一般归罪于宦官中行说。

公元前 174 年，冒顿单于去世，其子稽粥立为老上单于。《史记·匈奴列传》记载，根据汉匈两国的和亲约定，"孝文皇帝复遣宗室女公主为单于阏氏"。汉文帝同时派遣宦官中行说随行。不过，中行说并不想去，无奈皇帝坚持，于是，中行说说："必我行也，为汉患者。"[7] 到了匈奴后，中行说投降匈奴，并受到老上单于的宠信。

中行说在匈奴不仅处处刁难汉使，教匈奴人计数以统计人口与畜产，更"日夜教单于候利害处"[8]。紧接着，老上单于便率领十四万骑兵在文帝十四年（前166年）大规模入掠汉边。

上下文这样一结合，很容易让人以为老上单于南下是因为中行说从中挑唆。但实际上，国家与国家之间发生如此大规模的战争，仅仅是一个人的恶意挑唆就足以达成的吗？

上文我们已经说到，匈奴对周边国家发动军事进攻有强烈的政治、经济目的。老上单于在公元前174年继承单于位，直到公元前166年才大规模入掠汉边，是从冒顿单于到虚闾权渠单于的十一个单于中，唯一一个在即位三年内没有入掠中原，或者说，没有与汉王朝发生军事冲突的匈奴单于。不过，老上单于在任时期做过一件大事。

冒顿一生都在执着地攻击月氏国。公元前176年，他派遣右贤王再度出击月氏，并给予了月氏沉重的打击，将原本受控于月氏的西域诸国纳入自己的势力范围。老上单于在公元前174年即位后，继续追击月氏，不仅砍下月氏王的头颅制作饮器，更逼迫月氏继续西迁。月氏从此不复成为匈奴统治西域地区的威胁。

我们的史书没有明确记载老上单于追击月氏的时间。但如果我们大胆推测这次对月氏的打击就发生在他即位的初年，那么，为何他没有在即位的三年内南下劫掠汉边就能够理解了。老上单于继承先代单于遗志，持续对这个时候的月氏（无论已迁徙至伊犁地区，还是仍在"敦煌、祁连间"）用兵，将其彻底打垮，完全确立匈奴对西域诸国的绝对控制，不仅符合军事常识，也能大大提升老上单于在国内的威望。

为了避免和匈奴的战争，汉文帝即位之初延续了高祖、吕后时期的和亲政策——"至孝文帝初立，复修和亲之事"[9]。于是，在公元前176年，汉文帝将和亲公主和财物送给了冒顿单于。此后不久，即公元前174年，冒顿去世，老上单于立，为与匈奴新君继续保持友好关系，汉文帝再度将宗室之女以公主的名义送往匈奴。直到这个时候，汉文帝的对匈策略仍延续着高祖时代订立的和亲政策。

但是，我们注意到晁错在公元前169年上书汉文帝献策御边时说过一句话："陛下绝匈奴不与和亲，臣窃意其冬来南也。"[10]汉武帝初年主和派大臣韩安国在与主战派大臣王恢辩论时也曾说过："孝文皇帝又尝壹拥天下之精兵聚之广武常溪，然终无尺寸之功，而天下黔首无不忧者。孝文寤于兵之不可宿，故复合和亲之约。"[11]

上述史料是不是说明：汉文帝在执政时期一度曾决定不再与匈奴和亲，并断绝了向匈奴的"岁奉"，所以才有公元前166年，老上单于率领十四万骑大入的行为？汉文帝甚至聚天下之精兵（车千乘、骑十万屯长安，另大发车骑往击胡），并打算御驾亲征，希望与匈奴兵锋相对，但终因匈奴一触即走，兼之汉军无法长时间深入匈奴腹地作战而作罢？

在公元前166年的"大入"之后，"匈奴日已骄，岁入边，杀略人民畜产甚多，云中、辽东最甚，至代郡万余人。汉患之，乃使使遗匈奴书。单于亦使当户报谢，复言和亲事"。这是《史记·匈奴列传》的记录。《汉书·匈奴传》与之有细微差别，说匈奴年年寇边，杀略边关人民甚众，"云中、辽东最甚，郡万余人"，并未提到代郡。可以确定的是，公元前166年至公元前162年这段时间是汉文帝时代匈奴南下劫掠最为严重的时期，云中、辽东等郡每年都有上万人被匈奴人杀害或掳劫。

梳理一下这段历史，我们不妨这样理解，中行说投降匈奴后处处刁难汉使，甚至威胁汉使，要汉王朝每年保质保量及时将"岁奉"匈奴的物资送到，不然匈奴铁骑就会南下。这些大不敬的话语肯定会通过汉使传到汉文帝的耳中。根据汉制，汉文帝给匈奴单于的国书会用一尺一寸的简牍书写，信函的开头一般是"皇帝敬问匈奴大单于无恙"[12]。中行说却"教唆"老上单于用一尺二寸的简牍书写给汉文帝的国书，而且言辞也更为倨傲，信函开头即是"天地所生日月所置匈奴大单于敬问汉皇帝无恙"[13]，在抬高自己的同时贬抑了汉文帝。这对汉文帝而言，无疑是一种赤裸裸的羞辱。也许还有一些别的原因，汉文帝最终决定不再与匈奴和亲，不再"岁奉"匈奴的财物。即使在老上单于大入汉边后，从公元前166年到公元前162年，汉匈之间仍处于"绝亲"状态，所以匈奴年年大入寇边。

公元前162年，汉文帝不得不恢复与匈奴的和亲。这一年，汉文帝发布诏令称，"和亲已定，始于今年"[14]。由此可见，这之前汉匈两国之间的"绝亲"状态应该是可以确定的。

不过，这次和亲并没有维持太久的和平。公元前160年，老上单于死，其子军臣单于立。公元前158年，军臣单于将六万骑大入上郡、云中。对匈奴人来说，周边所有的小国家、小部落都已经臣服，只剩下南方庞大且富庶的汉王朝。所以，军臣单于为确立自己的权威，对汉王朝发起了攻击。

综上所述，我们可以认为，匈奴入掠汉边，并非出于中行说的挑唆，而是出于政治和经济的双重考量：只有战争才能让汉王朝屈服，使之继续和亲政策，并"岁奉"大量急需的财物。汉文帝时期，因为匈奴右贤王在公元前177年的入掠行为和匈奴单于位的两度更迭，更兼汉匈之间可能一度断绝和亲，匈奴南下犯境最为频密。

不过，被动防守与和亲并不能让汉匈两国达成真正睦邻友好、互不侵犯的双边关系。比如，在公元前160年，军臣单于即位后，汉文帝第四次将和亲公主送往匈奴，却没能阻挡匈奴南下的铁蹄。

尽管在汉景帝时代，匈奴没再大规模入掠。但匈奴单于位一旦有所更迭，匈奴再度大规模犯境便是迟早的事。所幸，经过几十年的休养生息，汉朝的国力蒸蒸日上。彼长此消，匈奴却在走向没落。

注 释

［1］ 《魏书》卷一百二《西域传》，中华书局 1974 年版，第 2270 页。

［2］ 陈序经：《匈奴史稿》，中国人民大学出版社 2007 年版，第 138 页。

［3］ 《史记》卷一百十《匈奴列传》，中华书局 2014 年版，第 3501 页。

［4］ 《史记》卷一百十《匈奴列传》，中华书局 2014 年版，第 3508 页。

［5］ 《后汉书》卷九十《乌桓鲜卑列传》，中华书局 2012 年版，第 2400 页。

［6］ 秦军的军阵、武器装备，据金铁木：《帝国的军团——秦军秘史》，中华书局 2004 年版，第 67—76 页。

［7］ 《史记》卷一百十《匈奴列传》，中华书局 2014 年版，第 3504 页。

［8］ 《史记》卷一百十《匈奴列传》，中华书局 2014 年版，第 3506 页。

［9］ 《史记》卷一百十《匈奴列传》，中华书局 2014 年版，第 3501 页。

［10］《汉书》卷四十九《爰盎晁错传》，中华书局 2012 年版，第 1997 页。

［11］《汉书》卷五十二《窦田灌韩传》，中华书局 2012 年版，第 2091 页。

［12］《史记》卷一百十《匈奴列传》，中华书局 2014 年版，第 3505 页。

［13］《史记》卷一百十《匈奴列传》，中华书局 2014 年版，第 3505 页。

［14］《史记》卷十《孝文本纪》，中华书局 2014 年版，第 545 页。

第六章

走向战争

如果我们能够穿越到公元前 141 年，也就是汉武帝登上皇位的那一年，我们应该能看到一个与后世历代史家眼中"穷兵黩武""有亡秦之失"形象完全不同的汉武帝。

那一年，汉武帝刘彻十六岁，是一个风华正茂的少年郎。生长于帝王之家，自幼就相信自己是天生的皇帝，因为富于热情和理想，他应该是一个让人看来光芒四射的年轻人。

在这以后的二十年间，至公元前 119 年止，他成就了比自己的父祖更加辉煌的功业——反击匈奴、开疆拓土。正是在他的手中，中国奠定了自己两千年版图的基础。毛泽东在《沁园春·雪》中甚至将其与统一六国、开创了中国帝制时代的秦始皇相提并论。

为什么会是汉武帝？为什么偏偏在这个时候，西汉王朝的对匈政策开始转型？

我们普遍认为，汉与匈奴七十年的和亲关系是一种不平等和屈辱的关系。而且，即便汉付出了女人和金钱的双重代价，也无法换来真正的和平，匈奴的入掠盗边仍旧无法完全杜绝。

在前面的章节中，我们已经讲过了，汉初七十年是一个两雄并立的时代，汉与匈奴之间建立起来的是一种平等的大国间的关系，两国的国君拥有完全平等的地位，"和亲"是在汉王朝的主导下发生的。任何国家都不可能永远强大，在自己实力相对弱小时，能采取有效的政治、外交手段维持和平发展的环境，充分说明这是一个有政治智慧的时代。

狄宇宙也认为，汉初七十年的汉匈关系和东北亚的国际形势是"拥有较强的军事力量的国家和拥有道德和文化强势的中国方面，联手拥有国际事务的领导权"。不过，狄宇宙将汉武帝时期汉政府的对匈政策由和平走向战争，从"绥靖"到军事进攻和领土扩张，归因于汉初七十年的和亲政策已经走向死亡，是一种不得已而为之的战略调整。[1]

事实上，除了汉文帝时期，无论是惠帝、吕后时期，还是景帝时期，汉匈之间大体还是维持了基本的和平。整个汉景帝时期都没有匈奴大规模南下犯境的记录。汉武帝即位初年，因为与匈奴"明和亲约束，厚遇，通关市，饶给之"，所以《史记·匈奴列传》为我们描述了这一时期汉匈边境上睦邻友好、其乐融融的局面："匈奴自单于以下皆亲汉，往来长城下。"

这一切，和亲政策当然功不可没。而且，匈奴南下的目的都是些盗匪流寇性质的劫掠，虽然会对汉边造成一定程度的破坏，但对汉政权并没有形成实质性的威胁。

可即便如此，匈奴对汉朝边境小规模的入掠仍无法杜绝：景帝时期的公元前148年、公元前144年、公元前142年，都有匈奴入掠的记录。特别是公元前144年，匈奴入雁门，至武泉，入上郡，《汉书·景帝纪》记载，"（汉边郡）吏卒战死者二千人"。从这个角度来看，匈奴入掠，即便不是单于主导的大规模行动，对汉边生产生活的破坏也是极其严重的。

在汉王朝的实力尚不足以击败匈奴时，相较于这种对边境的侵扰破坏，和亲在国家稳定、社会经济各方面所能带来的好处显而易见。但当汉王朝已经蓄积了足够的力量时，这种侵扰破坏便不复再能被一个崛起的王朝所容忍。

根据第五章的分析，汉景帝时期相对的和平很可能是因为景帝一朝，匈奴单于位没有出现更迭，一直都是军臣单于在位。可以预期的是，一旦军臣单于去世，新单于即位，一定会率领骑兵大规模南下来确立自己的权威。

所以，从国家利益的角度而言，无论对汉王朝还是对匈奴来说，汉匈之间的战争到了汉武帝时代，其实已经变得不可避免。

同时，从华夏民族的传统文化理念和意识形态而言，汉匈之间的战争同样不可避免。

华夏文明对于战争的核心观念是"止戈为武"，也就是说，战争的目的是和平，是以战止战。既然汉匈之间通过和亲能维持基本的和平，为什么还要发动劳民伤财的战争，在无益的军事行动中耗费有限的资源呢？而且，在彻底击败匈奴、南匈奴内附之后，我们对匈奴这个国家仍旧采取用女人和财帛进行"羁縻"的政治手段，这其实和汉初的和亲政策没有本质的区别。

那么，战争的目的和意义何在？

北击匈奴，对汉王朝而言，是一个持续了差不多七十年的沉重话题。一个拥有几千万人口的泱泱大国，却只能用女人和财物向一个只有一两百万人口的游牧民族换取和平。更为重要的是，"华夷有别"观念根深蒂固的汉王朝，在漫长的岁月中，却只能"屈辱"地和自己心目中的夷狄之国、犬羊之邦兄弟相称，甚至在政治、军事上还处于弱势地位。

　　凡天子者，天下之首，何也？上也。蛮夷者，天下之足，何也？下也。今匈奴嫚娒侵掠，至不敬也，为天下患，至亡已也，而汉岁致金絮采缯以奉之。夷狄征令，是主上之操也；天子共贡，是臣下之礼也。足反居上，首顾居下，倒县（悬）如此，莫之能解，犹为国有人乎？

这是《汉书·贾谊传》中记录的贾谊给汉文帝所上《治安策》中的一段话。贾谊将汉王朝比作"首"，匈奴比作"足"。这实际上是我们固有的一种文化思维：华夏文明是"首"，处于主导地位；匈奴等周边蛮夷理所当然是"足"，是华夏文明礼义慕化的对象。然而，汉初七十年的现实却是"首足倒悬"。贾谊认为"匈奴之众，不过汉一大县，以天下之大困于一县之众，甚为执事者羞之"[2]。但他并不主张用武力与匈奴决一雌雄，改变局势。所谓"强国战智，王者战义，帝者战德"[3]，他主张"以厚德怀服四夷"[4]，对匈奴展开"德战"，并通过"厚赏"的方式，尽量满足匈奴民众的物质欲望和精神享受，以达到"牵其耳、牵其目、牵其口、牵其腹，四者已牵，又引其心"[5]的目的，以争取匈奴民众，孤立单于，从而彻底降服单于和整个匈奴。

"德化蛮夷"不过是儒家的一种文化和政治理想。贾谊的对匈策略有多大的可操作性和实效性另当别论，他所表达的华夷观却代表了华夏民族的传统"意识形态"。

所以，汉王朝对匈政策的改变，与其说是基于现实利益的考量，毋宁说是文化理念和"意识形态"的必然选择。而汉武帝成为这段长达半个世纪的历史的光芒四射的主角，与其说是时势造英雄，是历史的选择，毋宁说是这个天生的帝王对权力的贪婪欲求选择了历史，造就了历史。

历史的宠儿 汉武帝也许算得上中国历史上最幸运的皇帝。他即位时，汉王朝的国力空前强大，国家空前富庶，百姓空前丰足：

> 都鄙廪庾皆满，而府库余货财。京师之钱累巨万，贯朽而不可校。太仓之粟陈陈相因，充溢露积于外，至腐败不可食。众庶街巷有马，阡陌之间成群，而乘字牝者傧而不得聚会。

这是《史记·平准书》对汉武帝初年汉王朝社会经济状况的一段描述，在《汉书·食货志》中也有几乎一模一样的记录。经历了文帝、景帝时期的休养生息，汉王朝已经在经济上做好了北击匈奴的充分准备。

学者葛剑雄测算，到汉武帝即位初年，汉王朝的人口有三千六百万，差不多是刘邦建国时的一倍有余，更是匈奴人口的二十倍左右。《中国军事通史·西汉军事史》一书则根据《史记》和《汉书》的相关记载推算，认为汉初的全国兵额大体上维持在六十万至八十万。到汉武帝初年，军队的数量应该不会低于这个数字。匈奴在最强盛的冒顿时代，出兵围困高祖刘邦于白登山时，史载出动了四十万骑兵。而匈奴是一个全民皆兵的游牧民族。两相比较，至少在绝对数量上，汉军力压匈奴军队。

在第四章中我们已经讲到，汉武帝时期，边郡马苑的厩马已扩充至四十万匹。对付北方骑马的游牧民族，军马是最重要的战略资源，且在战场上的损耗也非常大。公元前119年，卫青、霍去病与匈奴决战漠北，《史记·平准书》就记载"汉军马死者十余万匹"。在以后与匈奴的战争中，军马匮乏一直都困扰着汉武帝，这大概也是他不惜劳动天下发动汗血马战争的主因。

除了人力、物力、财力上的资源外，从汉高祖刘邦到汉景帝刘启，汉武帝的父祖们留给他的最大的遗产是——解决了自汉王朝建国以来的诸侯王坐大的问题。

汉高祖刘邦在登基称帝后一直都致力于扫灭异姓诸侯王——燕王臧荼、韩王信、淮南王英布、燕王卢绾、淮阴侯韩信、梁王彭越……但刘邦在扫灭异姓诸侯王的同时，也分封了大量的同姓诸侯王。

刘邦死后，吕雉掌权，她极力排挤和残酷迫害刘氏宗室。吕雉一死，吕氏家族被刘氏宗室与朝中老臣合力诛除，代王刘恒被拥立为帝，即汉文帝。

汉文帝即位时，原来刘邦所封的九个同姓诸侯王只剩下吴王刘濞、楚王刘交、齐王刘襄、淮南厉王刘长。另外，还有一个异姓诸侯王长沙王吴芮。

为巩固自己的地位，汉文帝不得不笼络刘姓宗室，在位期间，前前后后一共封了十七个同姓诸侯王。但还在汉文帝时期，这些刘姓宗室、同姓诸侯王就已经对国家的稳定形成了威胁。

文帝三年（前177年），匈奴右贤王部大举入侵，文帝调集大军出征，自己也亲自到太原督战，济北王刘兴居趁机起兵反叛。

刘兴居是齐悼王刘肥之子，在平定诸吕之乱后亲自率兵将少帝逐出未央宫，迎文帝入宫。文帝即位后，与诸大臣商议封王，因朱虚侯刘章在诛除诸吕时功劳最大，所以许诺"尽以赵地王章，尽以梁地王兴居"[6]。后来，汉文帝听说刘兴居与刘章曾打算拥立齐王为帝，于是只割了齐地两郡分封给两人。两人都非常不满，不过，刘章没多久就病死了，而刘兴居则在匈奴南侵时选择反叛。

刘兴居准备进攻荥阳，汉文帝派大军镇压。刘兴居兵败自杀，国除。

之后数年，汉王朝又经历了淮南厉王刘长的叛乱。

公元前154年，即景帝三年，登上皇位不久的汉景帝不得不面对吴楚七国之乱。

国内诸侯王坐大，对中央政府形成威胁，成为文帝、景帝时期国家在与北方强敌匈奴的对峙中最大的掣肘。削弱诸侯王的势力，加强中央集权，自汉王朝建立的那一天起，就成了王朝稳定所需要解决的首要问题。

贾谊曾向汉文帝上《治安策》，提出"众建诸侯而少其力"[7]的主张，即把一个诸侯国分为几个，让诸侯王"子孙毕以次各受祖之分地，地尽而止"[8]。通过分封诸侯王的子孙，分散诸侯王的力量，让所有的王国"力少则易使以义，国小则亡邪心"[9]。

他的主张在生前并未得到实施。但在文帝十六年（前164年），齐文王死后，汉文帝将齐国一分为六，又将淮南国一分为三。"众建诸侯而少其力"自此成为汉朝解决诸侯王坐大问题的一项基本政策。

到景帝即位，御史大夫晁错竭力主张削藩。汉景帝于是削了楚国东海郡、赵国常山郡、胶西国六个县。当朝廷正准备削吴国会稽、豫章二郡时，吴王刘濞起兵反叛，胶西、胶东、淄川、济南、楚、赵六国响应，赵王还秘密派遣使者企图联络匈奴一起出兵。这就是历史上著名的"七国之乱"。

吴楚七国之乱在短短三个月内即被平息。汉景帝随即收夺各诸侯王的权力：将各诸侯国的支郡、边郡收归朝廷；取消王国自行任命官吏和征收赋税的权力，王国只能按照朝廷规定的税额征收租税作为俸禄；削减王国属官等等。

至此，汉王朝同姓诸侯王的势力受到致命打击，王国的地位已降为与各郡无异。

汉武帝时代，中央集权进一步加强，诸侯国的实力进一步削弱。元朔二年（前127年），主父偃建议汉武帝对诸侯王实行"推恩"之策，即诸侯王可以将皇帝的恩泽"推"到自己的子孙身上，提名封他们为列侯，封邑从自己的王国疆土中划出。就在这一年，梁王和城阳王提出愿以部分封地分给他们的弟弟。汉武帝当然欣然接受，"于是藩国始分，而子弟毕侯矣"[10]。

"推恩"之策施行后，"诸侯稍微，大国不过十余城，小侯不过数十里……而汉郡八九十，形错诸侯间，犬牙相临，秉其阨塞地利，强本干，弱枝叶之势，尊卑明而万事各得其所矣"[11]。"推恩"之法的实行，彻底解决了王国对中央政权的威胁。这个时候的汉王朝，名义上虽然仍旧保持着郡国的称法，但实际上已经完全变成了郡县制。

元朔二年（前127年），汉匈之间已经开始激战。正是在这一年，卫青率军出击匈奴，为汉王朝收复了河南地。随着各项"削藩"政令的有效推进，困扰汉初七十年历代帝王，让他们无法全力对付匈奴的内忧已基本解决，汉武帝完全可以全力以赴地投入到北击匈奴的战争中。

马邑之谋

汉武帝登上皇位的时候，毫无疑问，汉王朝已经蓄积了足够的力量，能够与匈奴一较高下。

不过，汉武帝即位之初，朝政还受到窦太后的制约。窦太后是汉文帝的皇后、汉武帝的祖母。她经历文景两朝，从文景之治的政治经验中看到了一条国家如何从贫弱走向富庶强大的经典轨迹。所以，她坚持自己丈夫和儿子的治国理念，主张继续与民休息，与匈奴保持和亲关系。

汉武帝建元六年（前135年），匈奴军臣单于遣使者到长安，请求和亲。[12]从内心深处来说，年轻的皇帝一定不愿意再屈辱地送女人和财物到匈奴。但此时太皇太后干政，朝中大臣主和的居多，所以，汉匈两国最终达成了和亲协议。

不可否认的是，和亲的确延续了自汉景帝以来的和平局面。从汉武帝登上皇位到汉王朝主动撕毁和亲协定发动马邑之谋，近十年的时间里，我们的史书中没有任何关于匈奴南下劫掠的记录。当时匈奴人往来于长城下，边境上的关市贸易繁荣稳定，一派升平景象。

然而公元前135年窦太后去世后，整个朝局发生了翻天覆地的变化。

年轻的皇帝自即位之初便"欲事灭胡"[13]，并为此做了很多的准备：派遣博士公孙弘出使匈奴，了解敌情；派张骞出使西域，试图联络被匈奴一再打击的月氏人共击匈奴；元光元年（前134年），任命名将李广为骁骑将军、程不识为车骑将军，分别驻守云中、雁门……

在帝制时代，皇帝有心愿，臣下当然就负责想方设法地帮皇帝达成这个心愿。于是，元光二年（前133年），马邑一老者聂壹通过大行王恢向汉武帝建议，用财物诱惑军臣单于到马邑，汉军设伏马邑旁，可以将匈奴单于及其主力部队一网打尽。汉武帝最终采纳了这个建议，于是有了汉匈战争史上著名的"马邑之谋"。

马邑之谋无疑是一次失败的军事行动。

汉朝出动了三十万大军，如此大规模的军事调动当然不可能做到绝对保密。所以，当军臣单于带着十万骑兵进入武州塞后，觉察到异样，抓了雁门尉史拷问。尉史于是将汉军的伏击计划和盘托出。军臣单于大为惊恐，迅速退兵。匈奴退走，汉军主力只得无功而返。而王恢部原本计划袭击匈奴的辎重部队，但王恢"闻单于还，兵多，不敢出"[14]。

汉朝劳动三十万大军，不仅无功而返，更单方面撕毁了汉匈之间的和约，打破了两国十余年没有战事的局面，从此揭开了双方大规模战争的序幕。

马邑之谋也是一次目标很大胆，但战术很保守的军事行动。

直接诱捕匈奴单于，无疑是一次"斩首行动"。一旦成功，必然会引发匈奴的内乱，甚至分裂，一举摧毁匈奴人的政治联盟。汉武帝希望毕其功于一役，一战就彻底击败匈奴。理想很美好，现实却非常"骨感"。因为汉武帝的朝堂上还保持着旧有的观念——汉军无法长时间地深入匈奴腹地作战，所以马邑之谋的战场从一开始就被预设在边境上。用狄宇宙的话来说，这是"在边界进行一次有限的军事行动"[15]。

马邑之谋的失败让我们看到，尽管汉武帝力图改变汉初七十年与匈奴交往中被动防守的局面，一心与匈奴兵锋相对，但整个汉王朝自上而下其实都缺乏主动出击匈奴的经验。

匈奴是一个一直在战斗的民族，从单于到普通牧民，都是骁勇善战的骑兵，其部队非常灵活机动。想要靠一次埋伏突袭就彻底打垮匈奴，这本来就是一种战略战术上都不成熟的表现。

如果说马邑之谋有什么积极作用，那就是，它提供了一次失败的惨痛教训，也为汉军以后北击匈奴积累了经验。至少，这个时候的汉武帝一定意识到了：对付匈奴不能操之过急，仗必须一场一场地打；汉军能否长时间深入匈奴腹地进行远距离征伐，是战争胜败的关键因素。

一项关系到国家命运的重大政治、军事决策失败了，作为决策者的皇帝本人当然并不需要承担任何责任。但朝野上下不满之声四起，作为策划者且临战畏缩的王恢自然成了背锅的不二人选。王恢为保命，重金贿赂丞相田蚡。田蚡于是请汉武帝的母亲王太后出面求情。但汉武帝态度非常坚决："首为马邑事者恢，故发天下兵数十万，从其言，为此。且纵单于不可得，恢所部击，犹颇可得，以尉士大夫心。今不诛恢，无以谢天下。"[16]

汉武帝的这番话让我们感受到了这个锐意变革的年轻皇帝所面临的巨大压力。毕竟，改变一项由父祖制定的、执行了数十年的"基本国策"是需要勇气和魄力的。而初一变革，便遭遇惨败，对此时的汉武帝而言，他需要的仅仅是王恢部取得一点小小的战绩以堵住悠悠众口，让自己能在变革的道路上继续前行而已。

马邑之谋以王恢的自杀而告终。

一场缺乏准备的战争

马邑之谋拉开了汉匈之间旷日持久战争的序幕，但应该说，马邑之谋也是汉武帝在汉匈战争中犯下的第一个错误。因为公元前 133 年并非一个机不可失、非战不可的时间节点。那么，为战争做好万全之准备，并且选择一个对己方最为有利的时间点开战，就是一个成熟、理性的君主在发动一场旷日持久的战争前必须要进行的考量。

尽管在政治和经济上，汉王朝已经蓄积了足够的力量反击匈奴。但就具体的战争而言，我们很难认为，从发动马邑之谋开始，汉武帝及其军事智囊团为战争做好了充分的准备。

在发动战争前，关于这场战争应该持续多久，领土的扩张需要进行到何种程度，所需军队的规模和军费开支来源，以及国家需要为这场战争付出怎样的代价等等这样一些对一个国家而言极为重要的问题，我们在历史记载中却根本找不到相关的记录。

在汉武帝的朝堂上，人们似乎只关注战与和本身。

> 久矣夷狄之为患也。故自汉兴，忠言嘉谋之臣曷尝不运筹策相与争于庙堂之上乎？高祖时则刘敬，吕后时樊哙、季布，孝文时贾谊、朝（晁）错，孝武时王恢、韩安国、朱买臣、公孙弘、董仲舒，人持所见，各有同异，然总其要，归两科而已。缙绅之儒则守和亲，介胄之士则言征伐，皆偏见一时之利害，而未究匈奴之终始也。

《汉书·匈奴传》中班固的这段赞词让我们看到，汉初七十年，在对匈奴政策上是战是和始终困扰着汉政府。在汉武帝即位初年，这种争论尤为激烈。

主和派仍旧延续着刘敬、贾谊以来的思维模式，主张继续和亲，修文德以"德化蛮夷"，并认为汉军不具备在匈奴领土远距离、长时间作战的能力。诚如汉武帝时代的大臣韩安国所言：

> 千里而战，即兵不获利。今匈奴负戎马足，怀鸟兽心，迁徙鸟集，难得而制。得其地不足为广，有其众不足为强，自上古弗属。汉数千里争利，则人马罢，虏以全制其弊，势必危殆。[17]

主战派则认为和亲绝对不是解决汉匈问题的永久方案，希望用军事进攻来彻底解决问题。他们的行动依据是"汉与匈奴和亲，率不过数岁即背约"[18]，也就是说，和亲并不能让汉匈两国保持长久的和平，匈奴每隔几年都会背约南侵。所以，以王恢为代表的主战派认为：

> 夫匈奴独可以威服，不可以仁畜也。今以中国之盛，万倍之资，遣百分之一以攻匈奴，譬犹以强弩射且溃之痈也，必不留行矣。[19]

在发动马邑之谋前，王恢与韩安国辩论时所说的这段话，可以看作主战派对发动战争所需要付出代价的一种估算。很显然，这并非一种以国计民生、国家利益为核心基础的理性思考和落实到经济、社会层面的周全计算。面对雄踞北方，在政治和军事上已经保持了长久优势的劲敌匈奴，王恢却认为，汉只需要付出百分之一的代价，就能将其一举击溃。

正是在这场辩论之后，汉王朝的对匈战略由和亲、绥靖，变为了力主伐胡、开拓边疆。

用战争来解决匈奴问题，本身是一种难以避免的选择，但就即将到来的战争而言，汉王朝显然没有做好充分准备。而且，汉武帝甚至没有为马邑之谋失败后的局面谋划周全。

在马邑之谋前，汉匈之间有着十余年难得的和平，汉武帝登上皇位后，史书中还没有过匈奴犯边的记录。那么，在"匈奴自单于以下皆亲汉，往来长城下"的其乐融融的局面中，汉悄然发动战争，本应该将主动权牢牢掌握在自己手中。即便马邑之谋失败，汉王朝理应有相应的措施加以应对。然而，事实是，到公元前129年汉朝取得对匈战争的首次胜利——龙城大捷之前，被激怒的匈奴不断南下寇边，杀掠吏民，而汉朝则回到了被动防守的状态中。

这个时候，我们不得不设想：如果匈奴是一个在政治上更加成熟，军事上更富于侵略性的国家，那么，马邑之谋后被激怒的匈奴不只是寇边而已，而是真的纵马南下，意图将中原地区变成自己的马场呢？

庆幸的是，历史已经写就。尽管汉武帝在发动战争的时间和方式上出现了重大错误，但马邑之谋没有给汉军造成多大的损失，匈奴在接下来也只是寇边而已，我们却因此看到了一个果决锐利、雄心万丈的汉武帝，以及一个斗志昂扬的国家。

注　释

[1] 狄宇宙：《古代中国与其强邻——东亚历史上游牧力量的兴起》，中国社会科学出版社 2010 年版，第 224—232 页。

[2] 《汉书》卷四十八《贾谊传》，中华书局 2012 年版，第 1956 页。

[3] 贾谊：《新书》，中华书局 2012 年版，第 117 页。

[4] 贾谊：《新书》，中华书局 2012 年版，第 117 页。

[5] 贾谊：《新书》，中华书局 2012 年版，第 121 页。

[6] 《汉书》卷三十八《高五王传》，中华书局 2012 年版，第 1753 页。

[7] 《汉书》卷四十八《贾谊传》，中华书局 2012 年版，第 1953 页。

[8] 《汉书》卷四十八《贾谊传》，中华书局 2012 年版，第 1953 页。

[9] 《汉书》卷四十八《贾谊传》，中华书局 2012 年版，第 1953 页。

[10] 《汉书》卷六《武帝纪》，中华书局 2012 年版，第 147 页。

[11] 《史记》卷十七《汉兴以来诸侯王年表》，中华书局 2014 年版，第 969 页。

[12] 《资治通鉴》卷十七《汉纪九》，中华书局 2011 年版，第 583 页。

[13] 《汉书》卷六十一《张骞李广利传》，中华书局 2012 年版，第 2335 页。

[14] 《史记》卷一百十《匈奴列传》，中华书局 2014 年版，第 3511 页。

［15］ 狄宇宙：《古代中国与其强邻——东亚历史上游牧力量的兴起》，中国社会科学出版社 2010 年版，第 255 页。

［16］《汉书》卷五十二《窦田灌韩传》，中华书局 2012 年版，第 2095 页。

［17］《汉书》卷五十二《窦田灌韩传》，中华书局 2012 年版，第 2090 页。

［18］《汉书》卷五十二《窦田灌韩传》，中华书局 2012 年版，第 2090 页。

［19］《汉书》卷五十二《窦田灌韩传》，中华书局 2012 年版，第 2092 页。

第七章

龙城飞将

战争是什么？

德国著名的军事理论家克劳塞维茨认为，战争是政治交往通过另一种手段的继续。

当汉武帝策划马邑之谋，试图诱捕匈奴单于时，汉匈之间的政治交往便从和亲转向了战争。一开始，汉军出击匈奴，还是以自卫和抵抗为主要性质，但很快这场旷日持久的战争就演变成了汉和匈奴为争夺对彼此和世界格局的主导权而进行的大国争霸战。

当然，很多人不会认可这种观点。我们一般习惯于将汉武帝时代的对匈战争视作"反击战"——是一场正义与邪恶的交锋，是在争取民族生存权。

站在汉民族的立场上，人们更愿意相信从头到尾汉王朝都是在反击长期侵扰劫掠边关并时刻觊觎我们锦绣河山的匪徒，坚决否认那些在河西、漠北等不属于汉王朝领土的地方发生的战争是"侵略"战争。

还有人认为这就是一场"正义"的战争。通过战争，汉王朝不仅解决了北方边患问题，更将北方、西北方，乃至于西域那些原本在匈奴重税盘剥中水深火热的民族、国家解救了出来。但这似乎又很难解释，在汉王朝和匈奴争夺对西域的控制权时，大多数的国家都属于叛服不定，时而臣服匈奴，时而归顺汉王朝。如果用谁更强大便只能依附于谁来解释，那便与"正义"没有多大关系了。

北京大学何怀宏教授在给美国作家伊恩·莫里斯的著作《战争》一书中文版所写的序言中这样说道：我们一定不要忘记，战争的第一本性是人类的相搏，就是成建制的、大规模的人与人之间的互相厮杀。战争不仅本身就是残酷，还助长残酷，它容易把残忍的习惯从战场带到非战场，从战时带到战后。战争无论如何都不是人之为人的骄傲。

其实，今天的我们无法用现代文明关于战争与和平的观念来看待两千年前的汉匈战争。而这场战争本身也无所谓"正义"与否。

就当时的两国形势而言，我们只能说这的确是一场汉匈之间无法避免的战争。那么，无论是出于文化理念的选择、捍卫皇家颜面所需，还是为了保护边关安宁、国家安全，在当时的历史环境下，汉朝主动出击匈奴是无可厚非的。

而仍需要我们确定的是，从汉武帝时代开始，汉匈战争的性质逐渐发生改变，汉不再是为国家和民族的生存权而战——这种性质在后来的匈奴身上倒是更为显著。

台湾学者王明珂用"华夏边缘"[1]这个词语来描述生活在长城以北的游牧民族。历史上匈奴的确是"边缘人"一般的存在：他们所生活的地域自然环境恶劣；他们的游牧经济甚至很难满足基本的生活所需；他们渴望甚至于依赖与农耕民族进行物品交换，以至于中原王朝常常以关闭关市来实现对他们的惩罚；他们为生存所结成的军事联盟也不是那么的牢固和紧密，只要中原王朝有足够的力量，很容易受到打击并溃散。

现在，汉王朝强势崛起，呼唤着属于自己的英雄。他们是卫青、霍去病、李广、张骞……哪怕他们的基本信念只是"了却君王天下事，赢得生前身后名"，他们的出现和努力却真实地改变了民族的命运、历史的走向。

而匈奴人的英雄——冒顿，早已在大漠黄沙中渐行渐远，直至模糊、消失……

将星闪耀

对于长城，王明珂先生表达了这样一种观点："长城"本身便是华夏认同发展下的产物，是华夏用以维护、垄断南方资源，并借以排除北方游牧社会人群的工具。匈奴帝国组成的主要功能之一，便是突破此资源边界，战争、通关市、和亲皆为达此目的之手段。[2]

如果我们将长城看作如王明珂先生所说的这样一道明确的分界线，那么，在两千多年前的冷兵器时代，骑在战马上风驰电掣的游牧民族，要跨越这条分界线以达成他们掠夺农耕民族资源的目的是非常容易的。而华夏民族，即便从赵武灵王时代便开始学习胡服骑射，但到了汉武帝即位之初，汉军仍旧没有越过长城、深入大漠远距离征伐匈奴的战斗经验。

俯首耕田的农耕民族，要战胜马背上的草原民族，是如此之难。长期以来，长城是一道分界线，更形成了一个困局：汉军被困于长城以南被动防守御敌，却往往防不胜防，匈奴只需要抓住一个小小的疏漏，便能长驱直入。

马邑之谋失败后，对汉军来说，改变作战方式，打破长城这个壁垒，主动出战已经迫在眉睫。

在旧有的防守型将领中，李广的经历最具代表性。而且在汉武帝时代涌现的诸多将领中，李广也最为后世所熟悉。这应该归功于司马迁在《史记》中长篇累牍的记述。

李广和司马迁一样，都是名门之后。李广出自名将世家，司马家族也"世典周史"。也许，正是相似的家世背景让司马迁对李广这位命运多舛的老将充满了同情，所以司马迁在《史记·李将军列传》中用大量的笔墨来书写李广，他勇于当敌、仁爱士卒、为将廉洁、勇武过人。

李广成名很早，在汉文帝时，便以一身勇武之气博得皇帝赞许。汉景帝时，李广又历任边关七郡太守，军中传颂着他射虎、射雕、射匈奴的各种英雄事迹。然而，不可否认的是，到汉武帝时代需要汉军主动出击匈奴时，习惯于对匈奴防御作战的李广的战术思想已经落伍了。

如我们上一章所说，马邑之谋是一次极为保守的军事行动，延续的仍是过去防御作战的思维。汉军以静制动，设下埋伏圈，请君入瓮，等待匈奴人落入陷阱。战争的主动权仍然没在汉军手中。所以，一旦匈奴发现异常，没有进入包围圈，汉军三十万大军就只能无功而返。

汉军彻底改变对匈作战的战术思想，是从数年后的关市之战开始的。

马邑之谋失败后，虽然被激怒的匈奴不断南下劫掠，但汉匈两国边境上的关市并没有因此而关闭。匈奴对汉匈两国在边境上的正常贸易非常重视，甚至很依赖。《史记》和《汉书》都有"匈奴自单于以下皆亲汉，往来长城下"的记录。贾谊的《新书·匈奴》里也描述了汉朝开放关市，售卖中原物产，吸引大量匈奴人聚集长城附近的情况：

夫关市者，固匈奴所犯滑而深求也。愿上遣使厚与之和，以不得已，许之大市。使者反，于要险之所，多为凿开，众而延之，关吏卒使足以自守。大每一关，屠沽者、卖饭食者、羹臛炙脯者，每物各一二百人，则胡人著于长城下矣。

长城下的关市如此兴旺，关市附近自然也屯驻有大量的匈奴军民。所以，元光六年（前129年），汉武帝策划了"关市之战"，派遣四路大军出击关市附近的匈奴军民。在这场战役中，轻车将军公孙贺出云中，无功而返；骑将军公孙敖出代郡（今河北蔚县西南），损兵七千，大败而归；骁骑将军李广出雁门（今山西右玉南），全军覆没，本人也被匈奴生擒，后来侥幸逃回。出击的四路汉军，只有第一次领兵出征的车骑将军卫青出上谷（今河北怀来东南），一举攻破了匈奴的龙城，杀敌七百，得胜而归。

龙城是匈奴人祭祀天地祖宗的地方，位置并不固定。卫青所至的龙城，大致在今天内蒙古正镶白旗附近。所以，对汉军来说，卫青的胜利不仅打破了匈奴不可战胜的神话，鼓舞了汉军士气，更对匈奴造成了精神上的打击。

关市之战算不上一次成功的战役，毕竟，汉军负多胜少。但是，关市之战是汉匈战争史上汉军骑兵部队第一次作为主力部队独立作战。《史记·匈奴列传》和《汉书·匈奴传》皆说，"汉使四将军各万骑击胡关市下"。而《史记》和《汉书》的《卫青传》则在记录完四路大军的出击线路后说，"军各万骑"。

同时，卫青的胜利也为汉军骑兵提供了一次轻兵出击、远程奔袭的成功范例。

对于在汉匈战争史中十分重要的关市之战，司马迁和班固的记录都非常简略，没能留给我们太多的研究空间。但认真看看谭其骧先生编撰的《中国历史地图集·西汉时期全图》可见，云中、代郡、雁门、上谷皆是边郡，向北出击五十公里左右就能抵达长城脚下。从上谷出塞的卫青运气并不好，和在长城下的关市中遇到匈奴大军并遭遇惨败的公孙敖、李广不同，他在长城下可能因为没有遇到匈奴军队而没能取得战果。这个时候，卫青有两个选择，要么像同样没有取得战果的公孙贺那样无功而返，要么孤注一掷。

卫青和李广不同，他是奴隶出身，完全依靠姐姐卫子夫的关系才得到了皇帝的垂青，有了这次领兵出击匈奴的机会。从奴隶一跃而为将军的他懂得，天下是刘家人的，皇帝的后宫美女如云，他的姐姐能一时春风得意，终究难逃色衰爱弛的命运。但武将在疆场上的赫赫战功不同，那是不凭借任何人的意志就可以名垂青史的。他当然更知道，年轻的皇帝此时对胜利的渴望有多么迫切。马邑之谋的失败已经让皇帝用战争替代和亲的对匈策略饱受批评，这次关市之战，出击的四路大军如果还不能有所斩获的话，皇帝很可能不得不回到与匈奴和亲的旧有策略上去，为了谋求和平，接受匈奴更为苛刻的条件。

机会是皇帝给的，但能否抓住机会完全靠自己。卫青并没有像公孙贺那样无功而返，而是选择了继续向北。河北怀来距离内蒙古正镶白旗有近三百公里的路程，这恰好是古代轻骑兵一日一夜所能奔行的距离。我们可以想见，卫青和自己的一万骑兵没有携带任何粮草辎重，因为这次出击本身极可能就在计划之外。但卫青果断地突入匈奴腹地，在龙城杀了匈奴人一个措手不及。

也许，正是这种向死而生的勇气和决绝，让卫青赢得了幸运女神的垂青。

卫青取得龙城大捷之后，在与匈奴的战斗中，只要有足够的战马，骑兵部队便是汉军北击匈奴的绝对主力，步兵则成为粮草辎重的转运部队，车骑部队从此成为历史。龙城大捷更打破了汉王朝长期以来形成的汉军无法深入匈奴腹地长时间战斗的保守思想，也提供了一次成功范例。此后，能否长途奔袭深入匈奴腹地作战，成为汉军能否克敌制胜的关键，而以名将李广为代表的防御作战思路被彻底遗弃，这从李广个人的遭遇也可见一斑。

李广虽然历任边关七郡太守，一生与匈奴进行了大小七十余战，令匈奴闻风丧胆，不敢来犯，却始终无缘封侯。很多人认为，这是命运，是这位老将在战场上的运气不佳。甚至有人责怪汉武帝重用卫青、霍去病等外戚，没有将最好的立功机会给李广。然而，事实并非如此。

汉武帝时代，将星闪耀，很多人仅凭一战之功，便能晋爵封侯。然而，关于斩首捕虏论功拜爵赐金钱的具体律令条文，汉代史籍中并没有明确的记载。1981 年，敦煌县文化馆的工作人员在敦煌西湖酥油土以北的汉代烽燧遗址发现了七十多枚汉简，其中有"击匈奴降者赏令"数简，现摘要简文如下：

1．击匈奴降者赏令
2．☒者众八千人以上封列侯邑二千石赐黄金五百
3．□故君长以为君长皆令长其众赐众如燧长其斩□
4．□□赋二千石□赐诣□□言及武功者赐爵共分采邑
5．二百户五百骑以上赐爵少上造黄金五十斤食邑百户百骑
6．二百户五百骑以上赐爵少上造黄金五十斤食邑五百册八册八[3]

在北击匈奴的战斗中，汉武帝是否就是以此为标准对有功将士进行封赏的呢？

卫青第一次以车骑将军的身份出击匈奴，取得龙城大捷，虽然只斩首捕虏数百，仍被汉武帝赐爵关内侯。收复河南地时，卫青军斩首匈奴二千三百级，汉武帝便以三千八百户封卫青为长平侯。霍去病十八岁出征匈奴，斩首捕虏二千零二十八级，受封冠军侯，食邑二千五百户。赵破奴在公元前121年夏天追随霍去病出击河西匈奴军，杀虏三千多匈奴，即受封从骠侯。李广之子李敢在漠北大战中以校尉的身份参战，仅仅是"力战，夺左贤王鼓旗，斩首多"[4]，便赐爵关内侯，食邑二百户……

敦煌酥油土汉简所记录的时间下至王莽时代，以昭、宣时期较多，最早也应该是汉武帝后期。由此可见，在汉武帝时代汉匈战争爆发之初的几次重要战役，皇帝对有功将士的封赏力度要比公元前119年漠北大战后匈奴势弱时期大得多。

不过，以军功授爵，有功才有赏，这在汉代对军人而言应该是条刚性指标。

汉武帝元光年间到元封年间（前134年—前105年），正是汉王朝北击匈奴、南讨两越、东平朝鲜，建功立业、开疆拓土最为集中的时期。根据《史记·建元以来侯者年表》的记录，在这个时期被封侯者共有七十三人。其中，汉军将士因军功封侯者三十八人（卫青三子卫伉、卫不疑、卫登尚在襁褓中也因其父的卓著军功而封侯，亦纳入此列），匈奴及其他民族、国家降汉封侯者三十一人，非军功封侯者仅四人（平津侯公孙弘、周子南君姬嘉、乐通侯栾大、牧丘侯石庆）。仅卫霍时代因军功封侯者就有二十三人之多。

而李广，在汉武帝时期出击匈奴的主要战役中，一共参加了五次。第一次，马邑之谋，整个西汉大军都无功而返；第二次，关市之战，首战匈奴的卫青取得龙城大捷，李广却被匈奴生擒，凭借自己的勇武逃回汉边；第三次，追随卫青出击漠南，此役汉军大胜，封侯者甚众，李广同样无功而返；第四次，领四千骑出右北平，却被匈奴大军包围，几乎全军覆没；第五次，决战漠北，李广于沙海中迷路，贻误战机，最终自尽。

如此多的机会，李广却连一个都没有抓住。很显然，在汉代以军功授爵的大前提下，李广并没有建立足以封侯的军功。我们当然不会怀疑李广个人的勇武和经验，但在怪责命运乖舛的同时，似乎也显示出这个擅长守边、堵截、伏击一类防御作战方法的老将，缺乏统率骑兵进入大漠戈壁主动寻歼敌人的机动作战能力。

冯唐易老，李广难封。也许，作战方式的保守、战术思想的落后，才是李广一生无法封侯的根本原因。

关市之战后，匈奴对汉边的劫掠更加疯狂。元朔元年（前128年），匈奴两万骑兵南下，入侵辽西、渔阳，杀辽西太守，掠杀两千余人，大败渔阳守军。将军韩安国率领的千余骑兵被匈奴围困，差点全军覆没。匈奴又乘胜攻入雁门，杀戮掳掠千人。

卫青奉命将三万骑出雁门，李息出代郡，策应卫青军。这一次，卫青取得了杀虏匈奴数千人的战绩。这是自汉武帝反击匈奴以来，汉军取得的第一次较大的胜利。

雁门之战的胜利，让卫青成为汉军北击匈奴不可替代的绝对主将。汉武帝终于为自己拉满的弓弦找到了最锋利的箭镞。

在龙城大捷和雁门之战后，汉军通过实战证明自己可以突破长城防线，远距离深入匈奴腹地作战。汉武帝和他的军事智囊团也对北击匈奴形成了一个明确有效的战术思想——集中兵力，寻歼主力。

元朔二年（前127年），卫青、李息再度领兵出塞，吹响了收复河南地重大战役的号角。

秦汉时期的河南地即今天的河套地区，是贺兰山、阴山和鄂尔多斯高原之间一块水草丰美的冲积平原。对于汉匈两国来说，河南地都具有巨大的经济价值和军事价值。主父偃就曾上书汉武帝，"盛言朔方地肥饶，外阻河，蒙恬筑城以逐匈奴，内省转输戍漕，广中国，灭胡之本也"[5]。汉初之时，在陇西戍过边，对边地非常了解的刘敬也曾对汉高祖刘邦说："匈奴河南白羊、楼烦王，去长安近者七百里，轻骑一日一夜可以至秦中。"[6]

对于匈奴而言，河南地不仅能够放牧牛羊，更因距离汉都长安不足千里，快马疾驰一两日便可到达而具有重要的战略地位。长安城仅仅依靠北地、上郡等边郡作为屏障，几乎是直接暴露在匈奴的铁蹄之下。

汉军若能收复河南地，不仅可以将汉王朝的北部边防推移至黄河沿岸，将长安和边境之间的距离拉长到一千六百多里，为长安增添一道天然屏障，从而解除匈奴对关中地区的长期威胁，更能为下一步深入匈奴腹地作战创造一个可攻可守的重要军事基地。

这一次，卫青出战仍旧采取轻兵突进、长途奔袭的方式，出云中后，孤军深入，迂回至高阙（今内蒙古杭锦后旗黄河西北），切断河南地匈奴楼烦、白羊二王与匈奴腹地的联系，然后沿黄河西岸南下，从侧翼打击楼烦、白羊二王，最终歼敌数千，获牛羊百万头。

收复河南地后，汉武帝在此设置五原郡（治九原，今内蒙古包头西）与朔方郡（治今内蒙古乌拉特前旗东南），"兴十万余人筑卫朔方"[7]。

收复河南地，成为汉匈战争史上一个重要转折点。在此之前的战争，可以算是汉王朝在反击匈奴长年的劫掠；而此之后的战争，则是征服与被征服的大国争霸战。

和与战的代价当汉军开始走向胜利，而且胜利的步伐再也没有什么能够阻挡的时候，我们就需要讨论和与战的代价了。

所谓"止戈为武"，我们的传统文化一直在告诉我们，战争的目的，不是彼此杀戮和仇恨，而是以战止战，维护正义与和平。可惜的是，在两千多年前的汉代，无论匈奴南下，还是汉军北上，他们的目的都不是为了最终的和平，而是为了征服。匈奴需要依靠征服获取生产生活的必需物资，汉则需要用征服来树立大国崛起、天朝上国的皇皇威仪。

战火之中，两个国家经年累月刀兵相向，受苦至深的，当然是两国的普通百姓。

从白登之围到马邑之谋差不多七十年的时间里，匈奴南下犯境最为频密的时期是文帝时期，有三次大规模南下的记录，其他记录下来的基本都属于小规模的袭扰寇掠。

高祖时期，在与匈奴订约和亲之后，叛逃匈奴的汉将是南下寇边的生力军，《汉书·匈奴传》有燕王卢绾投降匈奴后，其部属"往来苦上谷以东，终高祖世"的记录。《史记·匈奴列传》亦有类似的记录。

高后称制，《汉书·高后纪》中有公元前182年"匈奴寇狄道，攻阿阳"和公元前181年"匈奴寇狄道，略二千余人"两条记录。

文帝时期，冒顿单于的右贤王、老上单于、军臣单于各有一大规模的南下行动。特别是老上单于时期，公元前166年，匈奴十四万骑兵入朝那、萧关后，到公元前162年两国再度和亲前，匈奴几乎年年寇边，每年都要从云中、辽东等郡屠杀、掠走上万人。除了这三次大掠行动的记录之外，《汉书·文帝纪》还有公元前169年"匈奴寇狄道"的记录。

景帝时期，公元前154年爆发了吴楚七国之乱，匈奴曾打算响应七国中赵国的联络南下犯边，但因为叛乱很快被平定，匈奴也就放弃了。整个景帝时代，匈奴有三次犯境的记录：公元前148年，"匈奴入燕"[8]；公元前144年，"匈奴入雁门，至武泉，入上郡，取苑马。吏卒战死者二千人"[9]；公元前142年，"匈奴入雁门，太守冯敬与战死"[10]。

应该说，除了文帝时期，匈奴对汉边的扰掠并不是我们想象中的那么严重。惠帝和高后掌权的十五年间，见于史书记录的匈奴入寇有两次；景帝为政十六年，匈奴入掠记录为三次；而汉武帝即位到策划马邑之谋这八九年间，史书中并没有匈奴南下犯边的任何记录。

但是，马邑之谋后，形势急转直下，两国军民百姓相互攻杀，长城内外都是生民血泪。

马邑之谋后的几年，《史记·匈奴列传》和《汉书·匈奴传》皆说："匈奴绝和亲，攻当路塞，往往入盗于汉边，不可胜数。"不过，无论《史记》《汉书》还是《资治通鉴》都没有公元前132年至公元前129年这段时间里匈奴入掠的具体记录。我们可以理解为，因为汉王朝策划的马邑之谋而被激怒的军臣单于放弃了对部属的约束，他虽然没有组织大规模的军事行动，但各部落的匈奴军民恣意对汉王朝"攻当路塞""入盗于边"。虽然掠扰行为"不可胜数"，但规模应该都不会很大，所以史书中才没有具体的记录。

不过，从公元前129年开始，匈奴入掠的规模升级：

元光六年（前129年），"匈奴入上谷，杀略吏民"，这年秋天，匈奴再度盗边；

元朔元年（前128年），"匈奴入辽西，杀太守；入渔阳、雁门，败都尉，杀略三千余人"；

元朔二年（前127年），"匈奴入上谷、渔阳，杀略吏民千余人"；

元朔三年（前126年），"匈奴入代，杀太守；入雁门，杀略千余人"；

元朔四年（前125年），"匈奴入代、定襄、上郡，杀略数千人"；

元朔五年（前124年），"匈奴入代，杀都尉"；

元狩元年（前122年），"匈奴入上谷，杀数百人"；

元狩二年（前121年），"匈奴入雁门，杀略数百人"；

元狩三年（前120年），"匈奴入右北平、定襄，杀略千余人"。[11]

同样，从公元前129年开始，汉军力行反击，对匈奴杀戮更重。根据《史记》《汉书》的记载，卫青一生七伐匈奴，杀虏匈奴五万余；而霍去病一生六伐匈奴，杀虏达到十一万余。

王明珂先生甚至用"恶毒"一词来形容汉军在公元前129年后对匈奴的打击。因为从这一年开始，汉军出击匈奴大都选在春季。"对任何游牧人群来说，初春都是最艰苦而不宜长程迁徙的季节。汉军此种几近恶毒的战略，必然迫使许多匈奴牧民在不宜聚集、不宜长程迁移的季节，毫无选择地驱着牲畜逃避兵灾，或聚集在其'千长''万骑'领导下与汉军对抗。"[12]可见，汉军春季出击匈奴的战术对匈奴人口、畜产造成的损失肯定远远大于史书的记录。

我们往往更多地站在汉民族的角度来看待汉王朝这些与异族间的战争，从而歌颂和美化汉王朝的胜利。但战争一旦爆发，我们便很有必要再度分析战争的合理性问题了。

诚如我们在前一章所分析的，汉匈之间在汉武帝时代彻底从和平走向战争，无论从国家利益还是从文化传统的角度来看，都有其不可避免性。但战争本身的破坏性是惊人的，从公元前132年到公元前120年，匈奴南下的频率远远超过了汉初七十年中任何一个时间段。而双方在人员、物资、经济和社会上因为战争而遭受的损失当然也不是和平时期偶尔的劫掠和汉王朝的"岁奉"所能企及的。

任何时候我们都不应该忽略战争本身的毁灭性。克劳塞维茨就直言不讳："战争的目的是消灭敌人。"[13]

鲜活的生命体现为一个个具体的人。如果我们不以长期的视角，即一场战争对国家、民族的深远影响来看，单从短期的视角出发，每一个因为战争而受伤、死亡的人，都会加重战争本身的罪恶。因为，个体生命消逝了就是消逝了，再也不会回来。

汉初七十年，和亲的弊端一直困扰着汉王朝的统治者。战争时代，战争引发的问题只会更加繁复严重。任何一个负责任的君主，任何一个理性的文明，在战争的进程中都一定会思考，既然战争的目的是"以战止战"，是"止戈为武"，那么，在最佳的时间点结束战争将是政治智慧的最好体现。

然而，就两千年前汉武帝时代的汉匈战争而言，问题并不在于这场仗该不该打，而是在于启动战争之后，何时停止战争。

注　释

[1]　王明珂：《华夏边缘——历史记忆与族群认同》，浙江人民出版社
2013 年版。

[2]　王明珂：《游牧者的抉择——面对汉帝国的北亚游牧部族》，广西师
范大学出版社 2008 年版，第 155 页。

[3]　敦煌县文化馆：《敦煌酥油土汉代烽燧遗址出土的木简》，载《汉简
研究文集》，甘肃人民出版社 1984 年版，第 9 页。

[4]　《史记》卷一百九《李将军列传》，中华书局 2014 年版，第 3476 页。

[5]　《汉书》卷六十四上《严硃吾丘主父徐严终王贾传上》，中华书局
2012 年版，第 2430 页。

[6]　《史记》卷九十九《刘敬叔孙通列传》，中华书局 2014 年版，第
3293 页。

[7]　《史记》卷三十《平准书》，中华书局 2014 年版，第 1716 页。

[8]　《汉书》卷五《景帝纪》，中华书局 2012 年版，第 128 页。

[9]　《汉书》卷五《景帝纪》，中华书局 2012 年版，第 131 页。

[10]　《汉书》卷五《景帝纪》，中华书局 2012 年版，第 132 页。

[11]　以上匈奴入掠记录均据《汉书》卷六《武帝纪》，中华书局 2012 年
版，第 143—153 页。此外，元朔五年（前 124 年），卫青出朔方高
阙击匈奴右贤王前，《史记·匈奴列传》《汉书·匈奴传》《资治通
鉴》均有匈奴右贤王怨汉夺河南地筑朔方城而数度"侵扰朔方，杀
略吏民"的记录。

[12]　王明珂：《游牧者的抉择——面对汉帝国的北亚游牧部族》，广西师
范大学出版社 2008 年版，第 150 页。

[13]　克劳塞维茨：《战争论》，北京联合出版公司 2014 年版，第 5 页。

第八章

马踏匈奴

两千多年前，汉武帝在英年早逝的爱将霍去病陵前立起了一尊古拙而雄浑的大型石雕——马踏匈奴。汉军高大的军马姿态威武、器宇轩昂，正将惊慌失措、狼狈挣扎的匈奴踏于马腹之下。

马踏匈奴，这是一个时代的象征。

这个时候的中国人处于民族的上升期，朝气蓬勃而富于进取精神。

这个时候，我们虽然听不到"岂曰无衣，与子同袍。王于兴师，修我戈矛。与子同仇"这样的嘹亮军歌，但在匈奴人"失我祁连山，使我六畜不蕃息。失我焉支山，令我妇女无颜色"的哀歌声中，我们依旧能感受到这个属于华夏民族的时代昂扬而挺拔的精神气质。

然而，这种精神气质却没能得到长久的保持。如果要探究其中原因，相信需要从政治、经济、文化等多个角度进行分析。如果我们单就战争本身而言……试问，在这个世界上，有哪一个国家如同中国，哪一个民族如同中华民族这样，经历过如此长久的战乱、如此长久的饥疫、如此长久的政局混乱？这些战乱、饥疫、混乱政局塑造和扭曲着中国人的国民性，在两千多年的磨砺之后，造就了今天的中国人。

在两千多年前，世界的东方和西方同时存在着两个伟大的国家——汉和罗马。

罗马的扩张是从公元前3世纪开始的。在这个世纪，罗马不仅完成了对意大利的统一，更将势力扩张至西地中海地区。在公元前2世纪结束前，整个地中海地区都处于罗马的控制之下。公元前1世纪，罗马的影响扩及西北欧。

中国的扩张几乎与罗马同时。秦始皇在公元前3世纪完成了国家的统一，建立了中国历史上第一个集权帝制的王朝。生活在公元前2世纪后半段至公元前1世纪初的汉武帝开始向东、南、西、北全面扩张疆土。汉武帝去世后，汉王朝经过汉昭帝、汉宣帝时期对西域地区的经营，得以设置西域都护府，将西域地区纳入王朝的势力范围，奠定了以后两千多年中国版图的基础。

在长达三个世纪的扩张战争中，罗马究竟死了多少人？我们找不到确切的数字记录，有历史学家经过推算认为，死亡总数大概超过五百万人，而罗马帝国的人口为六千万。[1]

我们再来看看中国，仅仅是汉武帝时期的扩张战争，我们付出了怎样的代价呢？

汉武帝在位五十四年，史载有用兵的年份超过三十年。历史学者葛剑雄对汉武帝时期的人口状况进行研究之后得出结论：汉武帝执政初年，汉王朝的人口约为三千六百万，到其执政末期，总人口减少了约四百万。如果按照正常的年平均增长千分之七计算，那么，汉王朝在汉武帝发动马邑之谋到其去世的四十多年中，一共损失了一千五百五十九万人口。也就是说，汉武帝的穷兵黩武造成国家损失的人口达到三分之一。[2]

在漫长的三百年中，罗马人以五百万生命为代价，换取了约为今天美国本土面积一半的疆域。汉武帝仅仅用了四十年，便付出了四百万人的代价。

狄宇宙对汉武帝时代的汉匈战争更是提出了尖锐的批评："没有任何一个目标可以证明是汉朝军队军事进攻的目的所在。"[3]"这一历史时期，几十年的军事进攻、政治扩张、领土获取是没有遵循任何的精心设计的军事或政治战略的。"[4]

他认为，汉武帝是以牺牲百姓的福祉，让他们在漫长的战争中日益走向破产为代价，换取了自己的权力和国家领土的扩张。公正地说，狄宇宙的批评并不完全客观。至少，在战争的最初十五年，也就是公元前133年至公元前119年，汉王朝出击匈奴是有非常明确的战略目标和政治意图的。

由盛转衰的草原霸主

公元前126年，数骑人马自匈奴境内风驰电掣进入汉境。这并非匈奴前来寇边劫掠的人马，为首者乃军臣单于的太子於丹。

军臣单于去世后，本应继承单于位的於丹却在惨烈的权力争夺战中败给了叔叔左谷蠡王伊稚斜。于是於丹投降汉朝，被汉武帝封为涉安侯，数月后去世。

匈奴这次内乱波及的范围一定非常大，对匈奴政权的影响也极其深远。我们可以从另一个角度来举证。

汉武帝建元二年（前139年），张骞奉命率领使团出使西域，以联络被匈奴击败的大月氏共击匈奴。然而，张骞一进入匈奴地界便被俘虏，在匈奴生活了十余年才得以逃脱。之后，张骞不辱使命，继续西行寻访月氏。当张骞历尽千辛万苦终于找到已经迁徙至今天的中亚地区的大月氏后，得到的却是月氏不愿东进，不愿联合汉王朝攻击匈奴的消息。张骞只得踏上回国的道路。为了避开匈奴，他特意选择了西域南道，再经今天的青海地区返回。不幸的是，他再度被匈奴俘虏。不久，匈奴发生内乱，张骞再次得以逃脱归汉。这一年恰好是公元前126年。《汉书·张骞李广利传》的记录是："留岁余，单于死，国内乱，骞与胡妻及堂邑父俱亡归汉。"

匈奴如果没有发生大规模的内乱，张骞很难有机会归汉。而正是张骞的归来，将整个汉王朝的国家视野拓展到了广袤的西域地区。

军臣单于去世，匈奴发生内乱，太子於丹降汉，伊稚斜自立为单于，这是汉匈关系史上的关键时刻。这以后，匈奴和汉之间的强弱之势彻底转换，匈奴由盛转衰，而汉则如利刃出鞘，所向披靡。

其实，匈奴的渐趋衰落早在军臣单于时代便开始了。

军臣单于在位时间三十五年，历经文、景、武三朝。汉初之时，因为高祖刘邦致力于扫灭异姓诸侯王，很多汉朝的功臣将领为求自保，纷纷投降匈奴。然而，在汉文帝执政末期和汉景帝时期，这些投降匈奴的汉将的子孙又纷纷归汉。例如韩王信之子韩颓当和孙子韩婴在文帝时期降汉，燕王卢绾之孙卢它人则在景帝时期以东胡王的身份降汉。景帝中元三年（前147年），《史记》记载有两名匈奴王降汉[5]，《资治通鉴》的记载为六人[6]，《汉书》则说有七人[7]。《史记正义》认为，该年降汉的匈奴王如《汉书》所录为七人，《史记》记录的"二人"，是匈奴二王为首降。

由此我们可以推断，匈奴政权的内部一定出现了问题，导致贵族将领纷纷叛离。及至军臣单于去世，太子於丹竟不能顺利继承单于位，反被伊稚斜击败南逃。

一个高层权力斗争不断的国家，国力势必大大削弱。下面这组数字即能证明曾经不可一世的草原霸主匈奴已经由盛转衰：冒顿单于时期，冒顿曾将四十万骑将汉高祖刘邦围困于平城白登山；老上单于时南下寇边，也组织了十四万骑之多，是白登之围后匈奴最大规模的一次寇边行动；而军臣单于南下，史载只有六万骑；伊稚斜夺得单于位后，在公元前 126 年、公元前 125 年、公元前 124 年连续三年南下寇边，规模最大的一次在公元前 125 年，《史记·匈奴列传》和《汉书·匈奴传》的记载皆是，"入代郡、定襄、上郡，各三万骑"，即一共出动了九万人马。对伊稚斜这种刚刚以武力夺得单于位，急需用巨大的胜利来稳固政权的人来说，最大规模的行动也就动用了九万人马，足见匈奴的实力已大不如前。

从这一时期到汉武帝晚年，大规模的军事行动中，单于自己能够号令出动的人马大致维持在十万骑以内，成了常规。比如，公元前 103 年，浞野侯赵破奴将两万人马出朔方被围，匈奴儿单于派出的人马即是八万骑；李陵兵败被俘，史载匈奴单于也是增兵至八万；李广利七万大军兵败燕然山，匈奴单于"自将五万骑遮击贰师"[8]；即便是在天汉四年（前 97 年），汉武帝组织的规模最大的一次北击匈奴的战役中，汉军共出动步骑二十一万，单于也只领了十万人马接战。

三大战役：漠南之战、河西之战、决战漠北

应该说，从元朔五年（前 124 年），卫青将六将军十余万人出朔方高阙，奇袭漠南的匈奴右贤王部开始，汉匈战争的性质便发生了改变。于汉而言，这以前算是反击战，现在正式升级为两个国家的争霸战。

1. 漠南之战

公元前124年，卫青出塞六七百里，夜袭匈奴右贤王部成功，俘获其属下裨小王十余人、部众一万五千人以及大量牛羊牲畜。元朔六年（前123年）二月和四月，卫青率部两出定襄，并在第二次出击匈奴时，给予匈奴军队重创，斩首一万九千级。正是在这一役中，汉武帝手中的另一颗将星霍去病冉冉升起。霍去病仅领八百轻骑，孤军深入数百里地寻歼敌军，斩首两千零二十八级，勇冠三军，被汉武帝封为冠军侯。

公元前124年和公元前123年汉军组织的这几次战役，因为都发生在匈奴漠南之地，因此被称作漠南之战。

2. 河西之战

公元前126年，张骞出使西域归来，将汉武帝的视野带至一个风情万种的西域世界——那里有三十六个大大小小的国家，即便月氏不愿意做汉王朝的西方外援，还有别的为数众多的国家可以争取。不过，汉王朝的影响想要达到西域地区，必须先打通一条位于黄河以西，长达一千余公里的黄金通道。这个狭长的通道在合黎山、龙首山和祁连山之间，古称"河西"，就是今天甘肃省的河西走廊。

从匈奴冒顿单于时代开始，河西地区一直都是匈奴人的领土。这里世代生活着匈奴的数个部落。其中，浑邪王统治河西地区西部，大致相当于今天甘肃张掖地区；休屠王驻牧河西地区东部，大约在今天甘肃武威地区。整个河西地区，应该有匈奴军民约十万。

元狩二年（前121年）春天，霍去病领一万骑兵出陇西，在今天兰州以西渡过黄河，翻越乌鞘岭，进入匈奴地界，六天辗转

西汉酒泉胜迹雕像（甘肃省酒泉市西汉酒泉胜迹公园展现公元前121年征服河西走廊的西汉将军霍去病及汉军酒泉痛饮庆功的雕像。黄豁摄）

扫荡匈奴五个部落，过焉支山千余里，斩杀匈奴折兰王、卢侯王，生擒浑邪王王子、相国、都尉等一批匈奴贵族，缴获休屠王祭天金人。这一役，汉军杀虏匈奴八千九百六十人，但自己也损失了七千人，堪堪算一场"惨胜"。

这年夏天，霍去病再度领数万人马出北地。这一次，他不再像春天那样正面推进，而是在灵武（今宁夏银川北）渡黄河，北越贺兰山，穿过浚稽山沙地（今巴丹吉林沙漠），在居延海溯弱水而南，进击祁连山与合黎山之间的黑河流域，从河西匈奴军的侧后方给予出其不意的致命打击。事实证明，霍去病这次长途奔袭非常成功，匈奴三万余人战死，单桓王、酋涂王等大批匈奴贵族被俘。汉军付出的代价则是"师大率减什三"[9]，也就是说，若出击一万人，损失三千；若出击两万人，损失六千；若出击三万人，损失九千……损失并不算小，只是相对取得的战果而言，比春季出击时极大地减少了损失。

霍去病两战河西大获全胜。惧怕单于责怪诛杀，这年秋天，匈奴浑邪王杀休屠王，合并其部众一起降汉。霍去病再度领军迎降。浑邪王降汉后，汉武帝将其部属安置在陇西、北地、上郡、朔方、云中五郡黄河以南的秦长城外，"因其故俗，为属国"[10]。

公元前 121 年是中国历史上值得关注的一年。从这一年起，因为年仅二十岁的霍去病的赫赫战功，河西走廊第一次被纳入中原王朝的版图，整个华夏民族的目光将投向西域乃至更遥远的地方。而就汉匈战争而言，丢掉河西地区的匈奴从此在与汉争夺对西域诸国的控制权时逐渐陷入了被动。

3. 决战漠北

元狩四年（前 119 年），汉军经过两年精心准备再度出击。这一次，汉军打算直捣黄龙，北进匈奴王庭，擒杀匈奴单于，一举将匈奴彻底击溃。根据原来的计划，卫青率领五万精骑出代郡，与匈奴左贤王决战；霍去病同领五万精骑出定襄，肩负着寻歼匈奴单于主力的重任。临出征前，汉军得到消息，单于主力东移。于是，汉武帝改变部署，让卫青出定襄，霍去病出代郡，仍是希望霍去病能与单于正面遭遇。这样的部署也足见汉武帝对自己一手培养起来的霍去病给予了相当高的期望。他认为，霍去病这样的少年英雄一定就是匈奴单于的克星。

然而事与愿违，卫青出定襄后找到了匈奴单于的驻牧点，与单于主力阵战于大漠黄沙中。这一役，卫青杀虏匈奴一万九千余，伊稚斜单于只带了数百亲随溃逃。卫青乘胜追击至寘颜山

（今杭爱山南）赵信城，火烧赵信城后得胜而返。霍去病出塞后长途奔袭两千余里，对匈奴左贤王部发动了猛烈的攻击，杀虏匈奴七万余。战斗结束后，霍去病在异域的黄沙中祭告天地，勒功而返，留下了"封狼居胥山，禅于姑衍，登临瀚海"[11]的千古英雄传奇。

三大战役的代价　　漠南之战、河西之战、决战漠北，是汉匈战争史上汉武帝时期最重要的三大战役。这三大战役之后，汉匈之间强弱已定、胜败已决。

经历这三大战役，匈奴损失了大片的领土，河西之地被汉王朝征服，漠南的大片地域也在战后被汉王朝以屯田等方式不断蚕食。更为重要的是，匈奴损失了大量的人口。我们前面已经讲过，匈奴即便在最为鼎盛时期，人口也就在一百五十万至二百万。而仅仅这三大战役，单就我们史书对汉军杀虏数量和匈奴降汉人数的记录，匈奴便损失二十万以上人口，超过总人口的十分之一，这是匈奴所无法承受的。在此后十余年的时间中，匈奴几乎不敢再度南下。

在漠南之战中，伊稚斜俘虏了汉军前将军赵信。赵信本来是匈奴人，多年前以匈奴小王的身份降汉，所以对汉王朝的情况非常了解。伊稚斜得到赵信后，委以重用，封为自次王，意思是说其地位仅次于单于。赵信建议伊稚斜放弃漠南，在漠北建立王庭，以避免汉军的攻击。如果汉军欲深入漠北，那么，匈奴正好以逸待劳。

伊稚斜采纳了赵信的建议，将军民部众全部迁徙至漠北。决战漠北失败后，匈奴远遁，从此"幕南无王庭"[12]。

汉王朝在这三大战役中损失也非常巨大。汉军的人员伤亡，史书上没有具体的记录，我们不妨根据有限的史料进行简单的推算。

对于漠南之战，《史记》和《汉书》都有苏建、赵信两军三千余骑全军覆没的记录，《史记·平准书》在总结漠南之战时则说，"汉军士马死者十余万"，即士兵和战马一共损失十余万。河西之战春天一役，霍去病领万骑出塞，"师率减什七"[13]，那就是损失了七千人；夏天一役，史书只记载霍去病领数万人马出塞，损失人员为百分之三十，所以我们无法准确计算究竟损失了多少人。但两次河西之战，汉军损失的人数至少在万人以上可以肯定。决战漠北，霍去病率五万人出击，《史记·卫将军骠骑列传》记录"师率减什三"，《汉书·卫青霍去病传》则说"师率减什二"。无论是损失百分之三十还是百分之二十，可以确定的是，漠北大战霍去病军减员万人以上。而卫青军的损失没有记录，但与单于主力正面交锋，汉军所受的损失不会小。卫青此战虽然取得了胜利，但战后他本人和部属都没有得到汉武帝的封赏，极可能就是因为卫青军没能捕杀到匈奴单于以及此战战损率高。《汉书·武帝纪》在总结这场战役时说："两军士（战）死者数万人。"

由此可见，经过三大战役，汉军损失的士卒应该在十万左右。

对于汉军来说，战马的损失非常严重。漠南之战中，士卒和战马一共损失了十余万，而决战漠北时"汉军马死者十余万匹"[14]。所以，三大战役之后，汉军损失的军马应该在二十万匹左右。我们知道，汉武帝初年，边郡马苑的厩马也就是四十万匹。如同匈奴人无法承受人员的大规模伤亡，汉王朝也不能承受战马数量的急遽减少。所以，在以后的十多年中，由于缺乏战马，汉王朝也无法组织起北伐匈奴的大规模战役。

1. 国家实力

汉军取胜的原因　　打仗打的是国力。比较匈奴和汉王朝的国力，我们发现，匈奴在冒顿时期国力达到极盛，号称有控弦之士三十万，疆域东达辽东、西逾葱岭、北抵贝加尔湖、南侵河套，人口在一百五十万至二百万。到伊稚斜时期，这些数据不会有多大的增长，只可能减少。而反观汉王朝，经过了七十年的休养生息，整个国家出现了"京师之钱累百巨万，贯朽而不可校。太仓之粟陈陈相因，充溢露积于外，至腐败不可食"的极度繁荣富庶的局面。在汉武帝初年，根据葛剑雄的推算，汉王朝的人口超过三千六百万，是匈奴人口的近二十倍。在人口是最重要生产和战略资源的古代社会，这意味着汉朝国力远远超过匈奴。

2. 战略战术

除了首战马邑之谋求功心切，缺乏必要的战术协调和战略布局外，之后的多次战役，从取得龙城大捷的关市之战到决战漠北，汉武帝及其军事智囊团都表现出了高超的战略眼光和精准的战术运用。

关市之战，改变了旧有的汉军无法深入匈奴腹地作战的保守思想，打破了匈奴不可战胜的神话，积累了战斗经验；收复河南地，不仅解除了匈奴对长安的直接威胁，将汉王朝的北部防线推移至黄河沿岸，也让单于在漠南的王庭直接暴露在汉军的攻击下；漠南之战，沉重打击匈奴右贤王部的同时，大大削弱了伊稚斜自身的实力；河西之战，将河西走廊纳入汉王朝版图，打开通往西域之通道；决战漠北，匈奴仅此一战便损失人口近十万，从此龟缩于漠北，十余年不敢再度南下。

在所有重大战役中，汉军主动出击寻歼匈奴，所采取的长途奔袭、迂回包抄的战术往往让匈奴出其不意，取得了良好的效果。

汉初七十年，匈奴军队在作战机动性上远超必须携带辎重粮草的汉军。但在汉武帝时代，汉军开始采取和匈奴军队一样的方式解决粮草问题——就地取食。所谓"就地取食"，就是靠劫掠匈奴百姓来获得粮草。据《史记·卫将军骠骑列传》所载，决战漠北后，汉武帝在诏书中说霍去病的军队"取食于敌，卓行殊远而粮不绝"，指的就是"就地取食"的军粮供应法。

汉王朝军队，特别是霍去病所带领的军队数次深入匈奴腹地，杀虏匈奴的数量都非常庞大：河西之战夏天一役，匈奴三万余人被斩首；决战漠北，霍去病军更是斩首匈奴达到七万余。汉军当然清楚，对匈奴而言，人口是最宝贵的财富，所以，大规模消灭其有生力量成为汉军的主要战斗目标。匈奴是个全民皆兵的民族，我们能够想象的是，在被杀的匈奴人中，一定有相当部分属于老弱妇孺。

为最大可能地消灭匈奴的有生力量，解决了粮草供应问题的汉军出击的速度完全可以和匈奴一样迅捷。七十年来，匈奴习惯了汉军苦守要塞城障，习惯了自己如风一样突然而至，劫掠之后，在汉军的大部队集结赶到前迅速遁走。当汉军的行动速度比自己还快还凌厉时，匈奴人完全被打蒙了。

3. 武器装备

匈奴的武器装备一直都远远落后于汉王朝。近年来考古发掘的长安武器库所出兵器，除少量仍为青铜制造外，绝大多数均为铁兵器，刀、剑、戟、矛、斧、镞、铠甲一应俱全，仅铁镞就达一千余件。[15]

汉军不仅装备有铁制的强弓硬弩、铁制的铠甲盾牌，到汉武帝时期已经开始用铁制的长约一米的环首马刀装备骑兵部队。

1968年，河北满城西汉中山靖王刘胜墓中出土了一把带鞘的铁刀。这把铁刀残长六十二点七厘米，刀首为环形，刀茎外夹木片，先用麻缠紧，并涂褐漆，外面再缠绕丝缑。[16]

这种单面开刃、厚脊、长约一米的环首铁刀非常适于马上劈砍，在当时而言是最锐利的砍杀兵器，加上强弩铁戟的长短程配合，大大提升了汉军骑兵的攻击力。

一般认为，这个时候的匈奴还处于青铜器向铁器过渡之时，所以骑兵的武器还是铜铁并用。也有学者认为匈奴自冒顿、老上单于时便已经进入铁器时代。在《汉书·西域传》中，婼羌、难兜、龟兹等西域国家都有生产制作兵器的记载。日本学者泽田勋认为，他们制作的无疑是铁制兵器，匈奴之所以在西域设置"僮仆都尉"，其目的之一就是要控制掌握这些产铁国。[17]蒙古学者策·道尔吉苏荣则根据在漠北地区匈奴墓葬的考古发现得出结论：公元前5世纪至前4世纪的时候，匈奴人就已经使用铁器了；公元前3世纪至前2世纪铁器开始得到广泛使用。[18]

1973年，中国考古工作者在内蒙古杭锦旗东南的桃红巴拉发掘了一批战国时期的匈奴墓葬，出土了包括铜剑、铜刀、铜镞在内的一大批青铜器，还有两把铁刀和两件因为锈蚀过甚、器形难辨的锈铁块。考古工作者一般认为，铁器是从中原交换而来的。[19]

如果我们认可中国考古工作者的结论，那么在战国时期，匈奴仍处于青铜时代，到了西汉初年，匈奴是否就完全进入铁器时代了呢？

从实战的角度来看，我们很难相信一支青铜部队会在长达七十年的时间里对一个完全用各种先进的铁制武器武装起来的国家保持军事优势。所以，至晚到汉武帝时期（公元前2世纪），匈奴应该已经普遍使用铁制兵器了。但可以确定的是，汉王朝的冶铁技术和兵器制作工艺远远领先于匈奴。

公元前 121 年秋天，匈奴浑邪王率领部众降汉。匈奴人到长安后，向汉人购买武器，结果售卖武器给匈奴人的"贾人与市者，坐当死五百余人"[20]。应劭在此注解说："律，胡市，吏民不得持兵器及铁出关。虽于京师市买，其法一也。"汉王朝不允许将铁制兵器卖与匈奴，当然是为了保证对匈奴作战武器装备上的优势。

在满城汉墓中还出土了一件铁铠甲，被称作"刘胜甲"。铠甲由二千八百五十九片纯铁锻造的铁甲片经麻绳编缀而成，正是汉武帝时期的器物。从甲片上残存的朽迹来看，铠甲原有皮革和绢两层衬里。复原后的铠甲模型长约八十厘米，腰围约一百一十五厘米。[21]

《史记·卫将军骠骑列传》中记载，霍去病去世时，汉武帝非常悲痛，专门调发"属国玄甲，军陈自长安至茂陵"。当时汉军骑兵部队铠甲的普及程度可见一斑。

"百炼精钢，函师震旅"，这是东汉陈琳《武库赋》对铁铠甲的描述，从中我们可以知道，当时的铠甲是用"百炼精钢"来打制的，成本极高，这也制约了装备的数量。一般认为，汉军骑兵均身披铠甲，重步兵也披铠甲，只有轻步兵穿皮甲。

而同一时期的匈奴，一般认为还在使用皮革制造的甲胄和木板制造的盾牌。

弩机是始造于战国时期的远距离杀伤性武器。学者陈直认为，两汉军队最重要的兵器即是弩机。这一点从强弩将军、强弩都尉、强弩司马等一系列军职的设置也可见一斑。[22]

满城汉墓出土的一件望山上有刻度的弩机也很值得我们关注。弩机是汉代的主力作战武器，其后部凸起的部分叫"望山"，是发射时瞄准目标用的。望山上的刻度主要用于瞄准远近不同的目标。满城汉墓出土的这件弩机共有五个刻度，分别用错银和错金来标出一度和半度，非常精密。[23]

"永初六年"（公元112年）钢刀［1974年山东苍山出土的东汉钢刀，刀背刻错金隶书铭文"永初六年五月丙午造卅**湅**大刀吉羊（宜子孙）"。"卅**湅**"是指加热叠打的层数为三十，这种工艺使钢的组织致密，成分均匀，夹杂物减少、细化，提高了成品的质量。现藏国家博物馆。黄豁摄］

青铜柄铁剑（1956年辽宁西丰出土的西汉时期的铁剑。黄豁摄）

从上述出土的器物可见，在武器装备上，汉军远远领先于匈奴军队。

匈奴较之于汉，其优势在马匹。即便到了汉武帝时期，经历文景二帝大力发展马政之后，在绝对数量上，汉军的马匹还是比不过匈奴。但汉军的军马皆由马厩喂养，营养均衡，不受季节影响。在决战漠北前，汉王朝甚至用人吃的粟米来喂养马匹，因而马匹的质量极高。而匈奴的马匹一般在草原上自由放养，冬春之时，因为缺乏草料，马匹会比较瘦弱。

所以，汉军大多选择在春季出击匈奴，这正是匈奴人一年中生产生活最为艰辛的时期。马邑之谋的时间是公元前133年春夏之交。收复河南地的时间是公元前127年春。漠南之战，卫青出朔方击右贤王是在公元前124年的春天；两出定襄，第一次在公元前123年二月，第二次在同年的四月。霍去病第一次出击河西地区，也是在公元前121年的春天。决战漠北的出兵时间，《史记·匈奴列传》《汉书·匈奴传》《史记·卫将军骠骑列传》《汉书·卫青霍去病传》都记录的是"春天"，但《汉书·武帝纪》则在描述"夏，有长星出西北"后记卫霍出兵事，《资治通鉴》也与此相同，所以，一般认为决战漠北出兵的时间在春末夏初。

只有关市之战和雁门之战是在秋季出兵。关市之战汉军负多胜少，而雁门之战是因为当年秋天匈奴大规模入掠，卫青领兵力行反击。此外，霍去病二战河西的时候是在夏天出兵的。这是一场奇袭战，霍去病军为出其不意地进入匈奴腹地，给予河西匈奴军致命的一击，甚至不惜向北取道巴丹吉林沙漠，再溯弱水而南进入河西。所以，在公元前121年春天出击后，紧接着于夏天再度出击，在时间上也绝对出乎匈奴人的意料。

4. 单兵素质

西汉实行的是普遍兵役制度，所有身体条件符合的适龄男丁都需要为国家服一定时间的兵役，这时的汉军单兵素质并不高，更兼"一岁而更，不知胡人之能"，难与生长在马背上的匈奴匹敌。而汉初的骑兵还不能独立作战，主要是配合车兵、步兵展开行动。所以，在很长一段时间里，匈奴人眼中的汉人是一群只能俯首耕田，而无法骑马战斗的人。

汉武帝时在普遍兵役制上辅以募兵制，招募了大量体魄强健、骑射技能高超、有勇有谋的兵卒，很多充当常备军，往往父死子代，成为职业军人。

林甘泉在《中国经济通史·秦汉经济卷》一书中认为，汉武帝时代所创建的禁军：羽林、期门、拱卫京师的胡骑，以及募士、勇敢士和义从等种种名目的士兵都属于募兵。李陵在天汉二年（前99

年）带领五千步卒出击匈奴时，这五千步卒就是由招募的勇士、奇才、剑客所组成，很多人都"力扼虎，射命中"[24]，战斗能力很强。

汉武帝时代对汉军的主力野战军——北军进行了大规模的改革，在原兵额的基础上，大力扩充人员，增设八校尉，"中垒校尉掌北军垒门内，外掌西域。屯骑校尉掌骑士。步兵校尉掌上林苑门屯兵。越骑校尉掌越骑。长水校尉掌长水宣曲胡骑。又有胡骑校尉，掌池阳胡骑，不常置。射声校尉掌待招射声士。虎贲校尉掌轻车"[25]。在增设的八校尉中，屯骑、越骑、长水、胡骑四校尉均统领骑兵部队，可见汉武帝时骑兵在诸兵种中的重要地位。

《中国军事通史·西汉军事史》一书认为，八校尉皆"以兵为职"，也就是职业军人，属于常备兵，是皇帝直接控制的精锐部队。

在汉武帝时代，匈奴较之七十年前的冒顿时代并没有任何进步，而汉军却已经焕然一新。武器装备精良、单兵素质高超让汉军在对外战争中，往往能做到以一敌五。[26]

注　释

［1］　伊恩·莫里斯：《战争》，中信出版社 2015 年版，第 8—11 页。

［2］　葛剑雄：《中国历代王朝兴衰录：大汉王朝》，长春出版社 2010 年版，第 170 页。

［3］　狄宇宙：《古代中国与其强邻》，中国社会科学出版社 2010 年版，第 267 页。

［4］　狄宇宙：《古代中国与其强邻》，中国社会科学出版社 2010 年版，第 267 页。

［5］　《史记》卷十一《孝景本纪》（中华书局 2014 年版，第 565 页）："中三年……春，匈奴王二人率其徒来降，皆封为列侯。"

［6］　《资治通鉴》卷十六《汉纪八》（中华书局 2011 年版，第 544 页）：

"（景帝中三年）匈奴王徐卢等六人降。"

［7］《汉书》卷十七《景武昭宣元成功臣表》（中华书局 2012 年版，第 580—581 页）记载，在景帝中元三年降汉封侯的匈奴王有安陵侯于军、桓侯赐、遒侯陆彊、容城携侯徐卢、易侯仆黥、范阳靖侯范代、翕侯邯郸七人。

［8］《汉书》卷九十四上《匈奴传上》，中华书局 2012 年版，第 3245 页。

［9］《史记》卷一百一十一《卫将军骠骑列传》，中华书局 2014 年版，第 3548 页。

［10］《史记》卷一百一十一《卫将军骠骑列传》，中华书局 2014 年版，第 3551 页。

［11］《史记》卷一百一十一《卫将军骠骑列传》，中华书局 2014 年版，第 3554 页。

［12］《史记》卷一百十《匈奴列传》，中华书局 2014 年版，第 3517 页。

［13］《汉书》卷五十五《卫青霍去病传》，中华书局 2012 年版，第 2158 页。

［14］《史记》卷三十《平准书》，中华书局 2014 年版，第 1723 页。

［15］陈梧桐、李德龙、刘曙光：《中国军事通史》第五卷《西汉军事史》，军事科学出版社 1998 年版，第 101 页。

［16］卢兆荫：《发现满城汉墓》，浙江文艺出版社 2011 年版，第 128 页。

［17］泽田勳：《匈奴》，内蒙古人民出版社 2010 年版，第 109 页。

［18］林幹：《匈奴史》，内蒙古人民出版社、人民出版社 2010 年版，第 281、283 页。

［19］田广金：《桃红巴拉的匈奴墓》，《考古学报》1976 年第 1 期。

［20］《汉书》卷五十《张冯汲郑传》，中华书局 2012 年版，第 2022 页。

［21］卢兆荫：《发现满城汉墓》，浙江文艺出版社 2011 年版，第 130 页。

［22］陈直：《两汉经济史料论丛》，中华书局 2008 年版，第 151、153 页。

［23］卢兆荫：《发现满城汉墓》，浙江文艺出版社 2011 年版，第 135 页。

［24］《汉书》卷五十四《李广苏建传》，中华书局 2012 年版，第 2133 页。

［25］《汉书》卷十九上《百官公卿表上》，中华书局 2012 年版，第 680 页。

［26］《汉书》卷七十《傅常郑甘陈段传》（中华书局 2012 年版，第 2613 页）中记录大将陈汤有云："夫胡兵五而当汉兵一，何者？兵刃朴钝，弓弩不利。今闻颇得汉巧，然犹三而当一。"

第九章

妥协的艺术

瓠子决兮将奈何，浩浩洋洋，虑殚为河。

殚为河兮地不得宁，功无已时兮吾山平。

吾山平兮钜野溢，鱼弗忧兮柏冬日。

正道驰兮离常流，蛟龙骋兮放远游……

这是元封二年（前 109 年），汉武帝于泰山封禅后，亲临黄河决口所作的《瓠子歌》。随后，汉武帝令人修筑河堤，堵塞决口，并"沉白马玉璧于河"，祈求河神庇佑。

经过艰苦奋战，黄河位于河南濮阳瓠子的决口终于堵住。这次成功的治河经历也成为汉武帝一生文治武功中辉煌的一笔。

但其实，黄河改道南流，夺淮入海的"天灾"已经有二十多年。在这二十多年中，中央政府几乎无所作为，直让"天灾"演变成千里无庐、灾民易子而食的"人祸"。

公元前 132 年，黄河即在瓠子决口，梁、楚一带十六郡受灾。汉武帝接报灾情后，即命大臣主持堵口。但因水势凶猛，堵而复决。

对于这件事，很多人都归罪于当时的丞相田蚡。田蚡的封邑在鄃县，居于黄河以北。此次黄河决口，决水是往南流的，所以郇县没有遭灾，反而收成很好。于是，田蚡对汉武帝说，江河决口是天意，没法用人力强加堵塞，即便堵住了，也未必符合天意。汉武帝请来的望气法师和以术数占卜的人也都这样说。所以，汉武帝不再理会黄河决口之事。

对这次水患，《史记》和《汉书》都反复提及。《盐铁论·申韩》更描绘了当时灾区的惨况："（黄河）泛滥为中国害，菑梁、楚，破曹、卫，城郭坏沮，蓄积漂流，百姓木栖，千里无庐，令孤寡无所依，老弱无所归。"

在长达二十年的时间里，成千上万的人在肆虐的洪水中挣扎于生死边缘，良田变泽国，家园尽毁，作为国家的最高决策者，汉武帝真的可以把责任全部推卸给丞相田蚡和几个法师吗？究竟是什么导致汉武帝在当时做出了罔顾民生疾苦的选择？

公元前133年，即黄河决口的前一年，汉武帝策划了马邑之谋，试图诱捕匈奴单于，拉开了汉匈之间近半个世纪大规模战争的序幕。

治河，还是打仗？这个问题一定深深困扰过汉武帝。水、旱、蝗、地震、山崩、瘟疫等灾害在古代被看成上天降下的惩罚，以警告代天牧民的皇帝。然而，年轻的皇帝渴望建功立业，让匈奴单于对自己俯首称臣，为达此目的，不惜倾举国之力。治河所需的人力、物力也相当庞大，更可能经年累月堵而复决，徒劳无功。治河和打仗，几乎是不可兼得的鱼和熊掌。

汉武帝最终选择了战争。此后，中央政府和地方官吏再没组织治河，只是对灾民进行赈济。在从匈奴人手中夺回河套后，朝廷甚至将部分灾民迁移至新设立的朔方等地，以充实边郡。

应该说，汉武帝这个时候的选择还是具有一定合理性的。马邑之谋后，汉匈之间的和平已经不复存在，经年累月的战争不可避免。所以，汉武帝会选择将整个国家一切的人力、物力、财力投入到战争中，而对灾民只采取赈济和移民等措施。

然而，这种合理性在公元前119年汉匈决战漠北，汉王朝取得决定性胜利之后便不复存在。这以后，汉匈之间以和谈为主，维持了十余年的和平。所以，公元前119年对汉武帝来说，应该是个非常关键的年份。这是历史留给他的终止战争的第一个时间点。从国家利益而言，如果在此时终止战争，汉王朝从汉匈战争中所得的收益将为最大。

但是，为了东平朝鲜、南讨两越、经营西域，为了让自己手中的权力无远弗届，汉武帝再度选择了战争，而搁置救灾和治河。

从公元前132年到公元前109年，二十多年中，黄河的决堤反复威胁着梁、楚之地的百姓。

孟子说："民为贵，社稷次之，君为轻。"但在实际操作中，君王的意志往往压倒性地高于一切。皇帝需要开疆拓土，大国需要崛起，那么，民生便是最后的考量。

直到巨大的军费掏空了整个国家，粮食产量却持续减少，决水四溢的梁、楚之地尤甚，汉武帝终于决定治理黄河决口。封禅后的次年，他来到瓠子督促治河。

追求政治、军事上的功业远胜对民生的关注，国家一旦有所需求，个体随时可以被抛弃和牺牲。汉武帝的选择让我们清晰地看到两千年来我们这个民族惯常的历史视角。而对于数以千万计的灾民长年在水患中于生死边缘挣扎的惨状，却心安理得地视若无睹。

战与和的时间点

一个国家基于国家利益的考量发动一场战争并不可怕。可怕的是，这个国家的权力系统缺乏必要的纠错机制和制动机制。

汉武帝时代的汉匈战争有没有一个可以停止，对双方来说都比继续打下去更有利的时间节点？

在前面的章节中我们提到，自公元前124年汉军发动漠南之战开始，汉匈战争的性质便发生了改变。在以前，这属于一场汉王朝的自卫反击战；而在这以后，全部的战役都发生在匈奴的领土上，更像是一场大国争霸战。那么，是不是意味着公元前127年汉军收复在秦末时期被匈奴占据的从秦王朝开始就属于中原王朝的河南地（河套地区）之后，战争就应当停止了呢？

在汉军收复河南地后，虽然战争的主动权第一次掌握在了汉王朝手中，但匈奴的实力仍旧非常强大，并未受到实质性的打击。而且，正因为汉军收复了河南地，再加上匈奴确立了新单于——伊稚斜单于，公元前126年、公元前125年、公元前124年连续三年，匈奴对汉边的劫掠愈加频繁和规模浩大。

再看河西地区。当匈奴控制着河西走廊时，汉王朝被死死地困在东方一隅，而繁荣的西域地区一直都是匈奴在经济和人力上的坚强后盾。所以，汉王朝要彻底击败匈奴也好，或者寻求与匈奴的真正和平也罢，河西地区是必争之地。

从当时的现实情况来看，在公元前127年收复河南地后即停止战争显然是不现实的。

但是，当时间推移到公元前119年，一切发生了根本的变化。

公元前119年决战漠北之后，匈奴遁入漠北，更因为人口的大量损失，再无力南下；汉朝也因为战马极度匮乏，无力北伐。而且，两个国家经过十五年旷日持久的倾尽全力的相互攻伐之后，各自的经济损失不可估量。

匈奴自不必说，依靠游牧经济本来就无法自给自足。自从公元前133年汉朝策划马邑之谋、断绝两国的和亲关系后，以往每年来自汉王朝的"岁奉"也就彻底断绝了。而在公元前 129 年的关市之战后,我们可以推测,两国百姓在长城下关市中的正常物品交换和贸易应该也随之停止了。所以,在汉武帝晚年,匈奴狐鹿姑单于在写给汉武帝的国书中重提和亲时,开出的第一个条件就是"今欲与汉闿大关"[1]。而遁入漠北不敢南下后,匈奴自然也没有办法再靠劫掠汉边来满足自己的经济需求。同时,漠北地区气候寒冷,远不如漠南、河套、河西之地水草丰美。所以,我们可以想见,战争对匈奴本国经济的打击是毁灭性的。

这一系列的战争也让汉王朝不堪重负。早在公元前 127 年,汉军收复河南地,汉武帝征发十余万人筑卫朔方,《史记·平准书》的记录是"府库益虚",《汉书·食货志》亦说"府库并虚"。公元前 124 年、公元前 123 年的漠南之战后,"兵甲之财转漕之费不与焉。于是大农陈藏钱经耗,赋税既竭,犹不足以奉战士"[2],意思是说,汉王朝库藏旧存之钱和常年的赋税收入都已经枯竭,文景时期积累下来的巨大财富被消耗一空。为了筹钱,政府不得不下令向百姓卖爵以及推行以钱赎罪。接下来,霍去病两战河西、河西迎降以及卫霍与匈奴决战漠北,都是"费凡百余巨万"[3]的军事行动。决战漠北前,为了提高军马的质量,汉军甚至用人吃的粟米来喂养军马。

为了推行对匈奴的"德战",河西浑邪王来降,汉武帝专门安排两万辆马车将浑邪王迎至长安。[4]但负责准备马匹、车辆的地方政府早就没钱了,于是向民间租马。可是老百姓不信任政府,把马匹都藏匿起来。地方官吏找不到足够的马匹,汉武帝大怒,准备诛杀办事不力的长安令。大臣汲黯这样劝说汉武帝:"匈奴(浑邪王)畔其主而降汉,徐以县次传之,何至令天下骚动,罢中国,甘心夷狄之人乎!"[5]遗憾的是,在我们的文化理念中,所谓"德战"，很多时候就是以这种不惜令百姓和国家困苦，也要在外人面前讲排场、比阔气的方式来推行。

浑邪王来到长安后，被汉武帝封为漯阴侯，采邑万户，其手下几个裨王也一同封侯。贾谊在《新书·匈奴》中论述的以"厚赏"的方式笼络匈奴贵族、军民，以使其"归心""归降"的"德化蛮夷"的策略，从汉武帝开始终于大行其道。

漠南、河西、漠北三大战役后，汉武帝给予立功将士的赏赐也非常高。漠南之战，汉武帝赏赐立功将士黄金共计二十余万斤；决战漠北后，赏金更是达到五十万斤。

战争的巨大消耗完全掏空了国库，决战漠北后，汉武帝甚至连出征将士的军饷都发不出来了。

那么，经历了长久的战争，汉王朝的民间社会又是一种什么局面呢？汉武帝即位之初，得益于文景之治，国家十分殷富，《史记·平准书》中记载民间社会"人人自爱而重犯法，先行义而后绌耻辱焉"。意思是说，这是一个人人知道自爱，把犯法看得很重，崇尚行义，厌弃做耻辱之事的时代。然而，汉武帝频繁对外用兵，耗尽了国力、民力，《汉书·刑法志》告诉我们，在这个"外事四夷之功，内盛耳目之好，征发烦数，百姓贫耗"的时代，"穷民犯法，酷吏击断，奸轨不胜"。即便任用大量像张汤、赵禹之流的酷吏，用极其严苛的手法治民，为非作歹、作奸犯科的人仍层出不穷。而边郡地区更是"久废耕织"，普通民众的日常生活已经彻底被无休止的战争扭曲、破坏。

公元前 119 年，黄河于瓠子决口已经十余年。照理说，必须要打的仗已经打得差不多了，如果能在这个时候停止征伐，寻求与匈奴的和平之道，转而回到国内经济发展、灾害治理上，那么，汉武帝一定是中国历史上最伟大的皇帝之一无疑。

战与和的抉择　　　　　　　　妥协是一门艺术，因为我们永远都无法追回在战争中失去的人和事物。

约翰·基根在其著作《战争史》中这样描述曾经威胁过欧洲的骑马民族 Huns：

> 他们也不想推翻别人的政权，自己取而代之，尽管阿提拉似乎曾考虑过迎娶西罗马帝国皇帝的女儿。他们要的只是战利品，别的一概不感兴趣。他们打仗就是单纯地为了打仗，为了抢夺财物，为了战争的危险和刺激，也为了胜利所带来的动物性的满足。阿提拉死了 800 年后，成吉思汗问跟随他征战的蒙古人什么是生命最大的乐趣，有人回答说是放鹰打猎，他说："你错了。人间至乐是追敌杀敌，夺走他们的全部财产，让他们的女人哭泣号叫，骑他的马，睡他的女人。"阿提拉可能会说同样的话，起码他实际上是这么做的。

虽然我在前面已经论述过以阿提拉为首的 Huns 和秦汉时期匈奴人的关系，不过必须要承认的是，Huns 在欧洲的表现和匈奴人在亚洲的表现如此相似。这是一个文明发展程度较低的族群，他们的思考更多地倾向于原始的动物性而非被文明驯化的人性。所以，妥协对他们来说，是一门过于复杂的艺术。

那么，长城以南的中原王朝又是否懂得妥协这门艺术呢？

如果我们是个懂得妥协的民族，中国的历史上怎么可能有那么多的战乱、暴动、饥荒，怎么可能一代又一代人悲惨痛苦地死去却成不了任何政权必须要千方百计避免的前车之鉴？

从我们认可一君万民的集权制度是对我们民族而言最好的

制度的那一天开始，妥协还是玉石俱焚，决定权便只掌握在一个人手中。它只出于帝王的一己之私，而非国家民族利益的全面考量。

公元前119年决战漠北之后，汉匈两国其实寻求过和平相处之道，毕竟，再打下去是一个共输而非双赢的局面。

交战的双方如果需要停战，一般来说应该彼此坐下来签署一个停战协定，内容大致包括有争议领土的界定、战争赔偿的约定、战胜国对战败国军事力量的约束等等。在差不多同一时代，罗马共和国在其扩张时期同迦太基、马其顿、塞琉西等国家进行了大规模的战争，每一次战争结束时，罗马都会与这些国家签署和约。这一纸和约不仅能保障两个国家几十年的相对和平，战胜国罗马也会从战败国得到巨额战争赔款以弥补战争造成的经济损失。正是通过这些战争，罗马不断崛起、强大，称霸欧非亚三大洲，更将三大洲的财富统统集中到了罗马。

然而，决战漠北之后，汉匈两国虽然都在寻求和平之道，却从来没有尝试过以这种对双方都有约束力的契约方式重建和平。

对于匈奴这种文明发展程度较低的民族而言，恰如约翰·基根所言，他们打仗的目的就是单纯地打仗。现在，他们希望和平，不过是为了争取时间再度崛起，然后继续打仗。

而对于从来就没有把周边与自己文化不同的国家当作平等的国家来对待的汉王朝而言，这些国家不过是蛮夷："夷狄之人贪而好利，被发左衽，人面兽心，其与中国殊章服，异习俗，饮食不同，言语不通……"[6]中原王朝需要对他们做的，就是令他们臣服，无论是用以经济"厚赂"为主要手段的羁縻政策，还是用残酷的战争彻底将他们打垮。这就是所谓"来则惩而御之，去则备而守之。其慕义而贡献，则接之以礼让，羁縻不绝，使曲在彼，盖圣王制御蛮夷之常道也"[7]。

在西汉王朝立国之初，汉匈两国属于"邻敌之国"，是两个在政治、经济、军事、文化上各有强弱的势均力敌的国家。当汉匈战争进行到公元前119年之后，原本在军事上弱于匈奴的汉王朝扭转局势，已经用武力完胜匈奴。所以，在接下来的历史中我们看到，汉王朝对匈奴的基本策略由汉初的维持两个国家的稳定、和平，转而变成希望匈奴能在军事上的大败亏输后由"邻国"降为"藩属"。于是，让匈奴向自己俯首称臣，"以有道之君牧夷狄也"[8]的文化理想，几乎成为汉武帝一生的梦想与追求。

回到公元前119年之后的汉匈关系上来。这一次，匈奴首先派遣使者来到长安，温言软语，请求与汉王朝恢复和亲关系。这肯定是个良好的开端。汉初的时候，汉匈之间的和亲建立在汉王朝势弱，委曲求全以换取和平的基础上。现在，时移世易，如果从国家利益的角度来权衡，汉匈双方完全可以达成一种相对更为公平甚至偏向汉王朝的和亲协定。

朝堂上，汉武帝的臣子们议论纷纷，有人主张和解，但有人提出了新的观点。丞相长史任敞对汉武帝说："匈奴新破，困，宜可使为外臣，朝请于边。"[9]意思是说，匈奴才被我们打败，应当趁机让他做我们的臣属，让单于在边境上向皇帝朝拜。

这肯定是个馊主意，因为这不是和解，而是招降。

匈奴虽然战败了，但退至漠北的匈奴是非常安全的。汉军此时已无力再深入漠北寻歼匈奴，而且，从以后汉武帝发动的数次大规模的北击匈奴的战役皆以失败告终来看，汉王朝的国力已经无法再应付这样规模浩大的战争了。此时的匈奴完全没有到除了俯首称臣便无路可走的地步。

不过，对汉武帝来说这却是个非常美妙的建议。公元前119

年，汉武帝三十八岁，正当盛壮之年。作为刘家天下的继承人，他完成了一个王朝长达七十年的夙愿，洗雪了父祖世世代代的耻辱；作为一代帝王，他将边关的百姓从匈奴的铁蹄弯刀中拯救出来，让国家不用再以牺牲女人和财物为代价换取和平。那么，这个三十八岁的男人为什么不能期望更多——直接让匈奴对自己俯首称臣呢？

于是，汉武帝派遣任敞带着他的美妙建议出使匈奴。结果当然是伊稚斜大怒，扣留了任敞。

在以后的十余年中，汉匈两国的关系基本以"和谈"为主。可惜这种"和谈"却并非我们以为的那种基于国家利益的考虑，双方以理性和审慎的态度积极寻求政治上、军事上的和解的谈判。

元封元年（前110年），汉武帝动用十八万骑兵，自云阳（今陕西淳化县）出发北上，经上郡、西河、五原，出长城，登单于台（今内蒙古呼和浩特市北），再到朔方，抵达北河。天子巡边，旌旗千余里，以彰显汉王朝的武功军威，向匈奴施加压力。但从实际意义上来讲，这样的排场除了虚费公帑，别无功效。

巡边后，汉武帝派使者郭吉到匈奴。匈奴官员在让郭吉见单于前向他询问这次来访的目的，郭吉"礼卑言好"[10]，态度非常谦卑恭顺，生怕言辞不当得不到单于的召见。然而，见到单于后郭吉却异常傲慢地说："南越王的人头已经悬挂在长安的北门上了，如果单于能战，汉家天子现在亲自领兵等在边境上；如果不能战，那就投降归顺汉朝。何苦像现在这样，一味逃避到沙漠以北苦寒又无水草的地方呢？"这个时候匈奴的单于是伊稚斜单于的儿子乌维。乌维闻言后大怒，将郭吉扣押，囚禁于北海。

三年后，汉匈"外交"史上又发生了一件事。公元前107年，汉使王乌来到匈奴，"单于复谲以甘言，欲多得汉财物"[11]，为了多得汉使带来的财物，乌维单于对王乌信口开河说自己打算亲自到长安见天子，和汉武帝一起面对面地将两国约为兄弟之邦。

从这里我们能看出，汉使每次到匈奴应该都带有大量的财物以贿赂匈奴的贵族和单于。根据董仲舒的观点，"义动君子，利动贪人，如匈奴者，非可以仁义说也，独可说以厚利"[12]。这种对匈奴的经济厚赂政策应该是汉初七十年和亲政策的一种延续。汉初用女人和财帛换取的是暂时的和平。汉武帝时代，对匈奴进行了毁灭性的军事打击后，匈奴已无力南下，此时再对其采取经济厚赂的政策，显然是为了让匈奴来朝，使单于对汉家天子俯首称臣。

回到公元前107年。汉武帝听说单于打算亲自到长安来，高兴坏了，当即令人在长安兴筑了豪华的单于官邸。不过，乌维那样说只是因为贪图汉使带去的财物，一时嘴滑，怎么可能会亲自涉险南下？于是，他找了个借口，派了个高级官员到长安。不幸的是，这个人一到长安便病倒了，药石无救，竟死在了长安。为了表示歉意，汉武帝派汉使路充国护送棺椁返回匈奴，还送去了数千斤黄金。然而，乌维单于还是以汉朝谋害了自己的高级官员为理由，扣留了路充国。

从此之后，汉匈之间再度剑拔弩张，匈奴又开始派小股部队偷袭汉边。而汉武帝也拜郭昌为拔胡将军，和浞野侯赵破奴一起屯兵朔方以东，防范匈奴入侵。

今天，回首两千多年前汉匈之间的"大国外交"，我们似乎从中找不到丝毫理性的东西，让两个饱受战火摧折的国家能够通过客观理性的分析、博弈，最终达成双赢的和解。它们更像是两个势均力敌的拳手，在拳台上你来我往打了半天之后，谁也没法彻底征服对方，于是累得坐到地上打嘴仗。是的，这场"大国外交"

根本就是一场儿戏。匈奴摆出一副"有本事你到漠北来打我"的姿态，汉朝则叫嚣"别躲，有种就南下真刀实剑和我再打一仗"。

之所以出现这样的局面，是因为无论汉武帝还是匈奴单于，其实都没有将国家和人民带入和平的诚意。双方所玩弄的一切机巧和花招，汉的目的是征服，匈奴的目的则是东山再起。

两千年前，在这场不以国家利益为基本考量，而只唯"君王意志"是瞻的角力之后，最终，匈奴和汉都是输家。

注　释

［1］《汉书》卷九十四上《匈奴传上》，中华书局 2012 年版，第 3245 页。

［2］《史记》卷三十《平准书》，中华书局 2014 年版，第 1717 页。

［3］《史记》卷三十《平准书》，中华书局 2014 年版，第 1719 页。

［4］《史记》卷三十《平准书》（中华书局 2014 年版，第 1719 页）记录为"汉发车二万乘迎之"，《汉书》卷五十《张冯汲郑传》（中华书局 2012 年版，第 2022 页）也记录为"二万乘"，《汉书》卷二十四下《食货志下》（中华书局 2012 年版，第 1061 页）记录为"于是汉发车三万两迎之"。

［5］《汉书》卷五十《张冯汲郑传》，中华书局 2012 年版，第 2022 页。

［6］《汉书》卷九十四下《匈奴传下》，中华书局 2012 年版，第 3288 页。

［7］《汉书》卷九十四下《匈奴传下》，中华书局 2012 年版，第 3288 页。

［8］《晋书》卷五十六《江统传》，中华书局 1974 年版，第 1530 页。

［9］《史记》卷一百十《匈奴列传》，中华书局 2014 年版，第 3517 页。

［10］《史记》卷一百十《匈奴列传》，中华书局 2014 年版，第 3518 页。

［11］《史记》卷一百十《匈奴列传》，中华书局 2014 年版，第 3520 页。

［12］《汉书》卷九十四下《匈奴传下》，中华书局 2012 年版，第 3286 页。

第十章

经营河西

河西走廊位于今天甘肃省西北部，是夹在祁连山与合黎山、龙首山等山脉之间的一个狭长的通道，因地处黄河之西，被称为"河西走廊"。虽然有武威、张掖、酒泉等大片绿洲，但河西走廊的大部分地区都是广袤的戈壁和沙漠。自古以来，河西走廊生活的都是游牧民族——西戎、月氏、匈奴等。

西出嘉峪关后，戈壁的面积愈加广大，绿洲则更小。位于河西走廊最西端的敦煌，更是一个完全被沙漠戈壁包围的小小绿洲。

西行求法的东晋高僧法显在《佛国记》里这样描述敦煌以西的世界："沙河中多有恶鬼、热风，遇则皆死，无一全者。上无飞鸟，下无走兽。遍望极目，欲求度处，则莫知所拟，唯以死人枯骨为标帜耳。"

河西走廊至敦煌一线，并不是一片特别适合农耕的地域，但它却是古代通往西域的交通要道。没有河西走廊的控制权，汉王朝便不可能真正走向世界。

公元前 121 年，汉武帝派遣大将霍去病于春、夏两次深入河西地区，给予了河西匈奴军沉重的打击。当年秋天，匈奴河西浑邪王合并休屠王部四万余人降汉。自此，河西地区第一次成为汉王朝的版图。这以后，随着汉长城塞、障、亭、燧的不断修筑，随着移民和戍军的不断向西深入，汉王朝的力量不断地向西域延伸。整个两汉王朝，这片土地也是汉军与匈奴争夺西域地区控制权的最前沿阵地。

即便在今天乘坐着现代化的交通工具走在河西地区，特别是西出敦煌，我们仍能体验到法显所描述的那种干涸且酷烈的死亡气息。偶尔，会有金色的夯土墙垣突兀地出现在地平线上，或者是高耸的烽燧仍旧守望在干热的土台地上。这些都是两千多年前从汉武帝时代便开始修筑的汉代塞防系统。

法显西行途中一定也看到过这些宏伟的塞防系统：金色的墙垣从东方逶迤而来，连缀着雄壮的关楼、剑戟林立的军事堡垒、燃烧着狼烟的烽燧……

在敦煌西北六十公里处的古疏勒河畔，有一座历经两千多年风沙侵蚀却仍旧傲然挺立于荒莽戈壁滩头的大型汉代建筑遗址——河仓城。

河仓城北临古疏勒河，建在河滩的土台地上，西南两侧被高出城堡数丈的戈壁环绕，非常隐蔽，是当年汉军屯粮的重要军需仓库。根据专家考证，阳关、玉门关以及沿线长城、烽燧守军的军需物资皆出自河仓城。

这是一座东西长一百三十二米，南北宽十七米八，三座库房并排的夯土建筑。尽管历经风沙侵蚀，墙体残损非常厉害，但残垣最高处仍有六米。河仓城南面五百米处还有一座烽燧，用芦苇、砂石层层夯筑，残高四米九。[1]

荒凉，是这座古城给人的唯一印象。古代的征夫、戍卒，甚至碧波荡漾、可行船运输的疏勒河都已消失在历史的风尘中。如今的河仓城，独立于戈壁滩头，只和守门的老头相看两不厌。

1907年，英国探险家斯坦因对敦煌的汉长城、烽燧进行了考古发掘。他曾爬到那些古老的夯土碉楼中，"坐在那平常为荫蔽戍兵用的小室里，眺望广漠荒凉的沼泽沙漠，很容易回想起过去那些惨淡的生活"[2]。斯坦因用了"惨淡"二字来形容古代戍卒的戍边生活。对于这些将士而言，敦煌以及整个河西之地虽是祖国，却绝非故园。这里有的只是黄沙，而非肥美的黄土；身边都是袍泽，而非父母妻儿、亲朋好友。在几千年的中国历史中，他们的名字都叫作戍卒。他们生活的艰辛也绝非"惨淡"二字所能涵盖。

移民和屯垦，是古代中国巩固边防、抵御外族入侵的重要战略措施。

这的确是中国历史上值得骄傲的一笔。汉王朝兵不血刃，便将河西、敦煌一线数十万平方公里的疆域在多年的经营后变成了中华民族不可分割的一部分。然而，今天的我们完全无从想象戍边生活的基本场景，那些远离故土亲人、孤独而艰辛的边关岁月。因为，能留在浩如烟海的史籍里的，只有惊心动魄的外交斡旋和金戈铁马的沙场喋血，只有王侯将相的丰功伟绩，而个人，早已被遗忘。

幸运的是，我们是一个特别擅长记录的民族。

20 世纪初以来，我国出土了大量简牍。这些简牍的历史年代最早可上溯到春秋末战国初，但汉简占绝大多数。至 2000 年，全国共出土汉简七万三千六百多枚，而甘肃省至内蒙古额济纳旗一带即出土汉简六万多枚，占全国所出汉简的百分之八十二。其中，居延地区出土汉简两万枚，敦煌悬泉置亦出土汉简二万三千枚。

这些长为一尺的标准简牍一枚平均可以书写三十个字。大量略显扁平的汉隶记录下了戍卒和边关生活的点点滴滴。

戍卒张掖郡居延昌里簪袅司马骏年廿二；

第十三燧卒魏郡馆陶上库里尹疾去 三月壬申病□；

第廿八燧长程丰 十月奉九百；

第卅四燧长赵贤粟三石三斗三升少□……

大量普通人的名字随着简牍的出土，呈现在我们面前。他们曾经如此卑微、渺小，永远都不可能出现在官修史书中。但现在，这些简牍却让历史永远无法否认他们的存在，也让人们清楚地看到，构建了一个伟大王朝、一个伟大时代的，其实正是这一个个看似卑小却鲜活、生动的个体。阅读这些尘封了两千多年的名字，让我们感到历史多了那么一丝温度和人情味。

然而，边关生活的艰辛和痛苦，毕竟是今天的我们完全无法想象的。

汉宣帝神爵元年（前 61 年），赵充国上书宣帝称："窃见北边自敦煌至辽东万一千五百余里，乘塞列隧有吏卒数千人……"[3]也就是说，在汉宣帝神爵年间，全国仅仅是戍边的戍卒就有数千人之多。而这个时候，匈奴早已大衰。因此，可以想象，汉武帝时代边关戍卒的数量肯定远大于此。

这些戍卒大多来自内郡。居延汉简中记载的戍卒的籍贯，以大河郡、淮阳郡、魏郡最多，也有许多人来自封国，如昌邑国、赵国、梁国等。从这些内郡、封国到居延，直线距离一般都超过一千公里，戍卒们完全依靠步行完成这段漫长的旅程。当他们终于来到边关时，却不得不面对这里严酷的生活环境。大漠戈壁，满眼黄沙，所谓"朔风吹雪透刀瘢，饮马长城窟更寒"。戈壁荒滩，河西之苦，苦极天下。这些来自内郡的戍卒往往难以适应边关的生活，因此患病甚至客死异乡的数不胜数。在居延汉简中，有一月一报的病卒名籍，当然也有许多戍卒病故的记载。

戍卒们还需要承受边地官吏的欺压，"而吏未称奉职承诏以存恤，或侵侮士卒，与之为市，并力兼作，使之不以理"[4]。官吏们不仅欺侮士卒，还强迫他们交易，更让他们从事繁重的劳动。

戍卒大多是二十多岁的年轻人。在居延汉简中，写明年龄的戍卒有六十四人。其中，最小的是二十岁，最大的是四十五岁，各仅有一人。三十岁以下的共有五十人，约占总人数的百分之七十八。在这五十人中，二十三岁至二十五岁的人又最多，有二十八人，约占总人数的百分之四十四。[5]

这些年轻人抛家别子、远赴边关，忍受着旷世的荒凉，也许只是为了能尽早免除沉重的更赋。

"可怜无定河边骨，犹是春闺梦里人""不知何处吹芦管，一夜征人尽望乡""将军角弓不得控，都护铁衣冷难著。瀚海阑干百丈冰，愁云惨淡万里凝。"……

对家乡和亲人的蚀骨之思，也许，只有长城垛口那一弯冷月可怜见……

列四郡、据两关

丝绸之路也许是几千年的华夏文明中最浓墨重彩的一笔。

从长安出发，一路向西，通过河西走廊，由玉门关或阳关出关，穿越白龙堆沙漠，在位于罗布泊西北的楼兰分路。或沿南道，经且末、扜弥、于阗、皮山、莎车至疏勒；或沿北道，经尉犁、渠犁、轮台、龟兹、姑墨至疏勒。不过，这些位于今天新疆境内的西域诸国，只是丝绸之路的东段。西出新疆后，丝绸之路还一直延伸，经中亚至罗马帝国。

丝绸之路是古代世界东西方经济、文化交流的黄金通道，同时，也将东西方两大文明中心汉和罗马连接了起来。

其实，早在秦汉之前，就有商旅将中国的丝绸通过这条道路销往中亚和印度。但在霍去病征服河西走廊之前，这条黄金通道从来都不在中原王朝的掌控之中。公元前121年秋天，河西浑邪王率领部众降汉，曾经属于匈奴领土的河西地区成为一片真空地带。

据《汉书·地理志》记载：公元前104年，西汉政府设置酒泉郡与张掖郡，公元前101年设武威郡，公元前88年设敦煌郡。不过，《汉书·武帝纪》则记录在浑邪王降汉的那一年，即元狩二年（前121年），汉政府便"以其地为武威、酒泉郡"。到元鼎六年（前111年），"遣浮沮将军公孙贺出九原，匈河将军赵破奴出令居，皆二千余里，不见房而还。乃分武威、酒泉地置张掖、敦煌郡，徙民以实之"。

因为《地理志》和《武帝纪》所记录的时间不同，所以，史学界对河西四郡的设置年代颇有争论。考古学家陈梦家先生对汉简记录和相关文献资料进行研究后认为，酒泉郡和张掖郡设置于元鼎六年（前111年），敦煌郡设置于元封四年至元封五年间（前107—前106年），武威郡设置时间最晚，迟至宣帝地节三年至元康四年间（前67—前62年）。[6]

无论河西四郡的设置年代能否最终确定，不可否认的是，从公元前121年汉骠骑将军霍去病两战河西以及河西迎降后，河西地区便被纳入了汉王朝的版图。而作为重要军事关口和丝路交通咽喉的玉门关、阳关也随之设立。此后，中原地区和西域的交通莫不取道两关。

这就是西汉名将霍去病一生最大的功绩——列四郡、据两关。

在汉武帝之前，河西地区不是中原王朝的领土。匈奴的左王将居于东方，其辖区直接与汉的上谷郡相接；右王将居于西方，接上郡以西，与氐、羌等民族相连通；单于庭则与代郡、云中相接。经过汉武帝时代惨烈的军事较量，匈奴的主力开始向西北方向迁徙。特别是在汉武帝元封六年（前105年）之后，"单于益西北，左方兵直云中，右方直酒泉、敦煌郡"[7]。所以，河西地区越来越成为汉匈两国角力的焦点地区。

用武力征服一片土地不难，如何对这片土地进行有效的治理才是一个问题。

1. 移民

晁错所提移民实边、屯田戍边的安边策略在汉武帝时代终于得到了有力的实施。但移民作为汉王朝加强中央集权的一项重要措施，却并非始于汉武帝时期。

汉高祖刘邦统一天下后，关中地区经过连年战乱残破不堪，急需充实人口；而在楚汉争霸中迫于形势分封的大量异姓诸侯王对刘家天下而言，始终是个不稳定因素。白登之围后刘邦更意识到，匈奴乃汉王朝的心腹大患，居于河套地区的白羊、楼烦二王直接威胁着汉都长安。

谋臣刘敬于是给刘邦出了个主意："徙齐诸田，楚昭、屈、景，燕、赵、韩、魏后，及豪桀名家居关中。无事，可以备胡；诸侯有变，亦足率以东伐。此强本弱末之术也。"[8]于是，西汉自高祖刘邦开始便有了在帝王陵旁设置陵邑的制度，从刘邦的长陵到宣帝的杜陵，七座帝王陵旁共设置了七个陵邑。这是一个庞大的移民过程，刘邦听从刘敬的建议，将十余万人迁至关中地区，安置于长陵邑。

以后，惠帝、景帝时代，都以充实陵邑为由迁徙了大量人口入关中：惠帝七年（前188年）"徙关东倡优乐人五千户"[9]于安陵；景帝五年（前152年）"募徙阳陵，予钱二十万"[10]……

"汉兴，立都长安，徙齐诸田，楚昭、屈、景及诸功臣家于长陵。后世世徙吏二千石、高訾富人及豪桀并兼之家于诸陵。盖亦以强干弱支，非独为奉山园也。"《汉书·地理志》所载对汉初历代帝王设置陵邑目的的解释其实和刘敬一致，都是为了强干弱支、加强中央集权。

到了汉武帝时代，主父偃对汉武帝说："茂陵初立，天下豪桀并兼之家，乱众之民，皆可徙茂陵，内实京师，外销奸猾，此所谓不诛而害除。"[11]于是，汉武帝将全国"訾三百万以上"[12]的富豪皆迁到茂陵邑。而宣帝时期也要求"訾百万"才可徙居：宣帝本始元年（前73年），"募郡国吏民訾百万以上徙平陵（昭帝陵）"[13]；宣帝元康元年（前65年），"徙丞相、将军、列侯、吏二千石、訾百万者杜陵"[14]。由此可见，西汉在中期向关中地区进行人口迁徙，其主要目的是分化、瓦解有钱有势者在本地的势力，也为保证朝廷在经济上对全国的控制。

虽然文帝在位时即采纳了晁错的建议，募民徙居塞下，耕田输粟，但文帝、景帝两朝，移民实边的计划其实都没有得到很好的实施。汉武帝开疆拓土，其在位时期当然也是西汉一朝移民实边最为频繁、集中的时期。

公元前127年，卫青收复河南地后，汉政府在河套地区设立了朔方、五原二郡，并募集十万人移民朔方。公元前120年，面对水灾引发的饥荒，各级政府却因连年征战财政紧张无力赈灾，于是汉武帝索性在公元前119年将"关东贫民徙陇西、北地、西河、上郡、会稽凡七十二万五千口"[15]，既解决了饥荒，又充实了边郡。到公元前111年，汉政府在"上郡、朔方、西河、河西开田官，斥塞卒六十万人戍田之"[16]。

汉武帝时代，随着对河西地区的征服和匈奴向西北方向的迁徙，大规模的移民实边计划的重心逐渐转移到河西四郡：

元鼎六年（前111年），汉政府"分武威、酒泉地置张掖、敦煌郡，徙民以实之"[17]。

元封三年（前108年），镇压叛乱的氐人，徙反氐于酒泉。[18]

太初三年（前102年），因为汗血马战争，"益发戍甲卒十八万酒泉、张掖北，置居延、休屠以卫酒泉，而发天下七科适（谪），及载糒给贰师。转车人徒相连属至敦煌"[19]。

征和二年（前91年），卫太子巫蛊之祸爆发后，汉武帝将那些被卫太子叛党裹挟之徒悉数发配往敦煌，即"吏士劫略者，皆徙敦煌郡"[20]。

移民河西四郡的都是些什么人呢？《汉书·地理志》进行了总结："其民或以关东下贫，或以报怨过当，或以悖逆亡道，家属徙焉。"也就是说，移民以贫民、囚徒和他们的家属为主。当然，从整个过程看，移民里面应该还有灾民，如公元前119年为解决水灾引发的饥荒而进行的移民；还有"贱民"，如汗血马战争时期的"七科谪"人员。

2. 屯田

在边郡屯田以巩固边防的策略，最早是由晁错提出的，但文景时期并没能有效施行。为了北击匈奴、减轻粮食转运的负担，从汉武帝时代开始，汉政府便在河套、河西地区组织移民、田卒和军士进行大规模的屯田生产，其产出的粮食直接供应前线军队的需要。

在公元前119年汉匈两国决战漠北后，匈奴撤出了漠南地区，

"汉度河自朔方以西至令居,往往通渠置田官,吏卒五六万人,稍蚕食,地接匈奴以北"[21]。可见,击败匈奴之后,汉王朝在边境上采取屯田的方式,开发农田,让军队就地屯垦,对匈奴的土地进行蚕食。到公元前102年,"汉使光禄徐自为出五原塞数百里,远者千余里,筑城障列亭至卢朐,而使游击将军韩说、长平侯卫伉屯其旁"[22]。这里屯田五原郡外列城的游击将军韩说就是当年因投降匈奴而引发平城之役、白登之围的韩王信的曾孙,其祖父韩颓当在文帝时期降汉封侯。卫伉则是卫青长子。

在徐自为于五原塞外修筑长城的同一年,《史记·匈奴列传》和《汉书·匈奴传》皆记载,"使强弩都尉路博德筑居延泽上"。

居延地区在汉王朝夺取河西走廊之后,逐渐成为汉军北击匈奴重要的前沿阵地。居延位于巴丹吉林沙漠北缘,南通河西走廊。霍去病在公元前121年夏天出击河西匈奴军时,就是绕道居延地区,溯弱水而南进入河西走廊的。公元前99年,李广之孙李陵也从居延出塞北击匈奴,结果寡不敌众投降匈奴。

在路博德于居延泽上筑城后,整个汉代以居延城为中心,其东北濒临古居延泽,古弱水斜贯其中,两岸为屯垦区。汉代在垦区的西、南、北三面修筑有一系列的城障、烽燧,据居延出土的汉简,可知其北部防线称殄北塞,西部防线称甲渠塞,南部防线称卅井塞。在甲渠塞、卅井塞、殄北塞所包围的垦区内部,还有许多城障和烽燧,都以居延城为中心,组成了完整的军防体系。[23]

在居延地区出土的汉代简牍中有"谨案居延,始元二年,戍田卒千五百人为驿马田官穿泾渠,乃正月己酉淮阳郡"[24]这样的记录。修治沟渠的田卒都有一千五百人,足见到汉昭帝时,居延地区的屯田规模已经相当大。

在河西地区,伴随着大规模的移民计划,民屯和军屯也随之兴起。汉昭帝始元二年（前 85 年），即有"调故吏将屯田张掖郡"[25]的记录，足见自汉武帝开始，河西地区便逐步开展屯田。从汉武帝始，历经昭帝、宣帝，直到西汉末年，汉政府一直都在河西地区开展各种形式的大规模屯田。

屯田者除了田卒外，还包括移民、贫民以及刑徒、弛刑徒和他们的家属，甚至还有豪民。在汉武帝元狩五年（前 118 年），《汉书·武帝纪》即有"徙天下奸猾吏民于边"的记录。

这些屯田者除田卒是一年一更的戍边力役外，一旦在边地占籍，就不得再返回内地。汉政府即是以这样的方式来确保边地屯田的劳动力。

汉武帝去世之后，为了保证西域地区和内地的交通与供应，汉政府组织的屯田还深入到了轮台、渠犁、伊循等西域地区。

汉长城

今天，西出敦煌，在荒莽的大漠戈壁中，除了满眼的昏黄外，似乎别无他物。但在碧蓝的天空下，你也许会很突兀地看到一道炫目的金色。

这是一段残破的城垣，距玉门关遗址约四公里，残高三米，用黄色的夯土夹杂着红柳、芦苇混筑而成，是目前我国保留最完整的汉长城。因为红柳、芦苇被筑入墙体，成为墙体的骨架，牢牢地将墙体中的夯土固定，这些汉长城又被称作"红柳长城"。顺着残垣走下去，几十米开外还有一座数米高的烽燧——当谷燧。烽燧前不远处有一堆嶙峋的"化石"。它叫"积薪"，是被大漠风沙"石化"的柴火。两千年前，戍卒们用它来点燃预警的烽火。

在河西敦煌一线以及居延地区，像这样的夯土遗存还有很多。

汉玉门关小方盘城遗址（位于甘肃省敦煌市。1907年，探险家斯坦因在关城北面不远处废墟中挖掘到了许多汉简，从简的内容判定出小方盘城为汉朝玉门关所在地。黄豁摄）

今天，我们统一将其称作"汉长城"。

汉长城在茫茫戈壁滩已矗立了两千多年。曾经，它北临疏勒河，西至今敦煌市西端的湾窑墩，东连玉门关，然后出敦煌至金塔分道，一条沿弱水北通居延，再向东与五原塞外列城（内蒙古巴彦淖尔北部）连接，另一条顺黑河入永登再渡黄河入宁夏。这些由塞、障、亭、燧组成的军事设施，在荒凉的河西地区绵延千余公里，以其雄壮和坚固，有效遏制了居于北方大漠的匈奴人南下劫掠的铁蹄，让中原王朝的使团、各国商旅得以在古丝路上畅通无阻。

在河西地区进行大规模的军事工程建设，起始于汉武帝时代，也基本完成于汉武帝时代。据陈梦家先生考证："汉武帝由于防御匈奴与羌，开发西域，在河套以西，用了短短十二年时

汉长城遗址（位于甘肃省敦煌市，为我国目前汉代长城保留最完整的一段。黄豁摄）

河仓城遗址（位于甘肃省敦煌市。黄豁摄）

第十章　经营河西　　　　　　　　　　　　　　　159

汉代长城遗迹细节图（可见其就地取材，以红柳、芦苇等植物的枝条为地基，上铺土、沙砾石再夹芦苇层层夯筑而成，所以又称"红柳长城"。黄豁摄）

积薪（甘肃省敦煌市玉门关外汉代长城遗址附近用于点烽火报警的芦苇堆，经过两千多年的时间，凝结在一起，坚如化石。黄豁摄）

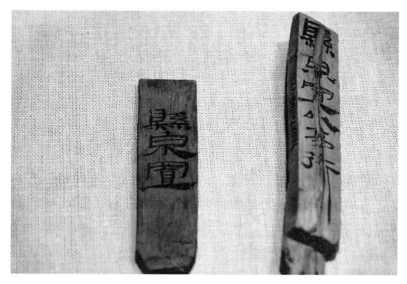

悬泉置简（出土于敦煌，悬泉置为汉代安西与敦煌之间往来人员和邮件的一大接待、中转驿置机构。黄豁摄）

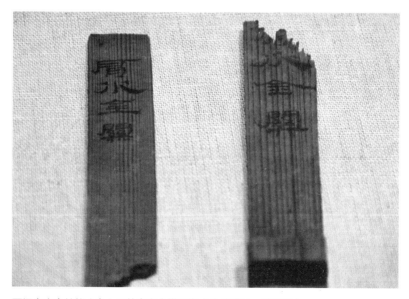

西汉肩水金关简（出土于甘肃省金塔县肩水金关遗址。黄豁摄）

间，兴建了规模巨大的三四千里障塞亭燧，设置了组织严密的屯戍机构。"[26]

关于汉代的烽燧制度，在我们的历史研究中很长一段时间都属于空白，直到居延和敦煌地区的汉代简牍被大量发现。在解读了敦煌郡太守颁发的《敦煌郡蓬火品约》、居延都尉府颁发的《塞上蓬火品约》、肩水都尉府颁发的蓬火品约残简后，我们大致知道了两千年前汉军戍卒举烽火的方式。

> 汉代大致将敌情分为五品——第一品，虏10人以下在塞外者；第二品，虏10人以上在塞外，或1人以上、500人以下入塞者；第三品，虏1000人以上入塞，或500人以上、1000人以下攻亭障者；第四品，虏1000人以上攻亭障者；第五品，虏守亭障者。
>
> 与上述敌情品相适应，蓬火信号大致分为五级——第一级，昼举一蓬，夜举一苣火，毋燔薪；第二级，昼举二蓬，夜举二苣火，燔一积薪；第三级，昼举三蓬，夜举三苣火，燔二积薪；第四级，昼举三蓬，夜举三苣火，燔三积薪；第五级，昼举亭上蓬，夜举离合苣火。[27]

负责举蓬举火的，当然是最基层的燧卒。一般一个烽燧包括燧长在内，也就三四个人。燧卒们除了在望楼上候望敌情，还需要巡视天田（烽燧周围一定范围内的平整沙地，把平后用以判断是否有敌人接近以及人数、方向或者判断是否有逃脱者）、传递邮件。在军务以外，他们还要承担繁重的杂役，比如收割苇草、马草，管理仓库，制作弓箭以及种植蔬菜等等。[28]

燧卒们的工作虽然繁重，但举蓬火却是一个非常严密而精确的制度，是屯垦之外边地生活中最重要的组成部分。因为在人们的普遍意识中，长城的功用就是预警和防御。

古代中国人喜欢在边境线上修筑烽燧、城堡、要塞等军事设施，由城垣连通，即是今天我们所知的长城。从战国到明朝，更有研究者以为，周幽王烽火戏诸侯，便是长城第一次被史籍记录。可以肯定的是，华夏民族大规模修筑长城，应在战国时期。那时，北方的秦、赵、燕三国面临戎、狄、胡、匈奴等游牧民族的威胁，所以，往往筑长城以防"胡"。

战国、秦汉时期的长城一般高三四米，能够有效地迟滞骑兵部队的冲锋；而烽燧、要塞等设施大多据水源地而建，在干旱缺水的大漠戈壁中，控制了水源便是控制了人马的生命线。于是，在中国人的历史常识中，逶迤横亘于北方的长城是文明的农耕民族和野蛮的游牧民族间一道鲜明的壁垒，是华夏民族抵御北方游牧民族侵扰的有效军事防御设施。

然而，当代越来越多的学者相信，至少在战国以及秦汉时期，华夏民族修筑长城的目的是为了有效地军事扩张和领土扩张。[29]探险家斯坦因在 20 世纪初即对敦煌地区的汉代长城进行了大规模的考古发掘，他在《西域考古记》一书中就认为："汉武帝的长城用意乃是作为大规模的前进政策的工具。"

根据《史记》的记载，战国时期赵武灵王"北破林胡、楼烦；筑长城，自代并阴山下，至高阙为塞，而置云中、雁门、代郡"[30]。可见，赵武灵王是在打败林胡、楼烦两个北方少数民族之后修筑长城，以将其领土纳入自己的版图。秦、燕亦是如此。秦灭戎，在新占领的黄河河套地区筑长城；燕则以武力退东胡千余里后筑长城……

公元前 121 年，当河西地区第一次被纳入中原王朝的版图之后，汉武帝开始在广袤、荒凉的河西地区修筑塞防系统。《汉书·西域传》说："汉兴至于孝武，事征四夷，广威德，而张骞始开西域之迹。其后骠骑将军击破匈奴右地，降浑邪、休屠王，遂空其地，始筑令居以西。"《汉书·张骞传》也有相似的记载："而汉始筑令居以西，初置酒泉郡，以通西北国。"

汉长城"五里一燧，十里一墩，卅里一堡，百里一城"[31]，构成了一个严密的军事防御系统。

戍守边关的将士日复一日地操练、换防、巡逻。而正是这一系列的军事活动，有效地威慑和驯服了河西地区的原住民，将这些本不属于汉王朝的领土逐渐转化成了整个华夏民族版图的一部分。所以，至少河西和居延地区的汉长城不仅仅是为预警和防御而存在的。汉武帝怀着军事进攻和领土扩张的目的，在汉军进入异族领土之后，为驱逐和兼并这些游牧民族而修筑了长城。

现在，汉王朝通过对河西地区进行移民和屯田，不仅保证了军粮的供应，将中原地区的先进农耕经济推行到西北地区，更通过长城沿线的军事活动，逐渐让河西地区成为中原王朝固有的领土。

注 释

［1］ 岳邦湖、钟圣祖：《疏勒河流域汉代长城考察报告》，文物出版社2001年版，第100页。

［2］ 斯坦因：《西域考古记》，商务印书馆2013年版，第180页。

［3］ 《汉书》卷六十九《赵充国辛庆忌传》，中华书局2012年版，第2586页。

［4］ 《盐铁论》卷七《备胡》，中华书局1992年版，第446页。

［5］ 林甘泉：《中国经济通史·秦汉经济卷》，经济日报出版社1999年

版，第 747—748 页。

［ 6 ］ 陈梦家：《河西四郡的设置年代》，载《汉简缀述》，中华书局 1980
年版，第 189—190 页。

［ 7 ］《史记》卷一百十《匈奴列传》，中华书局 2014 年版，第 3520 页。

［ 8 ］《史记》卷九十九《刘敬叔孙通列传》，中华书局 2014 年版，第
3294 页。

［ 9 ］《三辅黄图校释》，中华书局 2005 年版，第 72 页。

［10］《史记》卷十一《孝景本纪》，中华书局 2014 年版，第 563 页。

［11］《史记》卷一百一十二《平津侯主父列传》，中华书局 2014 年版，第
3585 页。

［12］《汉书》卷六《武帝纪》（中华书局 2012 年版，第 148 页）载：元朔
二年（前 127 年），"徙郡国豪桀及訾三百万以上于茂陵"。

［13］《汉书》卷八《宣帝纪》，中华书局 2012 年版，第 207 页。

［14］《汉书》卷八《宣帝纪》，中华书局 2012 年版，第 219 页。

［15］《汉书》卷六《武帝纪》，中华书局 2012 年版，第 153 页。

［16］《史记》卷三十《平准书》，中华书局 2014 年版，第 1735 页。

［17］《汉书》卷六《武帝纪》，中华书局 2012 年版，第 163 页。

［18］《汉书》卷六《武帝纪》，中华书局 2012 年版，第 168 页。

［19］《史记》卷一百二十三《大宛列传》，中华书局 2014 年版，第 3854 页。

［20］《汉书》卷六十六《公孙刘田王杨蔡陈郑传》，中华书局 2012 年版，
第 2497 页。

［21］《史记》卷一百十《匈奴列传》，中华书局 2014 年版，第 3517 页。

［22］《史记》卷一百十《匈奴列传》，中华书局 2014 年版，第 3522 页。

［23］景爱：《中国长城史》，上海人民出版社 2006 年版，第 194—195 页。

［24］谢桂华、李均明、朱国炤：《居延汉简释文合校》303·15，文物出
版社 1987 年版，第 497 页。

［25］《汉书》卷七《昭帝纪》，中华书局 2012 年版，第 190 页。

［26］陈梦家：《汉武边塞考略》，载《汉简缀述》，中华书局 1980 年版，
第 219 页。

［27］吴礽骧：《汉代蓬火制度探索》，载《汉简研究文集》，甘肃人民出版
社 1984 年版，第 229—231 页。

［28］永田英正：《居延汉简研究》，广西师范大学出版社 2007 年版，第

78—87 页。

[29] 狄宇宙:《古代中国与其强邻——东亚历史上游牧力量的兴起》,中国社会科学出版社 2010 年版,第 172 页。

[30] 《史记》卷一百十《匈奴列传》,中华书局 2014 年版,第 3490 页。

[31] 据黄文弼《蒙古新疆两地考古经过》:"每十里必有一墩,每三十里必有一堡,可容数十人,似为当时戍兵守望之所,每百里必有一小城圈。"《史记·封禅书》《集解》引张晏曰:"汉祠五畤于雍,五里一烽火。"根据现存的汉代烽燧遗址测算,其间距在三至五里。

第十一章

断匈右臂

公元前 119 年，汉武帝三十八岁。他已经站在父祖的肩上，开创了超越父祖的功绩——北却匈奴、开疆拓土。不过，这个时候的汉武帝也面临着一个非常具体的问题：十五年的对匈战争将父祖所积攒下来的社会财富消耗一空，国家财政异常吃紧，发生自然灾害无力赈济，皇帝想要继续征伐四夷也捉襟见肘。

也就是在这个时候，河西走廊的打通，丝绸之路的开启，给了西汉政府解决财政问题的一把金钥匙。

北有天山山脉，南有昆仑山脉，西面是帕米尔高原（葱岭），这片东西六千余里、南北千余里的地域在汉代被称作西域。在漫长的历史岁月中，这片土地沟通着古代印度、中国以及希腊化的亚洲西部之间的文明，构成了世界文化史上极为绚烂的篇章。

西域连通着西域之西更辽阔广袤的地域，那里的人们钟爱汉王朝的特产——丝绸、布匹、漆器、陶器、美酒以及各种各样智慧勤劳的华夏民族所创造出的精美器物。如果在此时鼓励民间资本大力从事对外贸易，政府不仅能得到大量的税收，也能繁荣整个国民经济。

如果我们把视角放得更宽广些，看一看几乎同时代发展的古罗马，也许会有更多的收获。

在完成对意大利的统一之后，罗马开始了对外扩张。通过三次布匿战争、四次马其顿战争以及对以叙利亚为统治中心的塞琉西王国的战争，罗马建立了一个横跨欧非亚的强大霸权。在行省和殖民地，罗马一般会向他们征收什一税，特奥多尔·蒙森的《罗马史》告诉我们："自从第二次马其顿战争以后（约在公元前196年），罗马军队恒以海外粮食为给养。"

另一方面，罗马用商业贸易替代了战争。罗马最初和古代中国一样，是一个农业国家。不过，在领土扩张、对外征服的过程中，"罗马经济把内陆地区大量的自给自足经济同地中海地区广泛的商业贸易结合起来"[1]。

罗马的战争创造出来的帝国并非乌托邦，但很多流传至今的书面资料（罗马人和行省人民的记载兼有）确实表明，罗马使得它的臣民过上了更安全的生活。而且很显然，罗马也让他们变得更富裕。随着海盗和土匪纷纷被镇压，贸易蓬勃发展起来。为了能够调动军队和舰队，政府修建了最高水准的道路和港口，而商人也可以利用这些设施。反过来，罗马向这些商人征税，并把征到的大部分钱花在武装力量上。

⋯⋯⋯⋯⋯

税收和贸易的滚动前所未有地将地中海经济捆绑成一个整体。每个地区都可以生产对它来说成本最低、质量最好的产品，再把产品销往卖得上高价的地方。市场和货币遍及帝国的每一个角落和缝隙。[2]

从某种意义上说，正是贸易，让罗马与那些被它征服的国家和地区之间形成了一种利益共同体，从而让以罗马为代表的古代欧洲文明得以长久繁荣。

> 在公元头两个世纪，有 100 万人生活在罗马城，这一数字是世界上前所未有的。而在安条克和亚历山大港各生活着 50 万人。
>
> ············
>
> 据估算，在公元头两个世纪中，被并入罗马帝国的地区，其人均消费量通常会增加约 50%。这一过程给富人带来的好处更多，使得他们变得更加富有，但考古学家发现的证据——包括房屋的规模、宴会吃剩下的动物骨头、钱币、人类骨架的高度——证明，数以千万计的普通人也从中得到了好处。[3]

罗马是奴隶制国家，但发达的商业和贸易促使其产生了调整私人财产关系的私法。从公元前 5 世纪中期，标志着罗马成文法诞生的《十二铜表法》开始，人类文明历程中第一次确认了私有者处分其私有财产及自由交换其财产的权利。于是，从《十二铜表法》到《国法大全》，罗马法对后世各国民法产生了极其深远的影响。恩格斯将其誉为"商品生产者社会的第一个世界性法律"[4]。早在共和时代的罗马便抱持着这样一种原则："住宅是市民的保障，逮捕只能在门外执行。"[5] 18 世纪中叶的英国首相威廉·皮特的名言——"（穷人的草房）风可以进，雨可以进，国王不能进"，便是对财产权重要性和神圣性的表述，即令国王也不能侵犯私人财产权。

商业和贸易能够让国家和国民变得富裕。商业文明是建立在私有财产得到有效保障基础上的，自由贸易也绝不会强制将人束缚在土地上。

然而，对于东方的中原王朝而言，"法"始终是以"刑"为主，根本不存在私法概念。重皇权而轻私权，一切以君王为本位，这样的精神贯穿了我们整个帝制时代的历史。私有财产的不可侵犯性和个体自由的有效保障，与一个朕即国家、天下即朕的高度集权的一君万民制度体系完全无法兼容。两千多年以来，我们的文明一直都围绕着"集权"这个内核在发展。从秦皇汉武到唐宗宋祖，从鲜卑慕华到清军入关，"加强中央集权"成为每一个野心勃勃的政治人物的历史宿命。

于是乎，我们这个有着悠久农耕文明的古老国度，不仅仅不重视商业发展，更从文化的血脉里就否定商人和商业的价值。

韩非是先秦时期法学家的代表人物，写有一篇著名的文章《五蠹》。在这篇文章里，他列举了五种人，把他们称作社会的蠹虫，工商业者便是"五蠹"之一。这种思想对后世的统治者影响极大，他们认为商人并不从事生产，只依靠囤积居奇、抬高物价从中渔利，当然是对社会有百害而无一利的蠹虫。

在汉代，从事商品贩卖的商贾如果想在市场上合法经营，就需要到官府登记。政府将这部分人单立户籍，即"市籍"。被列入"市籍"的商贾与从事农业生产的"编户齐民"的社会地位是不同的。即便在鼓励私营工商业手工业发展的西汉初年，汉高祖也明令"贾人不得衣丝乘车，重租税以困辱之"[6]。景帝时有"有市籍不得宦"[7]的记载。武帝时规定"贾人有市籍者，及其家属，皆无得籍名田"[8]。武帝时甚至征发七种"贱民"出击匈奴，这就是著名的"七科谪"。所谓"七科谪"，即"吏有罪一，亡命二，赘婿三，贾人四，故有市籍五，父母有市籍六，大父母有籍七"[9]。可见，有市籍的商贾，或者曾经被编入过市籍者，甚至于父母、祖父母有过市籍的人都属于"贱民"之列。

所以，汉王朝打通河西走廊、控制丝绸之路的东线之后，商贸繁荣的丝路上奔波着大批西域胡商。他们不远千万里，来到汉朝经商牟利，赚取大量的财富。而汉人，除了官方使节外，是被严格禁止出境的。在册册籍籍的史书中，"我们至今还没有发现汉朝为了政治、军事以外目的而派人出国的记录，也没有发现汉朝人认为需要向外国学习的言论"[10]。

汉武帝的丝路战略里，从来就没有过商业和贸易。在汉武帝眼中，丝绸之路不过是他连通西域、切断匈奴西方外援的征伐之路，更是他手中的皇权无远弗届，直令万夷来朝的权力之路。

当欧非亚三大洲的财富源源不断地流向罗马时，汉王朝的财富却正在以"经济厚赂"为核心的朝贡贸易方式源源不断地流向西域。生活在公元1世纪的古罗马作家普林尼在《自然史》一书中宣称，罗马很长一段时间，每年都会因为购买各种奢侈品而流入印度、丝国（一般认为是古代中国，但确切地说，其实是指代那些向西方世界兜售中国丝绸的中间商）、阿拉伯一亿金币（超过一百万英镑）。今天，印度发掘出了大量的古罗马金币。然而，考古人员在中国却几乎不曾发现过任何形式的罗马货币。当罗马人将丝绸视为一种导致国家贸易逆差损失的奢侈品时，中国却似乎从未从这些精美昂贵的商品中获益。

罗马的发展模式"见证了一个城市的成长，它从一个默默无闻的地区变成了整个地中海的主人"[11]，让罗马的"永恒"统治经历了从王政、共和国到帝国千余年的繁荣。而汉武帝的丝路战略却是以不断向本国民众和社会抽血的方式来满足皇权的一切欲求。

于是，最早的丝路上满是皇帝派出的使团。西汉王朝的精美器物自然也随之大量流入西域，当然更多是以皇帝给西域诸国国王、贵族赏赐礼物的形式。这些受宠若惊的小国国君回馈汉武帝的或许只是几匹良马，甚至一个神奇的魔术师、一个硕大的鸵鸟蛋，却总能大悦龙颜。慷慨的汉武帝酒池肉林、好酒好菜地招待着这些来朝的国君或使节，还会带他们穿城入市，东游至大海，炫耀大汉的富庶和繁华，临别时更以黄金绸缎重重赏赐，倾举国之力，精装帝王颜面。

丝绸之路并未给西汉王朝带来滚滚财富，相反，使团的开销以及为护卫丝路畅通必须投入的巨大军费给原本就财政吃紧的国家添加了更沉重的负担。

金元和大棒

河西地区的沦陷让匈奴的西方防线彻底崩溃，一扇通往西方世界的大门向汉王朝徐徐开启。将河西地区纳入汉王朝的版图也切断了匈奴与西羌的联系。这个时候的匈奴，不得不困守漠北，孤军奋斗。

不过，西域地区自冒顿时代就已经臣服匈奴，而且，匈奴和西域诸国在风俗习惯上更为接近，在政治文化上也相互影响，所以汉武帝想要经营西域实非易事。

在第一次出使西域联络大月氏共击匈奴失败后，公元前119年，张骞第二次奉汉武帝之命出使西域，希望能"经济厚赂"位于伊犁河流域的西域大国乌孙，以断匈右臂。乌孙原本和月氏一样，都生活在敦煌、祁连间，后乌孙为月氏所败，故地尽被月氏所夺。张骞到达乌孙，希望乌孙能东迁回故地，与汉王朝和亲并结为昆弟，共拒匈奴。然而，《史记·大宛列传》说："乌孙国分，王老，而远汉，未知其大小，素服属匈奴日久矣，且又近之，其大臣皆畏胡，不欲移徙，王不能专制。"从中足见汉王朝尽管花了十五年的时间击败匈奴，使其丧失大片的领土，势力范围大大缩减，但匈奴对西域的控制仍旧根深蒂固。

> 自乌孙以西至安息，近匈奴。匈奴尝困月氏，故匈奴使持单于一信到国，国传送食，不敢留苦。及至汉使，非出币物不得食，不市畜不得骑，所以然者，以远汉，而汉多财物，故必市乃得所欲。及呼韩邪单于朝汉，后咸尊汉矣。

《汉书·西域传》中的这段记录让我们明确地看到在汉武帝时代，汉使和匈奴使节在西域诸国所受的不同待遇。尽管在军事上力压匈奴，在经济上对西域国家展开强势"厚赂"政策，但西域诸国，特别是葱岭以西中亚大草原上的国家，仍旧更加尊重和畏服匈奴，待匈奴使者若上宾，而刻意疏远汉王朝，逼迫汉使用财物才能换取饮食、马匹。这种局面一直延续到汉宣帝时代，呼韩邪单于降汉、匈奴内附后才得到根本性的改变。

1. 汉使

汉武帝时代出使西域的外交使节中最有名的当然是张骞。

张骞一生两次出使西域，但大多数的人都更熟悉他的第一次出使经历。那是一次长达十三年的漫长旅程，那个时候河西之地还是匈奴的领土。张骞带着汉武帝联合月氏国共击匈奴的计划，成为第一个出使西域的汉朝使节。然而，他一出汉境便被匈奴俘虏，滞留匈奴十余年，甚至娶妻生子，但仍保持着继续西行、不辱使命的初心。在逃出匈奴、抵达月氏国后，月氏王却拒绝了汉王朝的计划。张骞在归国途中再度被匈奴俘获，滞留匈奴一年多，趁着匈奴内乱才得以逃回。张骞出发时是公元前139年，回到汉都长安已是公元前126年。

张骞的第一次出使，虽然没能说服月氏王共击匈奴，但他给汉武帝带回来了一个风情万种的西方世界。当霍去病打通河西走廊后，这个世界的门扉在汉王朝面前轰然洞开。

公元前119年，张骞再度出使西域。其实，张骞此次出使的意义甚至远胜第一次。因为，这次出使确定了汉武帝时代对西域诸国实行"经济厚赂"的外交政策。而这种对周边国家普遍实行"经济厚赂"以换取"万夷来朝"的策略甚至一直影响了整个两千年帝制时代的大国外交。

在公元前119年决战漠北之后，踌躇满志的汉武帝将目光投向了更加遥远的西方世界，以一双大脚走遍了西域诸国的张骞自然成了他最信赖的顾问。张骞给汉武帝出了个主意：既然联合月氏不成功，汉王朝还可以联络同样是西域大国的乌孙，"厚币赂乌孙，招以益东，居故浑邪之地，与汉结昆弟，其势宜听，听则是断匈奴右臂也"[12]。

汉武帝对张骞的建议大加赞赏，拜张骞为中郎将，让他带着三百人的使团和"牛羊以万数，赍金币帛直数千巨万"[13]出使乌孙。这就是汉王朝对西域诸国实行"经济厚赂"政策的开始。

张骞此次出使乌孙，仍然没能达到让乌孙重返故地，和汉联合起来共击匈奴的目的。不过，汉使所携带的大量金钱财帛却让乌孙人大开眼界，从此开始重视汉王朝。追随张骞到西域的副使们则带着金钱财帛前往西域诸国进行连通，使很多西域国家开始知道和了解汉王朝，对推动汉王朝未来的西域战略有着非常积极的作用。

在张骞第二次出使西域之后，汉王朝的外交使团开始不断深入西域和更西边的国家。"使者相望于道。诸使外国一辈大者数百，少者百余人。"[14]汉武帝时代，汉王朝每年要向西域派遣少则五六个，多则十余个使团。这些使团少的百余人，多的数百人，都带着大量的金钱财帛，即便是出使相对较近的国家，也需要数年才能返回。

在与匈奴决战漠北之后，马匹缺乏的问题一直都困扰着西汉军队，汉武帝由此特别渴望良马。从大宛国归来的使节告诉汉武帝，大宛国盛产一种特别优秀的马匹，汗出如血，每日能奔行千里。汉武帝闻言，自然心动，于是，派遣以车令为首的外交使团，带着黄金千斤以及一匹用黄金铸成的金马前往大宛，以期换取汗血宝马。

车令是汉武帝时代出使西域的使节中另一个著名的人物，因为他给汉王朝带来了一场旷日持久且得不偿失的战争——汗血马战争。

话说车令带到大宛国的黄金和金马并未打动大宛国王和贵族。他们虽然畏惧汉王朝的强大，却仗着两国之间有万里之遥，更兼路途艰险，认定汉王朝拿自己没辙，所以拒绝交换自己视若珍宝的汗血马。

这原本完全可以通过进一步的外交斡旋、利益疏通来解决问题。然而，汉使车令却在大宛国的朝堂上做出了令人瞠目结舌的极不理智的行为。他竟然对大宛国王破口大骂，并用铁锤击碎了带去的金马，然后扬长而去。

车令的言行，完全不像一个大国使节。车令为何会如此失态？司马迁在《史记·大宛列传》中的一段叙述也许能帮我们找到原因。

自博望侯开外国道以尊贵，其后从吏卒皆争上书言外国奇怪利害，求使。天子为其绝远，非人所乐往，听其言，予节，募吏民毋问所从来，为具备人众遣之，以广其道。来还不能毋侵盗币物，及使失指，天子为其习之，辄覆案致重罪，以激怒令赎，复求使。使端无穷，而轻犯法。其吏卒亦辄复盛推外国所有，言大者予节，言小者为副，故妄言无行之徒皆争效之。其使皆贫人子，私县官赍物，欲贱市以私其利外国。外国亦厌汉使人人有言轻重，度汉兵远不能至，而禁其食物以苦汉使。汉使乏绝积怨，至相攻击。而楼兰、姑师小国耳，当空道，攻劫汉使王恢等尤甚。而匈奴奇兵时时遮击使西国者……

汉使的素质参差不齐。汉武帝自身偏好任用那些巧言令色的浮夸之辈，再加上当时前往西域路途艰险，往往需要冒着生命危险。所以，愿意出使之人，大多是些家境贫寒的亡命之徒。他们铤而走险，无非是希望能效法博望侯张骞晋爵封侯，甚至单纯地只是将政府交托给他们的国礼中饱私囊，从中渔利而已。而在西域那些少则几百几千人、大则几万人的国家，不少汉使仗着汉王朝的雄厚国力和庞大体量，行为乖张、飞扬跋扈，制造了无数的摩擦和矛盾。为此，西域诸国对西汉使节采取了诸多抵制行动，拒绝为他们提供饮食，甚至对使团进行劫掠。

每次读史至此都不禁叹息。使节代表的是国家。国与国之间的使节交流，是维持国家之间正常关系的重要途径。然而，汉武帝时代的汉使却让我们看到了中原王朝在外交活动中的轻率和狂妄。皇帝在任命使节时，没有严格选拔的标准和必要的素质考察；使节们也没有国家利益的考量，而更多是出于一己之私。

当大宛国王拒绝汉王朝交换汗血马的要求时，对汉使车令来说，出使就失败了，他数年的艰辛跋涉都毁于一旦，归国后必然无法得到原本期待的高官厚禄。从这个角度来看，我们就不难理解车令在大宛国朝堂上的失态了。

面对车令不理智的行为，受到侮辱的大宛国王下令截杀汉使，不仅全部夺取了使团所携带的黄金等财物，更诛杀了使团的所有成员。

整个使团被全部诛杀，这在汉武帝外交史上是第一次。汉武帝自然将其视为无法忍受的奇耻大辱。他选择了用武力解决问题。公元前104年至公元前101年，汉武帝发动了汗血马战争。这场旷日持久的战争"捐五万之师，靡亿万之费，经四年之劳，而廑获骏马三十匹"[15]。一般认为，汉军两次出击大宛，损失的人员可能超过十万。[16]

黄金换汗血宝马，这原本应该只是一单互惠互利的国际贸易，却因为一个汉使的不理智行为，最终演化成一场让汉王朝和西域血流成河的战争。

2. 和亲

吾家嫁我兮天一方，远托异国兮乌孙王。
穹庐为室兮毡为墙，以肉为食兮酪为浆。
居常土思兮心内伤，愿为黄鹄兮归故乡。

这是两千多年前，远嫁乌孙的刘细君感慨自己的人生所作的《黄鹄歌》。

在对西域诸国采取"经济厚赂"政策的同时，汉武帝还用和亲手段拉拢西域大国。汉武帝时代的乌孙位于今天的伊犁河流域，其政治中心在赤谷城。据《汉书·西域传》记载，乌孙有六十三万人口。从《汉书·西域传》中有人口记录的国家来看，乌孙应该算得上是西域第一大国。

公元前 119 年，张骞出使乌孙，企图联合乌孙断匈右臂的计划虽然失败，但十四年后，即公元前 105 年，江都王刘建的女儿刘细君被汉武帝送往乌孙和亲，被乌孙昆莫（乌孙王号）封为右夫人。匈奴得到消息后，也送了个匈奴女人给昆莫，被封为左夫人。乌孙和匈奴的习俗接近，都是以左为尊。从这个细节我们也可以看到，即便是在汉武帝已经击败匈奴之后，以乌孙为代表的西域各国仍然更加敬服匈奴。

唐代史学家颜师古在《汉书·西域传》的注解中这样描述乌孙人，"乌孙于西域诸戎其形最异。今之胡人青眼、赤须，状类猕猴者，本其种也"。足见，汉唐之时中国人对自己的人种和文化是极具优越感的，对金发碧眼的胡人的外貌和习俗都充满了鄙薄之意。

在汉廷富丽堂皇的宫闱中长大的刘细君当然很难适应异域的生活，甚至自己丈夫的相貌。

刘细君是不幸的。她西出玉门关和亲时，应该只是个十五六岁的少女，而乌孙昆莫已经垂垂老矣。没多久，昆莫去世，根据乌孙的习俗，刘细君必须再嫁给继位者昆莫的孙子岑陬。刘细君当然无法容忍这样的习俗，于是上书汉武帝希望归汉。而汉武帝却写信让她"从其国俗，欲与乌孙共灭胡"[17]。再嫁岑陬的刘细君在公元前 101 年郁郁而终。

刘细君死后，汉武帝又将楚王刘戊的孙女刘解忧送到乌孙，嫁给岑陬。刘解忧是一位更加坚韧出色的女性，活跃于乌孙的政治舞台，并在以后宣帝时期配合汉使和汉军，最终击败匈奴，让汉王朝得以在西域设置西域都护府。这部分内容我们将留到以后再说。

3. 战争

汉武帝的西域战略是金元与大棒并用。

楼兰和车师（初名姑师）都是人口只有万人左右的西域小国，不过，两个国家都处在交通要道之上。楼兰国位于罗布泊西北岸，临近白龙堆沙漠，是汉人的使团、军队西出玉门关后到达的第一个西域国家，也是西行必经之国。无论此后西行的线路是走南道还是北道，都必须由楼兰分路。车师则在匈奴从蒙古高原南下塔里木盆地进入西域诸国的必经之路上，所以最易被匈奴控制。《汉书·西域传》说："楼兰、姑师当道，苦之，攻劫汉使王恢等，又数为匈奴耳目，令其兵遮汉使。"

公元前 108 年，汉将赵破奴领七百轻骑突袭楼兰国，兵不血刃，生擒楼兰王，再北上大破车师，然后继续西进，威胁乌孙、大宛等国。

公元前 104 年至前 101 年的汗血马战争期间，汉军攻破轮台国后屠城，将其灭国。而在汉军大部队西进后，匈奴联络楼兰，企图攻击汉朝使团。汉将任文知悉后，直接引兵逮捕了楼兰王，将他送到长安等候汉武帝发落。

"小国在大国间，不两属无以自安。愿徙国入居汉地。"[18]在长安，楼兰王向汉武帝道出了楼兰作为一个小国长期夹在汉和匈奴两个超级大国之间艰难求存的窘迫。

从华夏民族的视角来看待西域诸国，我们能看到的也许只是大汉声威远播，武功军威威慑整个西域地区，只是一个又一个蕞尔小国面对我天朝上国战战兢兢、唯唯诺诺，却难以体验他们的痛苦和生存的艰难。

在张骞出使归来后，汉武帝每年向西域国家派遣的使团多达十余批。这些使团的饮水、食物都需要由沿途国家供应，而像楼兰这样处在交通要道上的小国，完全不堪重负。

《汉书·西域传》的记录解释了楼兰人为何摇摆于匈奴和汉之间："楼兰国最在东垂，近汉，当白龙堆，乏水草，常主发导，负水儋粮，送迎汉使，又数为吏卒所寇，惩艾不便与汉通。后复为匈奴反间，数遮杀汉使。"

诚如我们前文所说，汉武帝时代出使西域的大多是些家境贫寒的亡命之徒。在西域那些少则几千人，大则不过几万人的国家，不少汉使仗着西汉王朝的雄厚国力行为乖张，甚至对其百姓进行索掠。这其实也是很多西域国家憎恶汉王朝，而更亲厚匈奴，甚至联合匈奴劫杀汉使的一个重要原因。

不过，汉武帝在西域地区金元与大棒双管齐下，的确收到了显著的效果。特别是在汉武帝派遣十余万汉军不远万里攻击位于今天中亚地区乌兹别克斯坦费尔干纳盆地的大宛国之后，西域所有的国家都为汉王朝的武功军威所震恐。远征大宛的贰师大军东归时，一路"诸所过小国闻宛破，皆使其子弟从入贡献，见天子，因为质焉"[19]。

对匈奴的经济围剿

日本学者泽田勋在其著作《匈奴》一书中认为：游牧社会是一种契约社会，与以固定的土地为基础的农耕民族不同，希望在适于游牧的草原地带迁徙的游牧民族，要求能够保证他们牧场信息收集、运输、贸易等经济生活的强有力的首领的出现。

这种说法也反映了匈奴政权的不稳定性。当他们的首领没有足够的能力来保证经济生活的安全和稳定时，匈奴的政权就可能崩溃。

在前面我们已经介绍过，匈奴的游牧经济并不能满足牧民们的生活所需，所以，南下劫掠和向西域诸国征收赋税，是匈奴经济最重要的两大补充来源。公元前119年汉匈两国决战漠北后，匈奴很长一段时间都没有能力再南下劫掠。于是，他们更加重视来自西域诸国的赋税。公元前96年（汉武帝太始元年），匈奴狐鹿姑单于设日逐王，以强化匈奴对西域地区各个国家的统治，更在日逐王下设置了僮仆都尉，专门负责征收赋税。一般认为，日逐王的驻牧地在西域伊吾、蒲类一带，僮仆都尉则常驻天山以南北道诸国，焉耆、危须、尉犁间。

公元前96年，汉王朝的势力早已深入西域地区，其在该地区采取的一系列外交、军事措施都取得了良好的效果，匈奴狐鹿姑单于为何会在此时选择加强对西域地区的控制呢？

从公元前103年开始，汉匈之间又有了军事上的正面交锋，而且匈奴还取得了不错的战绩，赵破奴和李陵被俘，都发生在这一时间段内。同时，我们的史籍上又有了匈奴小股部队南下劫掠的记载。

南下、西进，此时的匈奴双管齐下，试图重新崛起。由此，我们也能看出，西域地区的赋税对匈奴整个经济的重要意义。

汉武帝时代"断匈右臂"的战略我们不应当简单地视作仅仅是截断匈奴的西方外援，让匈奴人失去西域诸国的盟友。"断匈右臂"更应该是截断匈奴西方的经济来源，从而从经济上围剿、困死匈奴。汉武帝的西域战略，其实就是这种思想的体现。从汉武帝晚年匈奴的国家状况来看，这种战略是非常有效的。

公元前105年，老单于乌维去世，儿子詹师庐继位，因为年少，号儿单于。儿单于性情凶暴，好杀伐，其身边的亲贵臣子多有不满。而这一年冬天，天降大雪，匈奴人赖以生存的许多牲口都被冻死。于是，匈奴左大都尉欲杀儿单于降汉，并遣人密报汉廷。汉武帝因此令因杅将军公孙敖于塞外修筑受降城，并派浞野侯赵破奴领两万骑兵出朔方迎降。

一次政权交接、一场大雪就能促使匈奴左大都尉降汉，由此可见，匈奴国内的经济已经非常脆弱，政权也处于不稳定状态中。

对汉王朝而言，只需要严守边境，继续自己的西域战略，假以时日，匈奴政权必然在天灾人祸之中自然土崩瓦解。

只可惜，已经开始走进暮年的汉武帝等不及了。

注　释

[１]　诺曼·戴维斯：《欧洲史》，世界知识出版社 2007 年版，第 131 页。

[２]　伊恩·莫里斯：《战争》，中信出版社 2015 年版，第 15 页。

[３]　伊恩·莫里斯：《战争》，中信出版社 2015 年版，第 16 页。

[４]　《马克思恩格斯选集》，人民出版社 2012 年版，第 259 页。

[５]　特奥多尔·蒙森：《罗马史》第二卷，商务印书馆 2004 年版，第 180 页。

[６]　《史记》卷三十《平准书》，中华书局 2014 年版，第 1712 页。

[７]　《汉书》卷五《景帝纪》，中华书局 2012 年版，第 133 页。

[８]　《史记》卷三十《平准书》，中华书局 2014 年版，第 1725 页。

[９]　《史记》卷一百二十三《大宛列传》和《汉书》卷六十一《张骞李广利传》都有汗血马战争期间汉武帝发天下"七科谪"为贰师大军转运粮草的记录。《汉书》卷六《武帝纪》也有天汉四年（前 97 年）武帝发天下"七科谪"随军出击匈奴的记录。"七科谪"注见《史记·大宛列传》及《汉书·武帝纪》张晏注。

［10］ 葛剑雄：《中国历代王朝兴衰录：大汉王朝》，长春出版社 2010 年版，第 142 页。

［11］ 诺曼·戴维斯：《欧洲史》，世界知识出版社 2007 年版，第 122 页。

［12］《史记》卷一百二十三《大宛列传》，中华书局 2014 年版，第 3846 页。

［13］《史记》卷一百二十三《大宛列传》，中华书局 2014 年版，第 3846 页。

［14］《史记》卷一百二十三《大宛列传》，中华书局 2014 年版，第 3848 页。

［15］《汉书》卷七十《傅常郑甘陈段传》，中华书局 2012 年版，第 2608 页。

［16］《汉书》卷九十六上《西域传上》（中华书局 2012 年版，第 3335 页）记载，"前后十余万人伐宛"。《史记》卷一百二十三《大宛列传》（中华书局 2014 年版，第 3856 页）、《汉书》卷六十一《张骞李广利传》（中华书局 2012 年版，第 2348 页）皆曰"入玉门者万余人"。出征和归国的人员数量相比对，可知损失十万人。

［17］《汉书》卷九十六下《西域传下》，中华书局 2012 年版，第 3343 页。

［18］《汉书》卷九十六上《西域传上》，中华书局 2012 年版，第 3322 页。

［19］《汉书》卷六十一《张骞李广利传》，中华书局 2012 年版，第 2348 页。

第十二章

乾纲独断

　　汉兴六十余载，海内艾安，府库充实，而四夷未宾，制度多阙。上方欲用文武，求之如弗及，始以蒲轮迎枚生，见主父而叹息。群士慕向，异人并出。卜式拔于刍牧，弘羊擢于贾竖，卫青奋于奴仆，日磾出于降虏，斯亦曩时版筑饭牛之朋已。汉之得人，于兹为盛，儒雅则公孙弘、董仲舒、儿宽，笃行则石建、石庆，质直则汲黯、卜式，推贤则韩安国、郑当时，定令则赵禹、张汤，文章则司马迁、相如，滑稽则东方朔、枚皋，应对则严助、朱买臣，历数则唐都、洛下闳，协律则李延年，运筹则桑弘羊，奉使则张骞、苏武，将率则卫青、霍去病，受遗则霍光、金日磾，其余不可胜纪。是以兴造功业，制度遗文，后世莫及。

这是班固在《汉书·公孙弘卜式儿宽传》中对汉武帝时代用人方略的一次回顾。不难看出，这是一个人才辈出的时代。汉武帝用人不拘一格，无论是社会最底层的奴仆，还是最末流的商贾，甚至于是异族的降虏，只要能为己所用，汉武帝从来不吝惜给予其充分发挥才能的机会。正因为如此，卫青、桑弘羊、金日磾之流才能脱颖而出，成为当时社会的杰出代表。

汉武帝时代的中华民族正处于历史的上升期，民族的血液里沸腾着蓬勃旺盛的生命力，燃烧着无数光荣与梦想。那个时候的中国人是尚武的，汉家衣冠的宽袍广袖并未束缚住民族血液中野性的呼唤：他们开疆拓土，金戈铁马，气吞万里如虎，直换得万夷来朝，帝国的军威似乎无远弗届。那个时候的中国人也极富探险精神：他们无畏万里黄沙，不惧千里盐泽，仅凭一匹瘦马、一峰骆驼，便有走遍整个世界、看清整个世界的雄心壮志。

然而，这又是一个极其血腥和残酷的时代，《资治通鉴》卷第十九《汉纪十一》中也有一段关于汉武帝将人才视作器物、恣意诛杀的记录：

> 上招延士大夫，常如不足；然性严峻，群臣虽素所爱信者，或小有犯法，或欺罔，辄按诛之，无所宽假。汲黯谏曰："陛下求贤甚劳，未尽其用，辄已杀之。以有限之士恣无已之诛，臣恐天下贤才将尽，陛下谁与共为治乎！"黯言之甚怒，上笑而谕之曰："何世无才，患人不能识之耳。苟能识之，何患无人！夫所谓才者，犹有用之器也，有才而不肯尽用，与无才同，不杀何施！"

《资治通鉴》中这段汲黯与汉武帝之间的对话发生在元狩三年，即公元前 120 年的年末。汲黯是汉武帝为政前期的名臣，也是汉武帝时代最能直谏廷诤的"社稷之臣"。如果我们硬要将汉武帝为政的五十四年进行一个功与过的划分，那么，元狩四年（前 119年），即汉武帝三十八岁时，也许是一个较为明显的分界点。

元狩四年是汉武帝北击匈奴最重要的一年。这一年，卫青、霍去病各领五万精骑突入漠北，与匈奴人决战，取得了重大战果。

这一战之后，匈奴十余年不敢再度南下，汉匈两国之间有了难得的和平。

公元前141年，汉武帝登上皇位时，年仅十六岁。那时的他想要大展拳脚，想要力推革新却都无从谈起，因为还有一个完全不认可年轻人新思维、新观念的窦太后掌控朝局。从十六岁到三十八岁，这二十二年对汉武帝本人来说，是一个逐渐走向成熟和自信的过程；而对汉武帝治下的汉王朝而言，则是从一个胜利走向另一个胜利的无比光荣昂扬的时代。

这个时候汉武帝身后站着许许多多名垂千古的人物：司马迁、张骞、李广、卫青、霍去病、汲黯、公孙弘、董仲舒、司马相如……他们和汉武帝一起，成就了一个斗志昂扬的伟大时代。

这个时代，我们除了汉武帝的声音还能听到很多别的人的声音，比如汲黯。

《史记·汲郑列传》一开篇，汲黯便上书汉武帝称："臣过河南，河南贫人伤水旱万余家，或父子相食……"《汉书·张冯汲郑传》中也有相同的记录。眼见百姓困苦，汲黯于是矫制将官府库存的粟米用以赈济灾民。尽管在汉代矫制是重罪，但年轻的汉武帝不仅赦免了汲黯，还对他进行了嘉奖。

不过，史书中的汉武帝能像这样积极听取臣子的意见、虚心纳谏的时候并不多见。

细读《汉书》你会发现，汉武帝时代"人相食"的相关记录是最多的，散见于《武帝纪》《食货志》《地理志》等处，共有七条（对汉武帝时代因天灾人祸导致的"人相食"事件会在第十四章详细阐述）。而整个西汉王朝这样的记录只有汉元帝时期可以与之相提并论。汉元帝时期关于"人相食"的记录在《汉书》中共有八条，但指向的"人相食"事件都发生在其即位之初的初元元年（前48年）和初元二年（前47年）——因为关东水灾导致的连续两年的灾害。而这八条记录除了出自《元帝纪》《食货志》《天文志》外，其他的见于《贡禹传》《翼奉传》《匡衡传》中——这些臣子在上书皇帝时直言百姓已经开始"人相食"，认为皇帝需要检点自己的言行和为政措施了。

然而，汉武帝时期如此多的"人相食"事件，仅公元前140年这一次因汲黯向皇帝直言劝谏而被载入史册。以后"人相食"事件仍时有发生，特别是在汉武帝为政的中后期，即元狩四年之后，有些"人相食"事件往往可能持续数年，甚至让整个国家走向"天下户口减半"的悲惨境地之中。然而，在长达数十年的时间中，我们再也没有看到有任何一个人敢于像汲黯或汉元帝时期的贡禹、翼奉、匡衡那样直言上书皇帝，具陈百姓正处于水深火热之中。

所以说，从十六岁到三十八岁，带领汉王朝在北击匈奴的战争中从一个胜利走向另一个胜利的汉武帝逐渐成熟和自信的同时，也走向了大权独揽、乾纲独断、为所欲为的暴君之路。

控制思想

今天的中国人，无论你读不读"四书"，读不读"五经"，了不了解孔子、孟子、程颐、朱熹、王阳明，只要你成长生活在这片土地上，你都无法摆脱儒家文化对个体精神、心灵的塑造。因为，我们这个民族在儒家思想这碗浓酽的鸡汤中已经浸淫了两千多年。

儒家学派的创始人孔子是春秋时期的鲁国人。不过，孔子在世时，他的儒家学说没有得到统治者的重视。《史记·孔子世家》

里有这样一段记录：

> 孔子适郑，与弟子相失，孔子独立郭东门。郑人或谓子贡曰："东门有人，其颡似尧，其项类皋陶，其肩类子产，然自要以下不及禹三寸。累累若丧家之狗。"子贡以实告孔子。孔子欣然笑曰："形状，末也。而谓似丧家之狗，然哉！然哉！"

满怀理想和抱负的孔子，在一个礼崩乐坏的时代处处碰壁，他的处境的确如丧家之犬。

在孔子去世二百多年之后，嬴政统一六国，建立秦王朝。博士淳于越给嬴政上书说，要效法古人，学周王室搞分封，这样秦王朝才能千秋万代。法家学派的代表人物、丞相李斯却加以驳斥，主张禁止百姓是古非今，以私学诽谤朝政。

于是，嬴政粗暴下令焚毁六国史书和儒书（政府图书馆藏品不在此列），拒不焚毁的就处以黥刑，罚做苦工；两个人以上谈论儒书的一律处死，即"偶语弃市"；凡以古非今的，诛灭全族。第二年，道家方士侯生、卢生因为自己法术不灵，非议嬴政"天性刚戾自用"[1]，致使秦始皇逮捕了"四百六十余人，皆坑之咸阳"[2]。

这就是中国历史上著名的焚书坑儒事件。

尽管现在对秦始皇焚书坑儒还有一些争论，但可以确定的是，在秦王朝时期，孔子的儒家学说仍旧没能进入统治者的法眼，没能成为治理国家的指导思想。

在秦代，治理国家的指导思想是法家；在汉初，则是黄老学说占据了统治地位，即使在汉武帝初即位时，因为窦太后的影响，整个朝政仍倾向于"无为而治"。

不过，就在建元元年（前140年），即登上皇位的第二年，汉武帝下诏举士。丞相卫绾上奏年轻的皇帝，"所举贤良，或治申、商、韩非、苏秦、张仪之言，乱国政，请皆罢"[3]。李奇在注解中说："申不害书执术。商鞅为法，赏不失卑，刑不讳尊，然深刻无恩德。韩非兼行申、商之术。"也就是说，卫绾建议皇帝罢黜法家和纵横家这两个学派。汉武帝采纳了卫绾的建议。当年秋天，汉武帝设立明堂，征鲁申公。申公是经学大师，对《诗经》的保存和流传有重要贡献。建元五年（前136年），汉武帝又置五经博士。汉武帝所做的一切无疑是在向世人宣告，汉王朝的治国理念将从黄老思想转向儒家思想。不过，因为窦太后的反对，接替卫绾为相并隆推儒术的窦婴被罢相；向汉武帝推荐申公并建议国家大事不用再奏禀窦太后的御史大夫赵绾、郎中令王臧二人被迫自杀；明堂被废，申公也因病免归。

汉武帝登上皇位时，西汉王朝得益于"文景之治"，整个国家达到了农业社会一个美好的极点：社会安定、百姓富足、国家欣欣向荣。然而，隐患却在无声无息地酝酿之中：外有匈奴虎视眈眈，内有同姓诸侯王之患。所以，班固在《汉书·公孙弘卜式儿宽传》中才会说："汉兴六十余载，海内艾安，府库充实，而四夷未宾，制度多阙。"

在这样的社会状况之下，与无为而治的黄老思想截然相反的，强调积极入世、"引君于道"，从而实现经世济民宏大理想的儒家思想便有了用武之地。

建元六年（前135年），崇尚黄老思想的窦太后去世，汉武帝终于可以按照自己的心愿将整个国家带入自己期望的轨道。第二年，他便下诏征求治国方略，影响了中国历史两千多年的大儒董仲舒于是脱颖而出。

面对汉武帝的策问，董仲舒连上三篇策论作答，系统阐述了"天人感应"的主张。在这个主张里，董仲舒构建了一个至高无上的神——"天"。"天"不仅主宰着天上，也主宰着人间。与"天"相对应的人间也有个至高无上的人，那就是天子，是皇帝。董仲舒不仅论述了神权与君权的关系，更成功地把儒家的价值观念与神性的"天"结合来，为"大一统"皇权的合法性提供了理论证明。董仲舒的策论，史称"天人三策"。

同时，董仲舒向汉武帝提出："诸不在六艺之科孔子之术者，皆绝其道，勿使并进。邪辟之说灭息，然后统纪可一而法度可明，民知所从矣。"[4]

皇帝乃是天子，是天命所归，代天牧民。反对皇帝就是逆天而行，是大逆不道。这样的理论，试问有哪个皇帝会不喜欢呢？董仲舒的策论深深地打动了汉武帝。他将董仲舒封为江都相，辅佐易王刘非。根据董仲舒的建议，汉武帝"罢黜百家，表章六经"[5]。

一般认为，汉武帝于元朔五年（前124年）在长安设立"国立大学"——太学。这一年，丞相公孙弘请汉武帝为早前设置的诗、书、易、礼、春秋五经博士招收"弟子员"，即是以五经博士为老师，以弟子员为太学生。《汉书》记载："为博士官置弟子五十人，复其身。太常择民年十八以上仪状端正者，补博士弟子。"[6]

汉武帝初设太学时，这所"国立大学"的学生仅五十人，昭帝时增至一百人，宣帝时增至二百人，元帝时增至一千人，成帝时办学规模空前扩大，学生已达三千人。[7]

余英时先生认为，如果将这一年（汉武帝元朔五年，即公元前124年）视作科举考试的发端，那么科举制度在中国先后持续了两千年之久，与统一王朝体制同始同终。[8]

从汉武帝开始，儒家逐渐在思想上实现了垄断。因为在皇权主导一切的集权帝制时代，"国立大学"和皇帝亲自主持的察举考试，只允许"六艺之科孔子之术"，那么，其他的诸子百家便不可能有发展壮大的空间。所有不符合儒家思想的观念都被视为"邪辟之说"，新观念、新思想的火花便再难闪现。

两千多年后，于右任先生在《悼汉武帝陵》一诗中这样咏叹："绝大经纶绝大才，功过非在戍轮台。百家罢后无奇士，永为神州种祸胎。"于右任先生所感慨的，正是董仲舒主导的"罢黜百家"。

在汉武帝为实现个人绝对权力而罢黜百家、控制思想后，中国用了两千多年的时间来试错，证明儒学不能够再与政治挂钩，证明儒家无法将中国带入现代文明，证明一种思想、一个声音只会让一个民族不断走向僵化和没落。

控制权力

汉初七十年，汉王朝的政权并不稳固。高祖时期，外有匈奴虎视眈眈，内有异姓诸侯王同床异梦。刘邦死后又有诸吕之乱，文帝也是在功臣集团平定诸吕之后被拥戴为帝的。即便到了景帝初年，汉王朝也有同姓诸侯王之忧。为相的萧何、曹参等，代表着功臣、贵族集团的利益，与皇帝共同形成了一个君相统一的权力中心体制。这个时候，皇帝给予丞相的礼遇也非常高。根据《汉官旧仪》的记载，丞相见皇帝，皇帝必须起身相迎；丞相有病，皇帝需要亲自去探病、问候……

"丞相'掌丞天子'，听从皇帝的指挥，受皇帝的委托而总理国政。"[9] 从这个意义上来说，汉初七十年，因为相权的有效施为，因为皇权和相权的划分，政治体制的确还没有走到集权专制上来，确实有点"皇帝是国家的元首，象征此国家之统一；宰相是政府的领袖，负政治上一切实际的责任"[10]的意味。

即便在汉武帝初登皇位之时，丞相的权力还是很大的。《史记·魏其武安侯列传》和《汉书·窦田灌韩传》中都记载丞相田蚡直接举荐两千石以上的高级官员，"权移主上"，搞得年轻的汉武帝很不愉快地问他："君除吏已尽未？吾亦欲除吏。"

汉武帝时期设太学、选贤良、举孝廉，在人才的选拔上开创了一个前所未有的新局面，特别是公孙弘以儒术自布衣为相，彻底打破了以往丞相皆由功臣、列侯充任的格局，而昭宣以下的历任丞相几乎全都是读书人。于是，钱穆先生得出美好结论：这个政府"既非贵族政府，也非军人政府，又非商人政府，而是一个'崇尚文治的政府'，即士人政府。只许这些人跑上政治舞台，政府即由他们组织，一切政权也都分配在他们手里"[11]，可谓"皇帝与士大夫共治天下"。

然而，事实显然不是如此。

汉武帝时期是中国历史上一个非常重要的时期，这个时期在政治、文化、经济、军事上的一系列举措对后世都产生了深远的影响。为加强皇权，实现大权独揽，汉武帝需要重建一个依附于皇帝的权力中心，以打破过去君相统一共治的权力架构。于是，汉武帝创立了"内朝"制度（又称"中朝"）。

内朝起源于皇帝的宾客、谏议、顾问、宿卫等近身侍从之官。通俗地说，就是皇帝任用一些文学侍从，如严助、朱买臣、司马相如、主父偃等。他们的共同特点是：口才好，文章写得漂亮，而且官职都不高。

汉代国家大事均用公开的朝廷集议的形式来解决。而作为百官之首的丞相，受皇帝的委托，是朝议的主持者。所以，汉初的丞相可以凭借朝议，充分发挥自己的职权。到了汉武帝时，这种状况出现了质的改变。每当有军国大事需要讨论，汉武帝会先将自己的意图告诉内朝的文学侍从。朝议时，大臣们提出处置方案后，丞相往往还来不及反应，文学侍从们就开始根据皇帝的意图，对大臣的方案进行批驳。

> 上（武帝）令助（严助）等与大臣辩论，中外相应以义理之文，大臣数诎。[12]
> 上（武帝）乃使朱买臣等难弘（公孙弘，其时为御史大夫，类副丞相）置朔方之便。发十策，弘不得一。[13]
> …………

于是，我们在《汉书》中看到了许多类似的记录。长此以往，丞相和外朝的官员便由军国大政的制定者逐渐演变成了执行者。

> 弘奏事，有所不可，不肯庭辩。[14]
> 每朝会议，开陈其端，使人主自择，不肯面折庭争。[15]
> …………

《汉书》中的这些记录让我们看到，汉武帝为自己精心挑选的副手——丞相公孙弘其实是一个完全依附于皇权的平庸之辈。他彻底放弃了自己作为丞相，在朝堂上据理力争的职权，只要自己的观点与皇帝的有异，便一切让皇帝自己抉择，绝不与皇帝争辩。于是一项政令，皇帝和他的内朝侍从们制定好了，在朝议时交给丞相和外朝的官员，他们负责执行就行了。

　　汉武帝时代，从公孙弘以布衣为相开始，虽然让读书人能够凭借自己的知识和才华顺利走上政治舞台，不过，凡事有利就有弊。之前的丞相功高权重，更代表着功臣和实力派列侯的利益，所以，他不仅代表着君权，也有能力在一定程度上制约君权。如今，布衣为相，丞相在朝堂上并没有自己的权力依托。

甚至，汉武帝时代的丞相不必贤能。汉武帝晚年任用的最后一个丞相叫作车千秋。这个人仅仅是在卫太子巫蛊之祸后替太子说了几句公道话，便被汉武帝破格提拔为丞相。《汉书·公孙刘田王杨蔡陈郑传》中直言："千秋无他材能术学，又无伐阅功劳，特以一言寤意，旬月取宰相封侯，世未尝有也。"甚至连匈奴单于知悉车千秋因何拜相后，也不无嘲讽地说："汉置丞相，非用贤也，妄一男子上书即得之矣。"[16]

没有家世背景，甚至才能缺乏的人也可以一步登天成为丞相，成为百官之首。我们可以想见，在汉武帝时代，仅以皇帝为核心的权力体系中，丞相已经无足轻重。于是，到汉武帝执政中后期，作为丞相，别说是丞相的职权、应得的来自皇帝的尊重，即便是身家性命都难以保全。

汉武帝在执政的五十四年，一共任用了十三位丞相，这些丞相大多结局凄凉。在丞相位子上得到善终的，只有田蚡、公孙弘、石庆三人；卫绾、窦婴、许昌、薛泽虽然遭到罢免，但还算是保住了性命（窦婴在罢相数年后仍被汉武帝诛杀）；汉武帝执政中后期任用的李蔡、严青翟、赵周、公孙贺、刘屈氂，不是被逼自杀便是被皇帝诛杀。同时，汉武帝时期任用的"三公"之一的御史大夫，也即副丞相，即有赵绾、张汤、王卿、暴胜之、商丘成五人"有罪自杀"。汉武帝不仅诛杀丞相、御史大夫这样的高官，对自己宠信的文学侍从们更加毫不留情。严助、朱买臣、吾丘寿王、主父偃，无一不是动辄得咎，被其以各种名目杀掉。

初贺引拜为丞相，不受印绶，顿首涕泣，曰："臣本边鄙，以鞍马骑射为官，材诚不任宰相。"上与左右见贺悲哀，感动下泣，曰："扶起丞相。"贺不肯起，上乃起去，贺不得已拜。出，左右问其故，贺曰："主上贤明，臣不足以称，恐负重责，从是殆矣。"

这是《汉书·公孙刘田王杨蔡陈郑传》中关于公孙贺被汉武帝拜为丞相时的一段记载。丞相之位，位极人臣，一人之下，万人之上，身为帝师，引君于道，是古往今来多少贤才高士梦寐以求的职位。然而，公孙贺却在知悉自己被拜为丞相时痛哭流涕，不愿意接受。这当然不是因为他为人特别谦虚谨慎，而是因为这个时候的丞相之位已经成了一个火坑，入之则死。果然，公孙贺没做几年丞相，便被汉武帝诛杀了。

"自蔡（李蔡）至庆（石庆），丞相府客馆丘虚而已，至贺（公孙贺）、屈氂（刘屈氂）时坏以为马厩车库奴婢室矣。"[17]在汉武帝执政中后期，丞相府已经形同虚设，根本无法招纳贤才，到公孙贺、刘屈氂任丞相时，丞相府更沦落为与马厩车库奴婢室无异了。

作为百官之首的丞相，皇帝可以随意地提拔，也可以随意地罢免，甚至于诛杀。这种状况之下，何谈皇帝与士大夫共治天下？

汉武帝架空相权的目的只有一个——大权独揽、乾纲独断。所以，在汉武帝执政的中后期，我们几乎听不到汉武帝以外的其他人的声音。董仲舒、汲黯已死，整个朝堂所有的官员，上自丞相，下至普通循吏，所有人只为皇帝一个人的绝对权力服务。

也许，汉武帝时代是非常极端的。在以后的两汉时期，我们的确没有再看到这样对丞相的频繁更换和大肆杀戮。不过，质变已经发生，皇帝已经有了自己专属的权力中心——内朝，丞相在朝堂之上已然孤掌难鸣。

从汉武帝时代开始，大司马大将军这个称谓非常强势地进入了我们的历史视野。不过，汉武帝架空相权的目的是皇权独揽，而非将权力转移到别人手中，所以，汉武帝时代的内朝官员秩位都很低。大将军卫青和骠骑将军霍去病虽然都有大司马的加官，但根据史书的记载，他们也只是"贵幸"[18]，虽为内朝首领，仍是依附于皇权之下。

《汉书·霍光金日磾传》中记录了汉武帝的遗诏，霍光以大司马大将军的身份辅政。昭帝即位后，又命霍光以大司马大将军"领尚书事"[19]。尚书，即皇帝的秘书处。尚书职典国家枢机之事，皇帝诏令由尚书下达，群臣的奏疏也由尚书总领。也就是说，皇帝通过尚书处理国政。然而，昭帝此时仅仅八岁，无法亲自处理国政，作为内朝首领的霍光领尚书事后，"政事壹决于光"[20]。自此，汉武帝为大权独揽一手创立起来的内朝，由皇帝的宾客顾问团逐渐演变成以外戚为首的大司马诸将专权的工具。于是，在汉昭帝去世后，西汉历史上出现了在位时间最短的皇帝——废帝刘贺。刘贺在位仅二十七天，霍光便将其废黜，并拥立新君——汉宣帝刘询。

在西汉后期的政治舞台上，我们看到了一个个外戚家族——王家、丁家、傅家的兴起和衰落，直至外戚王莽篡汉。到东汉王朝建立，前三任君主光武帝、明帝、章帝之后，登上皇帝宝座的汉朝皇帝皆是冲幼之君。于是，我们又看到了外戚政治的重演，窦家、邓家、梁家……更为可怕的是，当逐渐长大的皇帝想从外戚手中夺回权力时，可依赖的对象自然而然是身边陪伴自己成长的宦官，中国的历史因此进入第一次黑暗的宦官时代……

从这个层面来讲，正是汉武帝时代开创的内朝制度，为两汉王朝的覆亡埋下了灾难性的伏笔。

注　释

［1］《史记》卷六《秦始皇本纪》，中华书局 2014 年版，第 328 页。

［2］《史记》卷六《秦始皇本纪》，中华书局 2014 年版，第 329 页。

［3］《汉书》卷六《武帝纪》，中华书局 2012 年版，第 135—136 页。

［4］《汉书》卷五十六《董仲舒传》，中华书局 2012 年版，第 2194 页。

［5］《汉书》卷六《武帝纪》，中华书局 2012 年版，第 182 页。

［6］《汉书》卷八十八《儒林传》，中华书局 2012 年版，第 3093 页。

［7］《汉书》卷八十八《儒林传》，中华书局 2012 年版，第 3095 页。

［8］余英时：《试说科举在中国史上的功能与意义》，载《中国文化史通释》，生活·读书·新知三联书店 2011 年版，第 204 页。

［9］李玉福：《秦汉制度史论》，山东大学出版社 2002 年版，第 116 页。

［10］钱穆：《中国历代政治得失》，生活·读书·新知三联书店 2012 年版，第 3 页。

［11］钱穆：《中国历代政治得失》，生活·读书·新知三联书店 2012 年版，第 17 页。

［12］《汉书》卷六十四上《严硃吾丘主父徐严终王贾传上》，中华书局 2012 年版，第 2407 页。

［13］《汉书》卷五十八《公孙弘卜式兒宽传》，中华书局 2012 年版，第 2278 页。

［14］《汉书》卷五十八《公孙弘卜式兒宽传》，中华书局 2012 年版，第 2278 页。

［15］《汉书》卷五十八《公孙弘卜式兒宽传》，中华书局 2012 年版，第 2277 页。

［16］《汉书》卷六十六《公孙刘田王杨蔡陈郑传》，中华书局 2012 年版，第 2499 页。

[17]《汉书》卷五十八《公孙弘卜式儿宽传》，中华书局 2012 年版，第
2281 页。

[18]《史记》卷一百二十五《佞幸列传》，中华书局 2014 年版，第 3882
页。《汉书》卷九十三《佞幸传》（中华书局 2012 年版，第 3201 页）
曰"爱幸"。

[19]《汉书》卷七《昭帝纪》，中华书局 2012 年版，第 187 页。

[20]《汉书》卷六十八《霍光金日磾传》，中华书局 2012 年版，第 2540 页。

第十三章

暴君的逻辑

公元前 81 年，即汉昭帝始元六年二月，汉王朝召开了一次在中国历史上极为著名的会议——盐铁会议。《汉书·昭帝纪》这样记录："诏有司问郡国所举贤良文学民所疾苦。议罢盐铁榷酤。"

盐铁会议是以桑弘羊为代表的倡导国营垄断的官员们和提倡"盐铁皆归于民"[1]、主张民间自由贸易的贤良文学之间的一场大辩论。辩论内容由桓宽记录整理成为著名的《盐铁论》一书。

中国历史上的盐铁官营始于春秋时期齐国管仲提出的"官山海"政策。汉初七十年，汉政府开放"山泽之利"，民间可以自由从事盐铁行业。汉武帝元狩五年（前 118 年）下令将全国各地的煮盐、冶铁全部收归政府管理，收入用以补充赋税。

盐铁官营只是汉武帝一系列重大经济措施中的一个，而这一系列经济措施大都是在公元前 119 年，即元狩四年，卫青、霍去病与匈奴决战漠北之后颁行的。

从公元前 133 年的马邑之谋开始，与匈奴持续十五年的战争将汉初七十年所积累起来的社会财富消耗一空。汉政府的经济其实早在公元前 127 年卫青率军收复河南地时，就已经开始紧张了。司马迁说，开西南夷道、筑朔方城等导致"府库益虚"[2]。公元前 124 年、公元前 123 年卫青连续两年出击漠南后，国家库存旧藏之钱、常年的赋税收入便已全部竭尽。而公元前119年决战漠北之后的财政状况则是，"转漕车甲之费不与焉。是时财匮，战士颇不得禄矣"[3]。

决战漠北是汉武帝时代卫霍时期北击匈奴最大规模的一次战役，除了卫青、霍去病各领五万精骑外，根据《史记》和《汉书》的记载，为保障前方部队，进行粮草、辎重等后勤转运的部队有几十万人。学者李开元则在《汉帝国的建立与刘邦集团》一书中引用了日本学者的观点，认为这场战役，骑兵、步兵以及辎重部队数量达到五十万至六十万人。所以，决战漠北之后，汉王朝的财政危机已经非常严重。这个时候，匈奴遁入漠北，十余年不敢南下；汉军也因为战马的匮乏，无力北上。止戈息武，以战止战，汉武帝当初北击匈奴的目的从国家利益的层面上讲，几乎已经全部实现。所以，这原本应该是一个停止征伐、让百姓休养生息的契机。

在两千多年前的汉武帝时代，整个国家、三千多万人口的命运全部掌握在一个人手中。可惜的是，这个人没有任何停止征伐的念头，而是一门心思只想让万夷来朝，只想让匈奴单于对自己俯首称臣，只想让自己手中的权力能够无远弗届。

所以，此时的汉王朝不得不面对一个巨大的悖论：对外扩张的雄心壮志需要雄厚的财力做支持，但为维持一个绝对稳定的中央集权制度所必须坚持的小农经济其实根本不足以创造出如此巨大的社会财富。为了实现自己的雄心，汉武帝必须想方设法将一切民间财富掠夺为己有。于是，从公元前119年开始，我们看到汉武帝采取了一系列疾风暴雨般的经济措施来敛财：算缗告缗、币制改革、盐铁专营、均输平准……

通过这些向社会和百姓大量抽血的方式，一旦国家的经济状况有所缓解，汉武帝便马不停蹄地开展对外战争和大规模用兵：公元前112年至前110年，讨伐南越、东越，灭亡闽越；公元前111年征西羌、击匈奴；公元前110年武帝巡边，勒兵18万；公元前109年至前108年，灭亡卫氏朝鲜；公元前108年出兵楼兰、姑师；公元前107年、公元前106年武帝两次大规模出巡；公元前105年出击益州昆明；公元前104年至前101年发动汗血马战争……接下来就是几次大规模出击匈奴的惨败，以及巫蛊之祸期间的内耗。

从元鼎五年（前112年）到征和三年（前90年）即汉武帝去世前三年，这二十三年中，仅仅只有天汉元年（前100年）、天汉三年（前98年）以及太始年间（前96年—前93年）这六年没有大规模用兵的记录。汉武帝为政的五十四年，史载有用兵的年份就有三十多年。

几乎与汉武帝生活在同一时代的古罗马政治家西塞罗在《论义务》一书中谈及战争时，提出了如下观点：

> 有两种解决争端的途径：一、通过谈判，二、通过武力。由于前者是人的本性，后者则属于兽性，我们只有在无法用谈判解决争端时方可以诉诸武力。因此，我们开战的唯一理由只能是为了可以不受伤害地生活在和平中……

也许，我们很难用这种对"战争"与"和平"的理解来要求两千多年前的汉武帝止戈息武。不过，今天的我们至少应该反思，这些建立在三千多万人的痛苦血泪基础上的战争是不是都是必打的，都是值得的？

西塞罗所生活的古罗马，在领土大规模扩张之后，因为有战争赔款、战利品和西班牙银矿的丰厚收入，一般认为罗马人（有罗马市民权的自然人）享有免交直接税的特权。西塞罗在《论义务》一书中明确告诉人们，公元前171年第三次马其顿战争胜利引入的巨额财富导致罗马人免交直接税。而在此之前，罗马市民需要根据自己的财产份额缴纳直接税，税率仅仅为千分之一。因为此时的财产主要是土地，所以这项税收又被称作土地税，付不起土地税的穷人则需要缴纳人头税，足见人头税应该远低于土地税。同时，罗马一般对行省征收什一税，而且只对能产生利润的资产与人力征收，女性、儿童和老人被视为不能产生利润的人力，免征。[4]

孟子曾说："什一而税，王者之政。"在中国两千多年的帝制时代，统治者向治下百姓征收的仅仅田租一项，税率低至什一税的时候少之又少。而在汉王朝，特别是在汉武帝治下，即便我们抛开一系列与民争利的经济措施最终会加诸百姓身上的经济负担和地方官吏擅自向百姓摊派的赋税不论，仅仅就国家法定的田租、人头税、更赋三大赋税来计算，汉朝百姓所承担的税率接近百分之二十（第十四章会进行具体的论述），也就是什税二，是罗马向行省征收的一倍以上。

当然，建立在奴隶制基础上的罗马经济，也有其自身的问题。不过在汉武帝所生活的时代，古罗马至少提供了一种截然不同的国家发展模式。当汉武帝以向社会和百姓无限抽血的方式来实现自己开疆拓土、征伐四夷的雄心时，罗马却用向海外拓殖、发展商业贸易的方式打造了一个政权维系了千年之久的强大帝国。

从公元前119年到公元前87年汉武帝去世，这三十三年是汉武帝从一个文治武功、雄才大略的明主走向一个穷兵黩武、穷奢极欲的暴君的三十三年。对一个专制君主来说，最大的问题也许就是，他活得太久。

于是，我不止一次地想，如果公元前117年死去的人不是霍去病，而是汉武帝刘彻，历史将会怎样？或者，公元前106年死去的人不是卫青，而是汉武帝刘彻，历史又将会怎样？

从税收到没收　　汉政府一年的税收有多少？史书里并没有明确的记载，我们现在只能根据有限资料中的只言片语进行合理的推算。

西汉自宣帝以来，汉政府每年征收的赋钱超过四十亿钱。[5] 赋钱一般指人头税，即算赋、口赋以及更赋，并不包括土地税，即田租。西汉政府一年的田租收入有多少，史书没有记载。只有《后汉书·梁统列传》中讲到大将军梁冀自杀后，其家财被没收变卖，售价超过三十亿钱，"用减天下租税之半"。余英时先生认为，这个例子表明土地税的总数，如果折算成钱的话，应该是大约六十亿钱。这样就可以推算出东汉政府一年的税收总数大约是一百亿钱[6]（因为人口基数和粮食价格的波动很大，这个数据并不一定可靠，我们姑且将它作为一个参照）。西汉时期，尽管可供耕作的土地以及土地税率和东汉时期大致相当，但汉武帝初年的人口数量按照葛剑雄先生的测算大约是三千六百万，而梁冀所在的顺帝至桓帝时代，东汉的人口数量一直都在五千万上下。所以，如果按照国家法定的额度征收，汉武帝时代的算赋、口赋、更赋等赋钱的征收量会远低于东汉。也就是说，汉武帝时代汉政府一年的税收总数应该低于一百亿钱。而因为连年战争，大量劳动力被征入军队，农业生产必定会受到影响，在其执政末年甚至出现了"户口减半"的局面。尽管汉武帝大幅调高了人头税，一度

"民赋数百"[7]，但常规的田租和赋钱的收入仍然在下降而不是增加。

公元前119年，汉军与匈奴决战漠北后，仅此一战，汉武帝用于赏赐有功将士的黄金就达到五十万斤。一斤黄金等于一万钱，五十万斤黄金即五十亿钱。这个数字无疑超过了当时汉政府一年财政收入的一半。这还不包括战争本身的开支，如粮草、转运、武器消耗等等。

那么，卫霍时期那些凯歌高奏的战争究竟花费了多少呢？遗憾的是，《史记》和《汉书》都没有明确的数字记录。卫青收复河南地后，汉武帝兴十万余人筑朔方城，司马迁和班固皆说："转漕甚辽远，自山东咸被其劳，费数十百巨万。"[8]霍去病在公元前121年征服河西走廊，司马迁和班固又说："是岁费凡百余巨万。"[9]公元前119年，汉武帝将遭遇水灾的七十余万贫民移民至朔方以南新秦中，更是"其费以亿计"[10]。对于"数十百巨万""百余巨万"这样一些象征性远大过实际性的表述，我们也许永远都无法探究它们具体代表着对国民经济怎样庞大的消耗。

可以确定的是，战争本身的费用远远大于皇帝对有功将士的赏赐。

所以，战争经费的来源问题，从汉匈战争爆发之初就深深地困扰着汉武帝，他的智囊团一直都在设法解决这个问题。

公元前129年，卫青取得汉军对匈作战首次胜利——龙城大捷那一年，《汉书·武帝纪》就记载，"（元光）六年冬，初算商车"，即汉政府开始对商贾所使用的货运车船进行征税。这以后，为解决越来越紧张的财政赤字，汉政府开始大规模地卖爵和推行以钱赎罪。公元前123年的漠南之战后，汉政府一次性卖爵的收入就达到三十余万斤黄金。很多人购买爵位后逐渐进入仕途，大的封侯，小的做郎官，整个国家的官僚系统由此败坏。

不过，通过这些措施所积攒起来的金钱相对于战争的巨大开支无异于九牛一毛。于是，元狩四年（前119年）冬（岁初）成为一个很重要的时间点。根据《汉书·武帝纪》记载，这年冬天"初算缗钱"。汉武帝时代最主要的敛财政策之一的《算缗令》出台了。

《算缗令》针对的是全国有产者，即工商业者、手工业者、高利贷者、囤积商等，命令他们无论是否有"市籍"，都必须向政府如实申报自己的财产数额，以便国家据此征税。

在一个以农业人口为主的国家里，这些工商手工业者就算是中产和富裕阶层了。《算缗令》向他们征收的类似于今天的财产税，个人财富越多，要向皇帝纳的税也就越多。站在皇帝的角度而言，这些家财万贯的商贾"不佐国家之急，黎民重困"[11]；但站在普通民众的角度，即便这些人是富甲天下的豪商巨贾，趋利避害只是一种天性，而在连年北击匈奴取得决定性胜利之后，国家与社会疲敝，原本应该让百姓休养生息的皇帝仍一门心思征伐四夷，向民间抽血以养战，又何尝在意"黎民重困"？于是，"富豪皆争匿财"[12]。

这一下正中汉武帝下怀。由于《算缗令》的税率并不算高，商人需要缴纳的税率是百分之六，手工业者的为百分之三，对皇帝来说，不是来钱快的途径。现在有钱人都纷纷隐匿资产，不想纳税，于是皇帝紧接着便出台了《告缗令》。

所谓《告缗令》，就是发动群众斗群众，隐匿财产货物不报者，或所报不实者，就要被发配边疆，戍边一年，而且所有财产全部没收充公。那些出来检举揭发的人，将获得收上来财产的一半。

从《算缗令》到《告缗令》，汉武帝从容地实现了从税收到没收的质变。整个汉王朝"中家以上大抵皆遇告"[13]，全国中产之家悉数破产，而皇帝呢，"得民财物以亿计，奴婢以千万数，田大县数百顷，小县百余顷，宅亦如之"[14]。

这些敛财措施对民间经济的打击是毁灭性的，而且将社会风气导向及时行乐的颓废状态中。因为这个时候汉政府已经毫无诚信可言，指不定皇帝哪天就再来一次"算缗""告缗"，所以百姓不再进行储蓄投资、扩大再生产以创造更多的社会财富，而是拼命追求华衣美食，今朝有酒今朝醉。

通过"算缗""告缗"获得的财富并不会流入国库，而是统统进入皇帝的私库。秦汉时期，管理君主私用财物的机构为"少府"。"少府所领园地作务之八十三万万，以给宫室供养诸赏赐"[15]，东汉桓谭在《桓子新论》中提供的这个数据是汉宣帝以来的少府收入。武帝时代重敛于民，少府的收入肯定远远高于此。而即便皇帝每年个人的收入就是这八十三亿钱，比之每年不足一百亿钱的国库收入也不算少了。

汉武帝从民间搜刮的财物一开始由少府管理，但后来财物太多，一个少府已经管理不过来了。于是，汉武帝又设了水衡都尉帮忙打理自己的财物。因此，从汉武帝时代开始，皇帝的私库除了少府，又多了一个水衡都尉。

由于没收的田地太多，仅仅依靠少府和水衡也管理不过来，只得把所有田地交给各级官府。少府、水衡、太仆、大农等各自设置农官，耕种没收来的田地。而没收来的奴婢，就分给各苑囿去喂养狗马禽兽，以及分配给各官府。这样一来，官职设置就更多更复杂了，众多的罪徒奴婢也需要政府出钱供养，于是，政府的开支愈加庞大。

当然，有了钱的汉武帝也更加骄奢淫逸，开始大肆营造宫室。

《史记·平准书》说，"宫室之修，由此日丽"。

从民营到垄断　　虽然用赤裸裸的强盗手法从民间抢夺了如此多的财物，但这毕竟不是长久之计，而且对威加海内的帝王来说，吃相未免也太难看了。于是，公元前119年，三个豪商巨贾出现在中国的政治舞台上。他们是齐国的煮盐大户东郭咸阳、南阳的冶铁巨贾孔仅和特别善于心算的洛阳商人的儿子桑弘羊。东郭咸阳和孔仅被汉武帝任命为大农丞，桑弘羊则年仅十三岁就做了侍中。

这些大商人和寻常官吏不同，他们特别善于敛财。于是，在他们的主导下，汉武帝时代另外三项经济措施相继出台：币制改革、盐铁专营、均输平准。这三项经济措施的核心内容其实一样，就是垄断，即将政府打造成一个大型企业，垄断自然资源和最影响国计民生的行业，以获得巨额财富。

1. 垄断铸币权

公元前119年冬天，汉政府将关东贫民七十二万五千人徙往边郡。移民的衣食住行全由地方政府供给，用度不足，有关部门便上书皇帝，"请收银锡造白金及皮币以足用"[16]。

皮币主要针对王侯宗室发行。这些人到长安觐见皇帝、向上献享的时候，按照礼仪，需要向皇帝敬献玉璧。根据《周礼》，玉璧必须与"帛"配在一起才能作为礼品敬献。皮币于是派上了用场。这种用白鹿皮做的皮币，皇帝钦定价值四十万钱，并规定用"皮币"代替"帛"，所以宗室王侯们只得乖乖掏钱购买。

银锡白金币则是公开发行的货币。汉代的法定货币是黄金和铜钱，银并不属于法定货币。但国家钱粮用尽，仓库里却存了很多银锡，所以汉武帝命人用银锡制作了三种白金币：一种一枚价值三千钱；一种一枚价值五百钱；一种一枚价值三百钱。白金币价值被严重高估，于是民间盗铸风起。根据汉律，"盗铸诸金钱罪皆死，而吏民之盗铸白金者不可胜数"[17]。马克思在《资本论》中说，"有100%的利润，它就敢践踏一切人间法律；有300%的利润，它就敢犯任何罪行，甚至冒绞首的危险"。汉武帝发行的白金币对民间盗铸者而言，就是那种宁愿冒着杀头绞首的风险也要追逐的高额利润。

在发行白金币的同时，汉武帝还对传统铜钱进行了改革。汉武帝执政的五十四年中，一共进行了六次币制改革，而从公元前119年到前113年，短短七年时间，就变更了币制四次。公元前119年，废半两钱改行三铢钱，并发行鹿皮币和银锡白金币；公元前118年，废三铢钱改行五铢钱；公元前115年，又发行赤侧五铢。但无论如何改，都无法杜绝民间的盗铸行为。

铸造白金币和发行五铢钱后仅仅五年，整个国家非法盗铸钱币的现象达到疯狂状态，司马迁说："天下大抵无虑皆铸金钱矣。"[18]犯法的人太多，官吏诛杀不完，因为自首而被赦免的人达一百多万，赦免当死者几十万人，而有罪却没被发现的人更是数不胜数。

最后，汉武帝使出了撒手锏——将铸币权收归中央。公元前113年，汉武帝下令禁止郡国铸钱，专令上林三官铸造。鉴于整个社会币制混乱，各种钱币大行其道，汉武帝又下令以往所铸造的钱币悉数废弃销毁，只有上林三官钱能够流通。

为了敛财而发行面值畸高的货币，导致民间盗铸风起；为打击盗铸，"不得不"采取国家垄断铸币权的方式：这就是汉武帝时代币制改革的本来面目。不过，五铢钱的发行也有其重大的历史价值，从汉武帝时代开始发行，整个两汉时期币制一直都比较稳定，甚至沿用至南北朝。

2. 垄断盐铁业

在汉代，山海池泽等非农地被视作天子的个人财产。来自这些自然资源的收益被统称为山海收入。汉政府在汉初为发展经济、壮大国力，曾开放山泽，让百姓自由地开采矿山、砍伐木材、蒸煮食盐，自由地渔猎，在山海中谋生。只不过，汉政府在山海地带设置了一些关卡收取山泽税，以作为皇家的私奉养。正是这种鼓励私营工商手工业发展的政策，这种无为而治的治国理念，让汉王朝在汉初的七十年里迸发出了旺盛的生命力，整个国家欣欣向荣，社会持续良好发展，百姓生活富足而安稳。

在两千多年前的汉代社会，铁已经广泛地用于农具和兵器的生产，铜则是钱币的主要铸造材料，而盐作为维持生命的必需物质对每个人来说都不可或缺。而且，盐铁非普通的编户齐民自己在家就能生产，必须到市场购买，所以铜铁和盐成为汉代最具有谋利价值的资源。

蜀地的大富商卓氏即是靠冶铁致富，有童仆千人，生活奢华可比王侯；齐人刀间靠组织奴仆发展捕鱼晒盐成为坐拥数千万资产的富商；孔氏在南阳大规模经营冶铸业，不仅获得了丰厚的利润，财富多达数千金，也乐善好施……在《史记·货殖列传》中，我们可以看到汉初七十年，汉王朝有很多这样靠盐铁等行业发家致富的商人。

《史记·吴王濞列传》和《汉书·荆燕吴传》都记录汉文帝时期的吴国，因为有铜山取铜，有海水煮盐，所以极为富庶，甚至在几十年的时间中都不需要向王国的百姓征收赋税。吴王刘濞虽然是汉景帝时代吴楚七国之乱的始作俑者，对于一个崇尚高度集权的中央政府而言是巨大的政治隐患，但如果单纯从普通民众的角度来看，他治下的吴国百姓的"幸福指数"可能超越了汉王朝的任何一个时代、任何一个郡国的百姓。

学者陈直认为，西汉初期，以盐铁为主的山海之利约分三份：朝廷一份，诸侯王一份，富商豪贾一份。至武帝时，吴楚七国之乱久平，诸侯王并无实权，山海之利由三份简化为两份。[19]所以说，"盐铁归于民"的时代，政府并非不能从中获益，只不过政府没能独占山海之利罢了。

那么，汉武帝究竟是从什么时候开始推行盐铁官营这项影响了中国两千多年历史的经济政策的呢？

日本学者西嶋定生在《秦汉帝国——中国古代帝国之兴亡》一书中认为，汉政府推行盐铁官营的一系列举措皆发生在元狩三年（前120年）到元狩四年（前119年）之间，正是卫青和霍去病与匈奴激战的时候，目的是为了缓解因发动对匈战争而导致的财政匮乏。但就《史记》《汉书》《资治通鉴》的记录来看，这种说法并不成立。

《史记·平准书》和《汉书·食货志》记录在公元前120年因为水灾，七十多万灾民被移民至朔方等地而引发巨大的财政危机后，汉政府发行白金币和鹿皮币，同时武帝任命东郭咸阳、孔仅为大农丞，领盐铁事；紧接着说第二年（前119年），卫青、霍去病与匈奴决战漠北；然后再记录孔仅、东郭咸阳上书武帝推行盐铁官营。这样的确容易让人误会汉武帝的盐铁官营政策是在大战之前推出的，目的是为了支持与匈奴的大决战。

水灾发生在公元前120年，汉政府采取各种方式赈灾仍不能解决问题，不得已才开始组织灾民移民。大规模的移民导致财政危机，于是，《汉书·武帝纪》明确记录在公元前119年冬天，发行白金币和鹿皮币，以及颁布《算缗令》，而东郭咸阳和孔仅领盐铁事恰与此同时。在《史记·平准书》和《汉书·食货志》中，二人上书盐铁官营记录在汉武帝罢三铢钱、推行五铢钱后。推行五铢钱，《汉书·武帝纪》亦有记录，是在元狩五年，即公元前118年。《资治通鉴》的记录则更明确，司马光将发行白金币、鹿皮币，任命东郭咸阳、孔仅领盐铁事，武帝下诏盐铁官营、颁布《算缗令》统统记录在元狩四年（前119年）的第一条，并明确是在该年冬天的重大举措。

所以我们可以确定，汉武帝推行盐铁官营是在卫青、霍去病与匈奴决战漠北之后，具体应为公元前119年筹备，公元前118年推行。

就具体操作而言，盐仍旧由私人生产，但由官府统一收购和销售；铁器的生产和销售则完全由官府垄断，禁止私人经营。为防止私贩盐铁，汉政府在各地设置了铁官和盐官。以《汉书·地理志》考之，"郡国设盐官的有二十七郡，每郡有设二三县的，共计有三十七县"，"设有铁官的有四十郡，共计五十处"。[20] 盐铁官自此遍布全国，基本囊括了当时已知的所有盐铁产区。

盐铁业被政府垄断之后，人们所能感受到的弊端是因为缺乏竞争而造成的价高质次。官家生产的铁农具"割草不痛"[21]，同时"盐、铁贾贵，百姓不便"[22]，而且还不是你想买就能买得到，"吏数不在，器难得"[23]。你不想要这些质次价高的铁器也不行，官家还强买强卖，"郡国多不便县官作盐铁，铁器苦恶，贾贵，或强令民卖买之"[24]。官家垄断生产，根本就没有成本核算的概念，"用费不省，卒徒烦而力作不尽"[25]；也不会积极探索技术改进之道，以节约成本生产出更加物美价廉的商品，只是一味向大自然粗暴索取，大规模开山取铜铁，浪费巨大，对生态环境的破坏十分严重。汉元帝时代的御史大夫贡禹就认为官营盐铁"凿地数百丈，销阴气之精，地臧空虚，不能含气出云，斩伐林木亡有时禁，水旱之灾未必不繇此也"[26]。

随着盐铁官营政策的推行，另一个问题暴露了出来。以往盐铁业由民间经营的时候，盐商、铁商们雇用的大多是失地、破产的流民。破产的农民常因生活无以为继被逼揭竿而起，这一直都是帝制时代中国统治者最头痛的问题。私营工商手工业的繁荣，能够有效地解决破产农民的生计，是社会最大的稳定器。这些私营企业"一家聚众，或至千余人，大抵尽收放流人民也"[27]。然而，官家垄断经营后，为了保障利润，在人工上的花费自然越少越好，所以一般用士卒和刑徒来从事盐铁生产，《盐铁论·复古》里就有这样的记录："卒徒衣食县官，作铸铁器，给用甚众。"贡禹在给汉元帝的奏疏中也说："今汉家铸钱，及诸铁官皆置吏卒徒，攻山取铜铁，一岁功十万人已上，中农食七人，是七十万人常受其饥也。"[28]

这种由官府垄断生产和经营的模式实则形成一种恶性循环：有地在籍的农夫被征发去煮盐冶铁了，田地荒芜，无人耕种；失地、破产的流民却得不到糊口的工作。盐铁官营政策推行十一年之后，即公元前107年，史书上出现了汉武帝时代流民数量最多的一次记录："元封四年中，关东流民二百万口，无名数者四十万。"[29]盐铁官营后，整个社会更出现了"田地日荒，城郭空虚"[30]的惨淡局面。

《盐铁论·复古》中有这样一段话："令意总一盐、铁，非独为利入也，将以建本抑末，离朋党，禁淫侈，绝并兼之路也。"这是在告诉人们，汉政府实行盐铁官营并非仅仅为了从中渔利，还有更为重要的政治和社会意义。盐铁官营在两千多年的帝制中国，虽然偶有中断，但一直都是历代政府聚敛财富的重要措施。但历朝历代，农民失地破产，豪强聚众霸凌一方，利益阶层骄奢淫逸，官商集团垄断兼并……这些问题从来都没有因为盐铁官营而得到过真正的解决。

当然，仍有人坚持认为，盐铁官营至少打击了控制盐铁生产和销售，操纵盐铁产品的价格以牟取暴利，却"不佐国家之急，黎民重困"的大盐商、大铁商。我们来看看为汉武帝主办盐铁事务的官员都是些什么人：孔仅即我们在前文提到过的大规模经营冶铸业而财富巨万的南阳孔氏家族的成员，东郭咸阳是齐国大盐商，桑弘羊也出生于商人家庭。在公元前118年汉武帝推行盐铁官营那一年，《史记·平准书》就记载："使孔仅、东郭咸阳乘传举行天下盐铁，作官府，除故盐铁家富者为吏。吏道益杂，不选，而多贾人矣。"

所以说，真正有钱有势者是不会受到任何打击的，他们都摇身变成了主办盐铁的官员。

3. 统购统销与物价管制

汉武帝时代最后一项重大的敛财措施就是均输和平准。

所谓均输，类似于我们今天所说的统购统销。国家在各县设置均输官，负责盐铁的调拨和运输，也负责各地贡物和中央政府在当地调拨的各种物资的运输。平准，则相当于物价管制。平准与均输配合起来，便可联手掌握全国的物价，垄断天下货物，贵则卖之，贱则买之，以此平抑物价，让商人无利可图。

元封元年（前110年），桑弘羊被汉武帝擢升为治粟都尉，并代理大农令，从此掌管汉王朝的财政长达二十三年。就在元封元年这一年，在桑弘羊的主导下，汉王朝开始推行均输和平准法。

> 弘羊以诸官各自市，相与争，物故腾跃，而天下赋输或
> 不偿其僦费，乃请置大农部丞数十人，分部主郡国，各往往

县置均输盐铁官，令远方各以其物贵时商贾所转贩者为赋，而相灌输。置平准于京师，都受天下委输。召工官治车诸器，皆仰给大农。大农之诸官尽笼天下之货物，贵即卖之，贱则买之。如此，富商大贾无所牟大利，则反本，而万物不得腾踊。故抑天下物，名曰"平准"。[31]

在汉代，郡国每年都需要向中央政府贡献当地的土特产。然而，古代社会交通不便，这些贡品的运输成本极高，偏远地区的运输成本甚至超过了贡品价值本身。桑弘羊所主导的均输法，就是由政府按照商品产地的市场价统一采购，再统一运输到其他不出产此类商品且价格高昂的地区销售。平准法则是由政府来控制全国的物资和买卖，以平衡物价。政府通过均输、平准法，利用地区间的差价来获取巨额的商业利润。

就其初衷而言，均输和平准原本应该是好政策，不仅可以减少运输过程中不必要的浪费，也能调节物价。特别在灾年和荒年，平准仓的设置让政府能有足够的物资来赈济灾民。但它最大的问题仍然是政府垄断商品运输和销售。在古代中国，权力缺乏必要的制约和监督，权力和商业一旦结合起来，便形成"官商"。面对这些拥有公权力的"商人"，民间的商人自然毫无竞争力。"官商"由此获得了天下物资的垄断经营权，原本应该贱买贵卖，却往往反其道而行之，贵买贱卖，其目的当然是利用手中的权柄中饱私囊。

有司之虑远，而权家之利近；令意所禁微，而僭奢之道著。自利害之设，三业之起，贵人之家，云行于涂，毂击于道，攘公法，申私利，跨山泽，擅官市，非特巨海鱼盐也；执国家之柄，以行海内，非特田常之势、陪臣之权也；威重于六卿，富累于陶、卫，舆服僭于王公，宫室溢于制度……

《盐铁论·刺权》中的这段描述，让我们看到国家经济命脉全部被官府垄断之后，一个"官商"阶层的兴起。他们掌握国家大权，以此扰乱公法，谋取私利，垄断市场。他们比六卿还要威风，财富多过陶朱公、子贡，衣服车辆比皇族还华丽，房屋住宅僭越朝廷的相关规定……

现在，我们再来捋一捋汉武帝的一系列经济措施：盐铁官营、平准均输等经济政策最大的好处就是政府因此获取了巨大的财富，缓解了国家财政入不敷出，特别是军费开支紧张的状况。

但是，我们不妨再换一个角度思考问题：如果是因为不能容忍富商豪强垄断商品、操纵物价，而甘愿让政府"尽笼天下之货物"，所有物资的调拨和分配全部仰仗政府，首先得确认，这是一个百分之百一心为人民谋取福利的绝对公平正义的政府。因为富商豪强胡作非为，还有公权力可以对其进行约束、管控，但若政府乱来，谁能控制得了？很显然，帝制时代，普通民众对皇权和官府根本束手无策。

在实行盐铁官营、平准均输之后，国家和民众的状况是这样的：因为持续数十年对外征伐，汉王朝"民力屈，财用竭，因之以凶年，寇盗并起，道路不通"[32]。更兼皇帝重敛于民，想方设法将民间财富占为己有，整个国家"五十已上至六十，与子孙服挽输，并给徭役"[33]，民间社会已经极度痛苦和不堪重负。

儒家的困局

公元前 119 年决战漠北之后，汉政府国库极度空虚，汉武帝不是如同汉初高祖、高后、文帝、景帝那样采用让百姓休养生息的方式来恢复国力，而是通过盐铁专卖、垄断铸币权、平准均输来充实国库，甚至不惜采用"算缗""告缗"这种强制性的手段来敛财。

这些从社会无限度抽血的方式的最大好处，就是让汉武帝有了足够的财物可以穷奢极欲，可以"内侈宫室，外事四夷"，可以"信惑神怪，巡游无度"。诚如《史记·平准书》所载，实行均输、平准法后，"天子北至朔方，东到太山，巡海上，并北边以归。所过赏赐，用帛百余万匹，钱金以巨万计，皆取足大农"。于是，连司马迁都不得不感慨"民不益赋而天下用饶"。

不过，没有增加赋税，老百姓就感受不到这些经济措施所带来的经济压力了吗？

比之古罗马向海外拓殖和鼓励自由商业贸易以赚取海外财富这样的外向型国家发展模式，古代中国的发展模式则恰好相反，是向内发展的。也就是说，整个国家所有的社会财富皆来自三千六百万人民，来自占人口绝大部分的编户齐民的小农经济，以及一部分工商手工业者。这些社会财富被皇帝统统拿走之后，是没有任何外在渠道可以进行补充的。所以，汉武帝时代所有的经济政策实质就是从民间抽血来供给政府的开支。而政府每多拿走一枚铜钱，民间就会少一枚。

曾经，社会财富在工商手工业者和编户齐民之间流动。虽然商人们赚取了巨额利润，却也为社会提供了更多的就业机会，生产了能够满足社会所需的物美价廉的产品。所以说，这部分工商手工业者处在底层编户齐民和上层权贵阶层之间，是社会的中间阶层，也犹如社会的润滑剂。

《算缗令》《告缗令》以及盐铁官营、均输平准法颁行后的汉王朝，无疑是一个消灭了整个中间阶层的社会。皇帝将所有的社会财富强行抽走，于是，只剩下一个除了权贵阶层之外，整个社会共同贫穷的国家。这样的社会极其孱弱，完全无法抵御任何自然灾害的出现。

《告缗令》的出台是在公元前117年，仅仅两年之后，即公元前115年，《汉书·武帝纪》便出现了"夏，大水，关东饿死者以千数"的记录。第二年，即公元前114年，《汉书·武帝纪》和《汉书·五行志》都分别出现了"关东郡国十余饥，人相食"的记录。而在太初年间，即公元前104年至前101年，因为持续的旱灾和蝗灾，汉王朝"人相食"的现象可能持续数年。

所以，汉宣帝时期的长信少府夏侯胜这样描述汉武帝执政后期的西汉社会："武帝虽有攘四夷广土斥境之功，然多杀士众，竭民财用，奢泰亡度，天下虚耗，百姓流离，物故者半。蝗虫大起，赤地数千里，或人民相食，畜积至今未复。亡德泽于民……"[34]

由于征伐无度和穷奢极欲，汉武帝不仅将汉初七十年积累起来的财富悉数耗尽，更将通过盐铁官营、杨可告缗聚敛而来的大量社会财富也全部挥霍殆尽。为了继续满足皇帝"外事四夷"的"雄心"，还有人给汉武帝建议，"益民赋三十助边用"[35]，意思是向每个百姓征收的算赋再增加三十钱。

"（昭帝）承孝武奢侈余敝师旅之后，海内虚耗，户口减半"[36]，正是因为民生疾苦，在辅政大臣霍光的主持下，汉昭帝才会在公元前81年召开盐铁会议，让贤良文学与聚敛之臣们公开辩论，希望能为国家找到一个既能国强也能民富的两全其美的办法。

贤良文学所代表的儒家观点很明确，盐铁官营、平准均输乃是与民争利，直接导致民间经济的萧条。汉武帝时期的大儒董仲舒就曾明确反对官营化的经济政策，提出享受政府俸禄的官员和贵族不应该经营商业与民争利，认为"盐铁皆归于民"。然而，对于如何才能让国家富强，董仲舒的办法也只是"薄赋敛，省徭役，以宽民力。然后可善治也"[37]。儒家虽然颇具民本思想，看到了民间社会的深重苦难，但就经济治理而言，仍局限在轻徭薄赋、重视农业生产、以仁义治天下而已。所以在盐铁会议上，贤良文学们虽然咄咄逼人，却仍旧拿不出任何具体的可以真正解决问题的经济措施。汉昭帝时代的贤良文学无法解决实际问题，控制中国思想两千多年的儒家在以后的历史中同样没有更好的经济对策。

于是乎，古往今来，在我们这个以农为本、纯粹以小农经济为国民经济基础的国度中，能够如桑弘羊一般将民间财富尽可能聚敛到皇帝一人手中，让国家富强的人便成了力行改革的"改革派"代表；而体察民生疾苦，希望帝王能节制所欲、轻徭薄赋、力促富民的人往往成了因循守旧、迂腐无能的"保守派"。

我们不妨再来看看在《盐铁论·错币》中，以桑弘羊为代表的士大夫所表达的观点："民大富，则不可以禄使也；大强，则不可以罚威也。"百姓富裕了，国家便不能用俸禄来役使他们；百姓强大了，国家就不能用刑罚来威服他们。这句话让人不禁想到《商君书·弱民》中一句更直白的话："民弱国强，民强国弱。故有道之国务在弱民。"从这个层面上讲，盐铁官营、国家垄断铸币权等措施就是从经济上"弱民"。

所以，无论"改革派"还是"保守派"，在高度集权的制度之下，两方都无法跳出以皇权为本和小农经济的视野，真正从自由商业和国家利益的角度来思考问题。

桓宽编撰的《盐铁论》让我们看到桑弘羊舌战群儒，并且抛出了困扰中国的千古难题，即所谓桑弘羊之问：如果不执行国营化政策，战争开支从哪里来？国家财政收入又从哪里得？直到今天，桑弘羊仍被很多人推崇备至，被誉为"古今第一能臣"。

两千年前，桑弘羊的确有傲视群儒的能力和资本。但在两千年后的今天，拥有全球化视野的我们，如果还在认可甚至追捧这种能力和资本，那就是我们这个民族莫大的悲哀。

注　释

［1］《汉书》卷二十四上《食货志上》，中华书局 2012 年版，第 1042 页。

［2］《史记》卷三十《平准书》，中华书局 2014 年版，第 1716 页。

［3］《史记》卷三十《平准书》，中华书局 2014 年版，第 1723 页。

［4］徐国栋：《罗马人的税赋》，《现代法学》，2010 年第五期。

［5］《后汉全文》卷十四，商务印书馆 1999 年版，第 125 页。

［6］余英时：《汉代贸易与扩张》，上海古籍出版社 2005 年版，第 59 页。

［7］《汉书》卷六十四下《严朱吾丘主父徐严终王贾传下》，中华书局 2012 年版，第 2455 页。

［8］《史记》卷三十《平准书》，中华书局 2014 年版，第 1716 页；《汉书》卷二十四下《食货志下》，中华书局 2012 年版，第 1059 页。

［9］《史记》卷三十《平准书》，中华书局 2014 年版，第 1719 页；《汉书》卷二十四下《食货志下》，中华书局 2012 年版，第 1061 页。

［10］《史记》卷三十《平准书》，中华书局 2014 年版，第 1720 页。

［11］《史记》卷三十《平准书》，中华书局 2014 年版，第 1720 页。

［12］《史记》卷三十《平准书》，中华书局 2014 年版，第 1727 页。

［13］《史记》卷三十《平准书》，中华书局 2014 年版，第 1730 页。

［14］《史记》卷三十《平准书》，中华书局 2014 年版，第 1731 页。

［15］《后汉全文》卷十四，商务印书馆 1999 年版，第 125 页。

［16］《汉书》卷六《武帝纪》，中华书局 2012 年版，第 153 页。

［17］《史记》卷三十《平准书》，中华书局 2014 年版，第 1722 页。

［18］《史记》卷三十《平准书》，中华书局 2014 年版，第 1728 页。

［19］陈直：《两汉经济史料论丛》，中华书局 2008 年版，第 259 页。

［20］陈直：《两汉经济史料论丛》，中华书局 2008 年版，第 111、116 页。

［21］《盐铁论》卷六《水旱》，中华书局 1992 年版，第 429 页。

［22］《盐铁论》卷六《水旱》，中华书局 1992 年版，第 430 页。

［23］《盐铁论》卷六《水旱》，中华书局 1992 年版，第 430 页。

［24］《史记》卷三十《平准书》，中华书局 2014 年版，第 1736 页。

［25］《盐铁论》卷六《水旱》，中华书局 1992 年版，第 430 页。

［26］《汉书》卷七十二《王贡两龚鲍传》，中华书局 2012 年版，第 2658 页。

［27］《盐铁论》卷一《复古》，中华书局 1992 年版，第 78 页。

［28］《汉书》卷七十二《王贡两龚鲍传》，中华书局 2012 年版，第 2658 页。

［29］《史记》卷一百三《万石张叔列传》，中华书局 2014 年版，第 3350 页。

［30］《盐铁论》卷三《未通》，中华书局 1992 年版，第 192 页。

［31］《史记》卷三十《平准书》，中华书局 2014 年版，第 1737 页。

［32］《汉书》卷九十六下《西域传下》，中华书局 2012 年版，第 3363 页。

［33］《盐铁论》卷三《未通》，中华书局 1992 年版，第 192 页。

［34］《汉书》卷七十五《眭两夏侯京翼李传》，中华书局 2012 年版，第 2726 页。

［35］《汉书》卷九十六下《西域传下》，中华书局 2012 年版，第 3350 页。

［36］《汉书》卷七《昭帝纪》，中华书局 2012 年版，第 200 页。

［37］《汉书》卷二十四上《食货志上》，中华书局 2012 年版，第 1042 页。

第十四章

人相食，人相食

汉武帝时代是一个积极追求功业的时代。伴随着疆域的拓展，整个国家被打造成了一部高速运转的战车。为了养战，随着各项经济措施的推行，政府被改造成为一个庞大的敛财公司。所以我们看到，从汉武帝时代开始，汉政府的职能发生了翻天覆地的变化。

汉初七十年，汉政府是一个典型的小政府，官员的职能主要在于收税和进行简单的社会管理以维持国家的正常运转。这样的政府很容易养活，"漕转山东粟，以给中都官，岁不过数十万石"[1]，每年只需要转运几十万石粮食就能奉养中央政府的官员。

秦时管理国家财政的机构为"治粟内史"，汉承秦制，"景帝后元年更名大农令，武帝太初元年更名大司农"[2]。大农掌谷货，也就是田租和钱币。管理皇帝私人财物的机构，秦汉时都称为"少府"。少府"掌山海池泽之税，以给共养"[3]。颜师古注曰："大司农供军国之用，少府以养天子也。"大司农如同今天的财政部，掌管国库和国家财政；少府则是皇室的收入，相当于皇帝的个人小金库。

在上一章中我们说过，汉武帝时代，开边、兴利，政府垄断铸币权，推行盐铁官营、均输平准，政府官员参与到具体的经济活动中来，官僚系统开始膨胀。

　　一开始，汉武帝将盐铁官营的事务交给大农令，公元前119年，"以东郭咸阳、孔仅为大农丞，领盐铁事"[4]。随着盐官、铁官在全国范围内都得以设置，大农令逐渐管理不过来，于是，汉武帝在元鼎二年（前115年）置水衡都尉，专门管理盐铁。随着《告缗令》的颁布，政府通过"告缗"搜刮的财物全部堆在上林苑，汉武帝又让水衡都尉掌管上林苑。可是，财物太多，水衡都尉也管理不过来了，"乃分缗钱诸官"[5]。于是，大农、少府、太仆、水衡等各机构不得不再设立一系列的官员来替皇帝打理财物。

　　就这样，汉武帝时代的汉政府逐渐变成了一个庸官、杂官、官商云集的庞大政府。对于这个政府的工作状态，因为向皇帝捐献了个人财产而位列九卿的养羊专业户卜式的话最形象："县官当食租衣税而已，今弘羊令吏坐市列肆，贩物求利。"[6]意思是说，官员的本职工作是收税，政府的开支也应从田租赋税里出，桑弘羊却叫大家坐在市场上贩卖货物，追逐高额利润，榨取民间财富。

　　因为官僚系统膨胀，在汉武帝时代，为了奉养中央政府的官员，朝廷每年都需要往长安调运四百万石粮食，最高的年份甚至达到六百万石，这个数字几乎是汉初七十年的十倍。而且这还不够，各政府部门还需要自己购买一部分才足用。[7]

　　到汉武帝晚年，因为不断巡边封禅、兴筑华丽的宫殿园囿，更因为穷兵黩武，西汉王朝出现了"民力屈，财用竭，因之以凶年，寇盗并起"的末世之状。于是，汉武帝在征和四年（前89年）发布了一道诏书，反省既往的施政之失。这道诏书被后世称作"轮台诏"。从此，汉武帝不再派兵出征，并"封丞相车千秋为富民侯，以明休息，思富养民也"[8]。

很多人都认为，从这个时候开始，汉王朝又回到了汉初七十年轻徭薄赋、与民休息的时代。尽管在后来的昭帝、宣帝时期，汉王朝极少对外用兵，而更多地给予民间休养生息的空间，但是，一个庞大而臃肿的政府机构已经形成，便再也回不到过去的小政府状态了。

在汉宣帝五凤年间，也就是汉武帝去世三十年后，大司农中丞耿寿昌注意到每年从关东转运粮食到长安耗费的人力非常巨大，所以给汉宣帝出了个主意："故事，岁漕关东谷四百万斛以给京师，用卒六万人。宜籴三辅、弘农、河东、上党、太原郡谷足供京师，可以省关东漕卒过半。"[9]可见，即便到了汉宣帝时期，奉养中央政府官吏的粮食丝毫不比汉武帝时代少。东汉学者桓谭则说，自汉宣帝以来，汉政府每年将赋钱的一半，也就是二十亿钱用于支付整个国家官员的薪俸。[10]按照余英时先生的推算，汉政府一年的财政收入为一百亿钱，那么，每年政府财政收入的五分之一都要用于供养各级政府官员。

汉昭帝即位后，在霍光的主持下曾打算议罢盐铁酒均输官。但在盐铁会议上，桑弘羊舌战群儒，让昭帝和霍光意识到，盐铁官营和均输平准给财政带来的丰厚收益是单纯小农经济的赋税收入完全不能比拟的，已经成为国家"制四夷，安边足用之本"[11]。一旦不再推行这些与民争利的经济措施，汉王朝可能陷入连自己的官僚系统都养不起的尴尬境地中。所以，盐铁会议之后，汉昭帝只是停止了酒类专营而已。

汉元帝时代曾一度罢了盐铁官，但仅仅三年便因为"用度不足"而不得不恢复。

于是，从文景之治到汉武帝时代，我们看到了两千年帝制中国集权制度的一个最大悖论：为了维护高度集权必须打造一个高度稳定的社会，将每一个人都牢牢捆绑在土地上仅仅从事只能自给自足的小农经济，而将要求私有财产保护和自由流通的商业视作末业加以限制和打击。这种与单纯小农经济配套的政府只能是一个简单有效的小政府，一旦这个政府开始追求功业，开始变得庞大和臃肿，开始追求奢靡和享乐，维持其正常运转所需的费用必然会让小农经济难以承受。更重的盘剥导致更普遍的贫穷，最终让整个社会走向崩溃。

也就是说，单纯的小农经济很难长时间地支持一个帝国对外扩张的雄心壮志。

**理想中的
轻徭薄赋**

钱穆先生在其著作《中国历代政治得失》中讲到汉代的经济制度时，盛赞这是一个"轻徭薄赋"的理想时代。孟子说："什一而税，王者之政。"可汉代法定的税额是十五税一，且从汉景帝开始便减半征收。所以，整个两汉时期，政府向农民收取的田租基本都是三十税一。即便在汉武帝时代，政府财政严重赤字，也没有增加田租的记录。而且，钱穆先生认为，汉文帝时期田租曾一度免收，前后加起来有十一年之久，是中国历史上绝无仅有的一次。

然而，学者们通过对汉代史料进行详细比对研究，特别是用近年来出土的汉代简牍上所记录的内容加以印证后，发现理想的并非汉代的赋税制度，而是钱穆先生的观点。

1. 田租

自高祖开始汉朝法定的田租征收额度便是十五税一，高祖时期有些年份可能加重了田租，但从汉惠帝起，十五税一便可看作汉代的法定税额。文帝十二年（前168年），《汉书·文帝纪》记载，"其赐农民今年租税之半"。这一年，汉政府减半向农民征收田租，也就是三十税一。文帝十三年（前167年），汉文帝诏命天下，"农，天下之本，务莫大焉。今勤身从事而有租税之赋，是为本末者毋以异，其于劝农之道未备。其除田之租税"[12]。《汉书·食货志》也记录："（文帝）乃下诏赐民十二年（文帝十二年）租税之半。明年（文帝十三年），遂除民田之租税。"所以，一般认为从文帝十三年直到文帝去世这十一年，汉政府没再向农民征收田租。

不过《史记》记载，汉景帝一即位，就于景帝元年（前156年）下令"除田半租"[13]。如果汉政府真的在文帝去世前已有长达十一年的时间没收田租，而景帝一即位就开始下令收租，这似乎不符合汉家以孝治天下、三年不改父志的情理。此外，"除田半租"也只能建立在过去的一年有收取田租的基础上，不然如何减半？

上个世纪70年代湖北江陵凤凰山汉墓出土了数百枚简牍，是内容涉及赋税、徭役、户籍、借贷、贸易等方面的经济文书。据考证，这批简牍的年代上限是汉文帝十六年（前164年），下限为汉景帝四年（前153年）。著名历史学家林甘泉先生认为，这些考古资料能够充分证明，在汉文帝十三年之后，西汉政府并未停止征收田租。[14]

所以说，汉文帝时代有十一年免收田租可能是一种误会，他只是免除了文帝十三年当年的全部田租。

即便如此，两汉时期的田租在中国两千年的帝制时代的确是非常少的。景帝二年（前155年），"令民半出田租，三十而税一也"[15]，于是田租三十税一成为两汉时期的定制。即便在东汉初年，国家初建，用度不足，一度实行过什一税，但光武帝刘秀很快就恢复了三十税一的旧制。

我们之所以说钱穆先生在描述汉代赋税制度时太过理想化，是因为他在田租之外，没有涉及人头税和更赋。而这两项汉朝百姓必须缴纳的赋税，其数额甚至远远高于田租。

2. 人头税

汉代的人头税分为向成年人征收的算赋和向未成年人征收的口赋。

《汉书·高帝纪》中记录道，汉王四年（前203年）"初为算赋"。如淳注曰："《汉仪注》民年十五以上至五十六出赋钱，人百二十为一算，为治库兵车马。"《汉书·昭帝纪》记录元凤四年（前77年）"毋收四年、五年口赋"。如淳注曰："《汉仪注》民年七岁至十四出口赋钱，人二十三。二十钱以食天子，其三钱者，武帝加口钱以补车骑马。"

《汉书·贾捐之传》中说汉文帝时期"民赋四十"，而汉武帝时代"民赋数百，造盐铁酒榷之利以佐用度，犹不能足"。

所以一般认为，汉代向十五岁以上的成年人征收的算赋是一人一年一百二十钱，汉文帝时期一度降到了四十钱，而汉武帝时代高的时候甚至达到了一人一年数百钱；向七岁以上的未成年人征收的口赋是一人一年二十钱，汉武帝时期提高到了二十三钱，并且把征收年龄提前到三岁，导致很多贫困家庭"生子辄杀"[16]。直到汉元帝时期，口赋的征收年龄才又调回到七岁。

不过，日本学者永田英正对湖北江陵凤凰山汉墓出土的简牍进行研究后认为：尽管史书记录的算赋为每人每年一百二十钱，但现实中，"汉代的农民必须承受比算赋重四倍的现钱剥削"[17]。

3. 更赋

汉昭帝在元凤四年免除了两年的口赋，同时也下诏："三年以前逋更赋未入者，皆勿收。"[18]如淳注曰："更有三品，有卒更，有践更，有过更。古者正卒无常人，皆当迭为之，一月一更，是谓卒更也。贫者欲得顾更钱者，次直者出钱顾之，月二千，是谓践更也。天下人皆直戍边三日，亦名为更，律所谓繇戍也。虽丞相子亦在戍边之调。不可人人自行三日戍，又行者当自戍三日，不可往便还，因便住一岁一更。诸不行者，出钱三百入官，官以给戍者，是谓过更也。"

根据如淳的注释，学者李剑农认为，汉代每个成年男子每年都要为官府提供一定时间的劳役，是为"力役之征"[19]，大致有三种：给郡县一月一更之役；给中都正卒一岁一更之役；戍边三日之役。这些劳役都可以钱代役，一月一更可雇人代役，工钱两千钱；戍边三日之役的代役金则交给官府，每个成年男丁是三百钱。因为大多数的人都不可能亲自赴边，所以这笔钱成了一种赋税，叫"更赋"。

不过，林甘泉则认为，汉代男子需要服的徭役分力役和兵役两种。力役又分为两种：给地方政府服的力役，一般十五岁起役，役期一个月；给中央政府服的力役，由傅籍正丁承担（一般认为汉代起傅年龄为二十三岁），役期一年，主要从事修陵、转漕、修路、治河渠、宫室营造等大型工程。兵役也是两项：男丁二十三岁起傅后，"一岁而以为卫士，一岁为材官、骑士，习射、御、骑驰、战阵……水处为楼船，亦习战射、行船……年五十六老衰，乃得免为民"[20]。也就是说，汉代的成年男子一生要服的兵役为：傅籍为正后当卫士和材官（或骑士、楼船）各一年，其余时间为本地预备兵，到五十六岁才得免役为民。另外，汉代成年男子还有到边地戍边之役，役期一般也是一年，紧急情况下可延长六个月。戍边之役的具体方式是每年戍边三日，大多数的人不可能亲身赴边，所以如淳注称，成年男子可每年缴纳三百钱给官府作为戍边代役金。[21]

这就意味着，汉代达到起傅年龄的男丁除非能到边关戍边一年，否则每人每年都需要缴纳三百钱给官府。因此，更赋的征收相当普遍。

4. 给汉朝农民家庭算笔账

关于汉代的徭役兵役制度，目前学界还有争议，我们姑且按照以上学界达成的旧有共识来进行讨论和计算。

我们先来看看，一个汉代男子一生需要为国家承担哪些义务。

如果他出生在武帝、昭帝和宣帝时代，那他三岁就需要出口赋，其他时候一般七岁出口赋，十五岁开始出算赋，一直出到五十六岁（口赋和算赋男女皆同）。同时，他十五岁开始服小徭役，即地方政府征发的规模较小的力役，每年役期为一个月；二十三岁傅籍，开始服大徭役，即中央政府征发的大规模的力役，一般役期为一期一年；同样是二十三岁开始服兵役，卫士、材官（或骑士、楼船）役期各一年，接受军事训练，以后直到五十六岁为止，根据国家的需要随时被征发。如果他不能亲自前往边地戍边，从二十三岁开始，每年还需要向政府缴纳三百钱的更赋。

接下来，我们再来为一个有五口人的汉代家庭算算账，看看这个五口之家在政府规定的范围内，一年必须向政府缴纳的直接税究竟会占总收入的多少。

《汉书·食货志》中记录了战国时期法家学派的代表人物李悝为当时普通农民家庭算的一笔账：一个有百亩土地的五口之家，一年的粮食收成为一百五十石；十一而税，余粮一百三十五石；除掉家庭的基本口粮，余粮四十五石；以每石粮食三十钱计，可卖一千三百五十钱，用以支付婚丧嫁娶、赋税杂派、扩大生产等支出，这个家庭完全入不敷出。

到了汉代，晁错曾对汉文帝说："今农夫五口之家，其服役者不下二人，其能耕者不过百亩，百亩之收不过百石。"[22]

汉代的生产力水平应该比战国时期有所提高，所以汉代每百亩土地的收成不可能远远低于战国时期。李悝和晁错的说法出入较大，应该是因为晁错列举的是当时亩产最低的数据。林甘泉编撰的《中国经济通史·秦汉经济卷》通过对各种文献中记录的数据进行分析后认为，汉代粮食一小亩的产量平均为一点八小石，一百亩产量即为一百八十石。这样的话，就和李悝所说的百亩土地收成一百五十石接近了。为了方便计算，我们统一按李悝的算法，只是将生产力水平有所提高的汉代耕种百亩土地的五口之家一年的收成设定为二百石。

这二百石粮食就是一个普通的汉代农民家庭的主要经济来源。在社会稳定时期，汉代的谷物常价为每石数十钱。"上不过八十，下不减三十，则农末俱利，平粜齐物，关市不乏，治国之道也。"《史记·货殖列传》里的这段话虽然是春秋时期计然对越王勾践所说，但也从一个侧面告诉我们，在一个以农业为本的国家里，丰年时粟米价格维持在每石三十至八十钱是比较合理的、利国利民的价格区间。汉宣帝时，连年丰收，甚至出现"谷至石五钱，农人少利"[23]的记录。所以，我们不妨按照李悝的计算，每石粮食以三十钱计，那么一个五口之家的总收入为六千钱，而其需要缴纳的政府法定赋税如下：

田租：三十税一，则需要缴纳 6.66 石粮食，约 200钱。[24]

人头税：有学者估算认为，汉代平均每户 5 人，应纳算赋者约占 2/3，每人 120 钱，则是 400 钱；应纳口赋者约占 1/6，每人 23 钱，则约是 19 钱。所以，一个五口之家每年应缴纳的赋钱为 419 钱。[25]

更赋：按照人头税的计算人数，应纳算赋者占五口之家的 2/3，姑且将家庭一半的纳算赋者视作需要缴纳更赋的成年男子，每人一年 300 钱，那么需纳更赋为 500 钱。

汉代一个五口之家家庭年度总纳税率：（200＋419＋500）÷6000＝18.65%

一个普通农民家庭，仅仅依靠自给自足，刚刚处在温饱线上，每年却要向政府缴纳高达 18.65% 的税。《汉书·贾捐之传》中言文帝时期"民赋四十，丁男三年而一事"，应该会小于这个数字。汉初之时小亩制和大亩制并行，到汉武帝晚年，因为百姓困苦，汉武帝统一推行大亩制（1 小亩＝0.42 大亩）。由于汉代的田租是根据田亩来征收的，大亩制的推行无疑会让原本实行小亩制地区的农民所承担的田租有所减少。但一户农民一年能从中得到的实惠不过两三石粮食。汉武帝晚年时汉王朝"户口减半"，沉重的兵役和徭役导致大量的劳动力从土地上流失，从而导致土地荒芜、粮食产量大减。同样亩数的土地，无论丰歉，产量多少，农民每年都要缴纳同样多的田租。所以，相对于徭役、兵役给农民增加的负担，推行大亩制所带来的实惠几乎可以忽略不计。而汉武帝时代"民赋数百"时，一个农民家庭的年度总纳税率应该比我们计算出的数据还要高很多。

这些赋税还没有算上地方政府层层加压的各种杂税摊派。

汉武帝元鼎、元封年间，汉王朝连年对外用兵，平羌乱，灭两越，在番禺以西直到蜀南新设立十七郡。这些新设郡县时常小规模反叛，诛杀官吏，朝廷只得调兵镇压。《史记·平准书》说："然兵所过县，为以訾给毋乏而已，不敢言擅赋法矣。"这句话的意思是说，平叛军队所经过的县城，为了保证军队供给无缺，再也谈不上遵守赋税成法了，只能向民间擅自征税。

汉武帝在晚年发布《轮台诏》："当今务在禁苛暴，止擅赋，力本农……"连皇帝都意识到必须制止官员"擅赋"于民的行为，足见地方政府擅自增加百姓赋税的现象应该是很普遍和严重的。这可能也是出土汉简所记录的赋税征收额远大于国家规定数额的原因之一。

另外，汉代普通农户还有一项必须承受的税收——刍稿税。

刍稿一般指喂养牲畜的草饲料，稿为稻秆，刍为牧草。《汉书·贡禹传》记载："已奉谷租，又出稿税。"这里的"稿税"即刍稿税。《史记·萧相国世家》记载萧何为民请曰："长安地狭，上林中多空地，弃，愿令民得入田，毋收稿为禽兽食。"由此可见，汉代立国之初就开始征收刍稿税，而且按田亩数和田租一起征收。

所以说，单纯依靠种地的农民家庭极为贫苦，很难实现自给自足。为了正常度日，这些农民需要在农闲时外出务工，或者发展一些种养副业，同时必须将所有的衣食费用降到最低。这种"最低"意味着，穷苦人家每日的饮食不过"饼饵麦饭甘豆羹"，只有在年终祭祀时，才能够尝尝肉味。

进至汉武帝时代，中央政府开始逐利，每一项加大财政收入的经济措施表面上看来并没有直接向百姓收税，但最终都会转嫁到普通民众身上；地方政府为完成朝廷下达的各项指令和任务，也不得不大量向治下民众摊派、擅赋。在这个"重赋于民"的"汉武盛世"里，普通百姓种地出田租，活着给口算钱，有车船出算钱，有訾财被"算缗"，甚至养有马、牛、羊均要出算钱。《汉书·西域传》的赞语中就说："武帝算至轺车，租及六畜。"

这样我们就不难理解，为何汉武帝时代仅仅是把口赋从二十钱增加到二十三钱，并提前到三岁征收，就有那么多家庭不堪重负而"生子辄杀"了。

天灾，助纣为虐　　　　　1927 年，考古学家在北京周口店的一个山洞里发现了一些远古的人骨化石。加拿大解剖学家戴维森·布莱克将其归类为"北京人"。

这些"北京人"的化石被发现时，头盖骨和腿骨都被砸开过，有人类学家推测，这是为了取食里面的脑髓和骨髓。人类学家肯瑞德·洛伦兹这样记录道："北京人，这第一个学会保存火种的普罗米修斯，用火来烧烤自己的兄弟们。在最早日常用火的痕迹旁，是残缺不全的、烤过的中国猿人北京种自己的骨头。"[26]

几乎在所有人类文明的早期，因为食物匮乏，因为原始宗教信仰，因为战争双方企图威慑彼此等原因，食人行为普遍存在。不过，随着文明的发展，在绝大多数日益成熟的文明中，食人行为逐渐变成了野蛮和罪恶的行为。

在"北京人"烧烤自己兄弟的尸骨，依靠其皮肉顽强生存下来以后五十万年，中华文明进入了信史时代。翻开史书，中国历朝历代都有无数中国人仍如五十万年前的"北京人"那样匮乏着、饥饿着，甚至不得不如同"北京人"那般"食人炊骨"。

东汉班固所编撰的《汉书》记录了西汉王朝汉高祖到新朝王莽时期二百三十年的历史。西汉是中华文明走向成熟、进入集权帝制时代之后的第二个王朝。这二百一十年的历史可以算得上我们这个民族在帝制时代最好的时期，国民性尚未经历长久战乱、长久饥疫、长久政局混乱的摧折。然而，大量的"人相食"现象却充斥着整部《汉书》。

根据笔者不完全统计，《汉书》中至少有二十三条与大规模"人相食"相关的记录。汉武帝和汉元帝治下"人相食"的记录最多，分别是七条和八条。不过，汉元帝的八条"人相食"记录都指向其即位之初的初元元年（前48年）和初元二年（前47年），因为关东水灾之后连续两年的灾害。所以，汉武帝时代发生的"人相食"事件无疑是西汉历代帝王中最多的，七条记录具体指向了六次大规模的"人相食"事件，数量甚至超过了处于末世状态的新莽时期。

一、《汉书·武帝纪》："三年春，河水溢于平原，大饥，人相食。"这是汉武帝建元三年的记录，即公元前138年的记录。

二、《汉书·汲黯传》："河内贫人伤水旱万余家，或父子相食……"汉武帝建元四年（前137年），六月，史书有旱灾的记录，百姓沦落到"父子相食"，足见灾情严重。

三、《汉书·食货志》："是时山东被河灾，及岁不登数年，人或相食，方二三千里。"这里所指的年份应当是元鼎二年（前115年）、元鼎三年（前114年）。元鼎二年三月，"雪，平地厚五尺"[27]，阳春三月的大雪灾影响了春耕播种。到了夏天，关东地区发生大水灾，数千人饿死。[28]九月，"水潦移于江南"[29]，武帝意识到问题严重，不得不调运巴蜀之粟救济。同时，黄河水灾十分严重，于是《食货志》里有了"人相食"的记录。

四、《汉书·武帝纪》记载元鼎三年："夏四月，雨雹，关东郡国十余饥，人相食。"

五、《汉书·五行志》记载元鼎三年（前114年）："三月水冰，四月雨雪，关东十余郡人相食。"

六、《汉书·夏侯胜传》："天下虚耗，百姓流离，物故者半。蝗虫大起，赤地数千里，或人民相食……"

从元鼎五年（前112年）起，旱灾、蝗灾交替或并发，成为汉武帝执政中后期对农业生产破坏最大的自然灾害。元封元年（前110年）至元封四年（前107年），旱灾频发：元封元年，汉武帝即令"（百）官求雨"[30]；到元封四年，旱灾已相当严重，"夏，大旱，民多喝死"[31]；元封六年（前105年）秋又是大旱，并有蝗灾[32]。元封六年起至太初年间（前104年—前101年）又频发蝗灾。太初元年（前104年）的蝗灾异常严重，"关东蝗大起，飞西至敦煌"[33]。到公元前100年，汉武帝改年号"天汉"。应劭注曰："时频年苦旱，故改元为天汉，以祈甘雨。"[34]但旱灾并没有因此而缓解，天汉元年和三年（前98年）都是大旱。[35]紧接着征和年间（前92年—前89年）又是连年旱灾、蝗灾。[36]

由此可见，在汉武帝执政的中后期，从公元前112年到前87年，旱灾、蝗灾不断交替发生。结合夏侯胜所说的"蝗虫大起，赤地数千里"，可以想见，在这些年份中，特别是元封六年到太初四年（前101年）、天汉年间（前100年—前97年）以及征和年间（前92年—前89年），百姓因为食物极度匮乏，"人相食"事件可能时有发生。

七、《汉书·食货志》："仲舒死后，功费愈甚，天下虚耗，人复相食。"仲舒指董仲舒，他于公元前104年去世。

根据以上史书中的记录，第四条和第五条乃指同一年份同一事件，并且与第三条的记录有重复之处；第六条和第七条所指的也应该是大致相同的时间段，即汉武帝执政中后期。

所以，综观汉武帝时代，整个国家出现大规模"人相食"事件的时间段至少有六段：公元前138年、公元前137年、公元前115年、公元前114年、公元前105年—前97年、公元前92年—前89年。尤其在汉武帝执政中后期，从元鼎年间开始，直到汉武帝去世，这种状况可能时有发生，甚至持续数年。

汉武帝时期为何会成为西汉历代帝王治中"人相食"记录最多的时期？

我们知道，汉武帝一生追求功业，为政五十四年，史载有用兵的年份就有三十多年，在其政治生涯后半段的二十多年中，用兵更加频繁，除了太始年间，几乎年年都有大规模用兵的记录。而从元狩元年（前122年）开始，他外出祠神、求仙、巡游、封禅达到二十九次，几乎是每隔一年就要兴师动众、四处巡游一番，有些时候甚至年年出游。

在人民已经饿得"人相食"的时候，汉武帝仍然致力于个人的享受，在征伐四夷的同时更大修宫室、陵墓。他为自己历时五十三年修筑的茂陵是汉代帝王陵中规模最大、修造时间最长、陪葬品最丰富的一座。太初元年，国内蝗虫大起，从关东蔓延至敦煌，汉武帝仍发动了汗血马战争。也就在这一年，他开始建造比未央宫规模还要浩大的建章宫。我们不妨通过《史记·封禅书》所记录的内容来感受一下这座西汉最富丽堂皇的宫殿的气派：

> 于是作建章宫，度为千门万户。前殿度高未央。其东则凤阙，高二十余丈。其西则唐中，数十里虎圈。其北治大池，渐台高二十余丈，命曰太液池，中有蓬莱、方丈、瀛洲、壶梁，象海中神山龟鱼之属。其南有玉堂、璧门、大鸟之属。乃立神明台、井幹楼，度五十丈，辇道相属焉。

汉武帝茂陵（位于陕西省咸阳原上，是汉代帝王陵墓中规模最大、修造时间最长、陪葬品最丰富的一座，被称为"中国的金字塔"。黄豁摄）

霍去病墓（汉武帝将自己喜爱的卫青、霍去病等重臣都陪葬在茂陵周边。两千年前，这座陵墓状如祁连山，以展示霍去病征服河西走廊军功。黄豁摄）

五十丈是什么概念？一般认为，汉代每丈折合二米三，五十丈就是一百一十五米[37]，相当于三十多层楼高。对于这个数据，我们可能需要抱持一定的怀疑，不过，汉武帝不吝民力、财力修筑的这些楼台殿阁，规模之宏大可见一斑。

记载秦汉时期长安三辅地区的城池、宫观等建筑的书籍《三辅黄图》这样记录汉武帝时代的大兴土木："至孝武皇帝，承文、景菲薄之余，恃邦国阜繁之资，土木之役，倍秦越旧，斤斧之声，畚锸之劳，岁月不息，盖骋其邪心以夸天下也。"汉武帝在位五十四年，所建宫观的规模和数量都是汉朝历代帝王之最，甚至超越了暴秦。他在长安城内扩建了未央宫，新建了桂宫、北宫、明光宫、柏梁台等，又兴建了建章宫、甘泉宫两大宫殿群，且在上林苑中新建和修复秦代的离宫别馆甚多。[38]

因为大兴土木，长安城内大部分的土地都被宫殿群占用，再也造不下大的皇宫了。所以，汉武帝只得将建章宫建在了西城墙外。但为了方便自己通行，汉武帝命令工匠由建章宫架起一条凌空阁道，飞越长安城西墙及沟池而达未央宫，名为"飞阁"，再由未央宫同桂宫、北宫、明光宫、长乐宫的复道相接，构成了一条几天才能走完的辇道。[39]即便在科技和生产力水平都高度发达的今天，修建这样凌空飞渡、连宫跨城的"飞阁"也算得上蔚为壮观，更何况是在生产力水平极为低下的两千多年前的汉代社会。我们甚至无法想象它需要耗费怎样庞大的人力、物力、财力，需要耗费多少能工巧匠的心血甚至于生命。

如此大规模的消耗必然重赋于民。然而，仅仅依靠编户齐民每年所缴纳的赋税远远不足以满足汉武帝的欲望，于是，汉政府开始大力推行各种与民争利的经济措施，从而抽走了绝大部分的社会财富。这些社会财富全部在连年战争和统治阶层的穷奢极欲中消耗殆尽。

兵连祸结的时代，大量的青壮年劳动力要么被征发上了前线，要么被征调从事繁重的徭役。为了支持持续四年的汗血马战争，西汉王朝两次共计派出十万以上的汉军远征大宛，而为他们转运粮草物资的人力更是多达几十万，"天下骚动……益发戍甲卒十八万酒泉、张掖北……而发天下七科适（谪），及载糒给贰师。转车人徒相连属至敦煌"[40]。官府垄断铸币和盐铁之后，到了汉元帝时代，御史大夫贡禹仍在说："铸钱采铜，一岁十万人不耕，民坐盗铸陷刑者多。"[41]足见这种垄断性经营对人力资源的占用非常大而且持续时间长。同时，为了逃避沉重的兵役、徭役，或因无力负担沉重的赋税而破产，大量农民成为流民。诸多人为因素导致大量青壮年劳动力从土地上流失，以致良田荒芜、无人耕作。

这样的社会状态之下，一旦发生自然灾害，民众必然无法抵御。纵观西汉王朝二百一十年的历史，我们发现，汉武帝执政时代，特别是其为政中后期，恰好是一个自然灾害特别多的时期。

汉武帝时代，史书记录在案的各种自然灾害达四十多次。汉武帝策划马邑之谋，发动对匈奴战争的次年（前132年），黄河即在瓠子决口，直到二十三年后才成功堵口。当时的灾区千里无庐、百姓木栖，景象极为凄惨。

而以后，水灾、旱灾、蝗灾一直都威胁着汉武帝治下的百姓。

《汉书·食货志》里引述了一段董仲舒对汉武帝说的话："古者税民不过什一……至秦则不然，用商鞅之法，改帝王之制，除井田，民得卖买，富者田连仟伯，贫者亡立锥之地。又颛川泽之利，管山林之饶，荒淫越制，逾侈以相高……又加月为更卒，已，复为正一岁，屯戍一岁，力役三十倍于古；田租口赋，盐铁之利，二十倍于古。或耕豪民之田，见税什五。故贫民常衣牛马之衣，而食犬彘之食……"

董仲舒说的虽然是暴秦，不过，想到后世史家对汉武帝的评价往往是"有亡秦之失，而免于亡秦之祸"，以及汉武帝时代名目繁多的敛财政策和皇帝自己的穷奢极欲，焉知董仲舒说的不是汉武帝本人？

在记录下董仲舒对汉武帝说的话之后，《汉书·食货志》说："仲舒死后，功费愈甚，天下虚耗，人复相食。"对于汉武帝治下的汉朝百姓而言，也许能吃上犬彘之食而勉强活下去，已是万幸了。

注　释

［1］《史记》卷三十《平准书》，中华书局 2014 年版，第 1713 页。

［2］《汉书》卷十九上《百官公卿表上》，中华书局 2012 年版，第 674 页。

［3］《汉书》卷十九上《百官公卿表上》，中华书局 2012 年版，第 674 页。

［4］《史记》卷三十《平准书》，中华书局 2014 年版，第 1723 页。

［5］《史记》卷三十《平准书》，中华书局 2014 年版，第 1732 页。

［6］《史记》卷三十《平准书》，中华书局 2014 年版，第 1738 页。

［7］《史记》卷三十《平准书》（中华书局 2014 年版，第 1732 页）有载：实行"告缗"后，"诸官益杂置多，徒奴婢众，而下河漕度四百万石，及官自籴乃足"。桑弘羊擢升治粟都尉后，随着入粟补官、罪人赎罪等政令的推行，"山东漕益岁六百万石"（同前书第 1738 页）。

［8］《汉书》卷九十六下《西域传下》，中华书局 2012 年版，第 3351 页。

［9］《汉书》卷二十四上《食货志上》，中华书局 2012 年版，第 1045 页。

［10］《后汉全文》卷十四，商务印书馆 1999 年版，第 125 页。

［11］《汉书》卷二十四下《食货志下》，中华书局 2012 年版，第 1074 页。

［12］《史记》卷十《孝文本纪》，中华书局 2014 年版，第 542 页。

［13］《史记》卷十一《孝景本纪》，中华书局 2014 年版，第 559 页。《汉书》卷五《景帝纪》（中华书局 2012 年版，第 123 页）为："令田半租。"

［14］ 林甘泉：《中国经济通史·秦汉经济卷》，经济日报出版社 1999 年版，第 651 页。

［15］《汉书》卷二十四上《食货志上》，中华书局 2012 年版，第 1040 页。

［16］《汉书》卷七十二《王贡两龚鲍传》，中华书局 2012 年版，第 2658 页。

［17］ 永田英正：《居延汉简研究》，广西师范大学出版社 2007 年版，第 488 页。

［18］《汉书》卷七《昭帝纪》，中华书局 2012 年版，第 197 页。

［19］ 李剑农：《中国古代经济史稿·先秦两汉部分》，武汉大学出版社 2011 年版，第 298 页。

［20］《汉官旧仪》，中华书局 1985 年版，第 14—15 页。

［21］ 林甘泉：《中国经济通史·秦汉经济卷》，经济日报出版社 1999 年版，第 676 页。

［22］《汉书》卷二十四上《食货志上》，中华书局 2012 年版，第 1038 页。

［23］《汉书》卷二十四上《食货志上》，中华书局 2012 年版，第 1045 页。

［24］ 林甘泉经研究认为汉代每亩土地的田租额为 5—7 升，参见林甘泉：《中国经济通史·秦汉经济卷》，经济日报出版社 1999 年版，第 657 页。1 石或 1 斛＝ 100 升，百亩的田租即 5—7 石，按 1 石粮食 30 钱计，折算下来是 150—210 钱。

［25］ 林甘泉：《中国经济通史·秦汉经济卷》，经济日报出版社 1999 年版，第 771 页。

［26］ 郑麒来：《中国古代的食人》，中国社会科学出版社 1994 年版，第 53 页。

［27］《汉书》卷二十七中之下《五行志中之下》，中华书局 2012 年版，第 1287 页。

［28］《汉书》卷六《武帝纪》（中华书局 2012 年版，第 157 页）载："（元鼎二年）夏，大水，关东饿死者以千数。"

［29］《汉书》卷六《武帝纪》，中华书局 2012 年版，第 157 页。

［30］《史记》卷三十《平准书》，中华书局 2014 年版，第 1738 页。

［31］《汉书》卷六《武帝纪》，中华书局 2012 年版，第 169 页。

［32］《汉书》卷六《武帝纪》，中华书局 2012 年版，第 171 页。

［33］《史记》卷一百二十三《大宛列传》，中华书局 2014 年版，第 3853 页。

［34］《汉书》卷六《武帝纪》，中华书局 2012 年版，第 175 页。

［35］《汉书》卷二十七中之上《五行志中之上》（中华书局 2012 年版，第 1259 页）载："天汉元年夏，大旱；其三年夏，大旱。"

［36］《汉书》卷二十七中之上《五行志中之上》（中华书局 2012 年版，第 1260 页）载："征和元年夏，大旱。"《汉书》卷二十七中之下《五行志中之下》（中华书局 2012 年版，第 1297 页）载："征和三年秋，蝗；四年夏，蝗。"

［37］《三辅黄图校释》，中华书局 2005 年版，第 181 页。

［38］《三辅黄图校释》，中华书局 2005 年版，《三辅黄图序》第 4 页。

［39］《三辅黄图校释》，中华书局 2005 年版，第 123 页。

［40］《史记》卷一百二十三《大宛列传》，中华书局 2014 年版，第 3854 页。

［41］《汉书》卷二十四下《食货志下》，中华书局 2012 年版，第 1074 页。

第十五章

没有刹车的帝国

汉武帝致力于开疆拓土，最终奠定了中国版图的基础，特别是其对河西地区的控制和对西域的经营，客观上保证了丝路的畅通，促进了东西方文明的交流。可是，为何历代史家对汉武帝，特别是对其征伐四夷的开边行为大为诟病，司马光甚至在《资治通鉴》中认为其有"亡秦之失"呢？也许我们能通过汉武帝对西域的经营窥豹一斑。

在汉武帝之前，皇帝身边的谋臣大多都反对对匈奴用兵。在《汉书·主父偃传》中，主父偃上书汉武帝，便借用了秦时李斯劝诫秦始皇谨慎对匈奴用兵的话："夫匈奴无城郭之居，委积之守，迁徙鸟举，难得而制。轻兵深入，粮食必绝；运粮以行，重不及事。得其地，不足以为利；得其民，不可调而守也。"

匈奴人所生活的地方，对于以农耕为主的中原地区的汉人来说，的确并非适宜耕种的肥美土地。汉武帝在河西地区拓地千里，但这一地区大多都是戈壁和沙漠，间或有武威、张掖、酒泉、敦煌这样的绿洲存在。而西出玉门关，便更是进入了广袤无垠的沙漠地区。

当汉王朝的势力通过河西走廊深入西域地区后，这片在今天被称作塔里木盆地的区域，对于两千多年前的汉人来说，完全就是浩瀚大漠流沙中的不毛之地。仅仅是因为北有天山、南有昆仑山，高山融雪汇流成河，在塔克拉玛干沙漠的边缘地带漫流出一些大大小小的绿洲，这才成就了汉时的西域诸国。

这些绿洲的环境承载能力都非常有限，这从《汉书·西域传》中所记录的西域诸国的人口数量便可见一斑。

《汉书》中记录下来了当时西域大国的人口，如乌孙六十三万人、康居六十万人、大月氏四十万人、大宛三十万人，但这些国家都分布在葱岭以西的中亚大草原上。对于汉王朝而言，能够直接强势控制的区域仅仅局限于塔里木盆地，但这里的国家人口很少。

汉王朝的军队和使团进入西域的第一个国家楼兰在昭帝时期更名为鄯善，《汉书》所记录的鄯善人口为一万四千一百人。汉代的丝绸之路在楼兰分路，《汉书》记载了北道主要国家的人口：尉犁九千六百人，渠犁一千四百八十人，轮台一千二百人（轮台在汗血马战争时期被李广利灭国，宣帝时期复国为乌垒，《汉书》记载乌垒人口为一千二百人）。龟兹八万一千三百一十七人，姑墨二万四千五百人，温宿八千四百人，疏勒一万八千六百四十七人。南道同样小国林立，各国人口大致情况为：且末一千六百一十人，于阗一万九千三百人，莎车一万六千三百七十三人……在塔里木盆地的西域国家中，最大的国家是龟兹，人口也仅仅八万。

对于这些小城、小国而言，拥有三千多万人口的汉王朝可谓体量庞大、"人众富厚"。但是，汉王朝想要控制这些小城、小国却并不容易，因为它们所在绝远、交通不便、环境恶劣，更兼自冒顿时代起就在匈奴的控制之下。

所以公元前119年，张骞在第二次出使西域前，给汉武帝出的主意是对西域各国进行"经济厚赂"，并与西域大国乌孙和亲。

从地缘上看，乌孙位于今天哈萨克斯坦巴尔喀什湖以南伊犁河流域，是离汉王朝和匈奴最近的西域大国。所以，汉王朝和匈奴争夺西域，乌孙就显得格外重要，它倒向哪边，哪边就更有取胜的可能。

以"经济厚赂"与和亲争取西域大国乌孙的同时，汉王朝再辅之以局部用兵，则效果加倍。元封三年（前108年），因楼兰、姑师攻劫汉使，汉武帝命赵破奴领数万军队出击姑师。"（赵）破奴与轻骑七百余先至，虏楼兰王，遂破姑师。"[1]这次用兵虽然名义上动用了数万人，但实际参战人数并不多，收到的效果却很明显，汉军军威震慑乌孙、大宛等西域大国，汉王朝进一步将塞防系统从酒泉修筑至玉门关。

汉武帝的西域政策一开始还是很稳健的，但这一局面在太初年间彻底改变。为夺取大宛国的汗血宝马，汉武帝于太初元年（前104年）发属国六千骑及郡国恶少年数万伐大宛。大军出师不利，一路缺水少粮，好容易到了大宛已是军容不整的残兵，无法攻城克敌，只能退回汉边，最后顺利回来的只有数千人。太初三年（前102年）汉武帝再度对大宛用兵，"赦囚徒材官，益发恶少年及边骑，岁余而出敦煌者六万人，负私从者不与。牛十万，马三万余匹，驴骡橐它以万数。多赍粮，兵弩甚设"[2]。到太初四年（前101年）汉军回到玉门关时，"军入玉门者万余人，军马千余匹"[3]。在《汉书·傅常郑甘陈段传》中，宗正刘向提及汗血马战争时进行了一番总结："贰师将军李广利捐五万之师，靡亿万之费，经四年之劳，而仅获骏马三十匹。"在第十一章我们已经讲过，对比史书上记录的两次出兵人数和回来的人数，我们一般认为，汗血马战争损失了十万左右的出征兵卒。刘向之所以说"五万"，可能是没有将第一次远征的属国骑和郡国恶少年计算在内。不过，刘向的话却给我们提供了一个新的信息，以十万人的生命为代价，汗血马战争的直接收益只是骏马三十匹。

汗血马战争虽然让"西域震惧，多遣使来贡献"[4]，且使汉王朝的塞防系统逐渐从敦煌延伸至罗布泊，然而直到这个时候，西域诸国还是更加畏服匈奴。他们对单于的使者往往"国传送食，不敢留苦"[5]，对汉使则非要他们出钱物才给予一路所需的物资。

由此可见，征服并不仅仅意味着战争。仅仅依靠战争来强行征服，往往得不偿失。对汉王朝来说，汗血马战争的收益就远远少于其付出。

历时四年的汗血马战争，十余万将士出征，数十万人转运粮食导致"天下骚动"[6]。而这几年汉王朝正遭遇严重的蝗灾和旱灾，蝗虫起于关东地区，竟向西蔓延至敦煌，旱灾更是持续数年，整个国家苦难深重。天汉二年（前99年），也就是取得汗血马战争胜利才两年，在人祸、天灾的双重打击下，已经完全丧失生活依据的汉朝百姓揭竿而起，以南阳、楚、齐、燕等地最为严重。

> 南阳有梅免、百政，楚有段中、杜少，齐有徐勃，燕赵之间有坚卢、范主之属。大群至数千人，擅自号，攻城邑，取库兵，释死罪，缚辱郡守都尉，杀二千石，为檄告县趋具食；小群以百数，掠卤乡里者不可称数。[7]

这些大则数千人，小则数百人的"盗匪"集团其实和秦末时期的农民起义集团没有本质区别。他们的首领称王称将，攻城略地，还向周边地区发檄文筹粮草。汉武帝只得派兵围剿，"斩首大部或至万余级"[8]，却仍旧剿之不尽。于是汉武帝颁布"沈命法"[9]：辖区内出现的"群盗"事件，没有被发觉或发觉了没有全部抓获，二千石以下官吏一律处死。这样的酷法导致地方官员瞒报"群盗"事件，结果"盗贼"越来越多，脱籍的人也越来越多。

谁能想到，从公元前202年到汉武帝登基为帝的六十二年间，付出了几代帝王的心血，汉王朝终于从一个极端贫弱的国家变成了一个富庶而强大的国家；而从登基到公元前99年，汉武帝只用了四十三年，又将汉王朝推回到民生凋敝、农民起义风起云涌的末世时代。

如果说公元前119年是一个重要的转折点，汉王朝在击败匈奴后完全可以选择在经营西域、从经济上困死匈奴的同时止戈息武，让自己的百姓从连年的战争中解脱出来，休养生息。然而，汉武帝没有做这样的选择。到了公元前101年汗血马战争胜利后，从公元前99年开始的农民起义其实就是一个信号，整个国家已经到了崩溃的边缘，历史给了汉武帝最后一个止戈息武的机会。即便在这个时候选择停下来，汉武帝也不至于成为后世史家笔下那个因为穷兵黩武将整个国家带入"户口减半"境地、"有亡秦之失"的暴君。

可惜，这个时候的汉王朝已经被打造成了一部没有制动机制的战车，其驾驭者汉武帝根本停不下来了。

又一次"马邑之谋"

在停战十六年之后，汉匈之间的战争再度爆发。这一次和公元前133年的马邑之谋有许多的相似之处：从某种意义上而言，战争都是由汉王朝主动挑起的；轻率和急功近利都是导致汉军最终失败的主因。当然，和马邑之谋时汉军只是无功而返不同，这一次出征的两万汉军精锐骑兵悉数投降了匈奴。

太初元年（前104年）冬天，天降大雪，匈奴人赖以生存的许多牲口都被冻死了。生活如此艰难，人心思变，于是，匈奴左大都尉欲杀儿单于降汉，并遣人密报汉廷，称只要有汉军前来接应，自己便立马起事。

汉武帝获此消息喜出望外，令因杅将军公孙敖于塞外修筑受降城，等待匈奴左大都尉举事来降。太初二年（前103年）春天，汉武帝又派遣浞野侯赵破奴领两万骑兵出朔方。

从这里，我们不难看到汉武帝发动这场战争的轻率和急功近利。匈奴左大都尉欲杀单于降汉，事件是真是假、能否成功都在未知之列。但汉军轻率出击，而且和马邑之谋一样，是希望一战就能直接将匈奴单于拿下。派公孙敖筑受降城也罢了，因为汉军时常在塞外修筑塞防系统，并不容易引起怀疑。但赵破奴领两万汉军骑兵出塞，这样大规模的军事行动，虽然远遁漠北，匈奴岂有不知之理？

果然，赵破奴领军出塞后，左大都尉的谋逆之举随即被儿单于发现。儿单于先发制人诛杀了左大都尉，并发兵袭杀赵破奴军，八万匈奴骑兵将两万汉军围困。赵破奴军受困处无水。熟悉匈奴地形的赵破奴趁夜带亲随出营找水，却遇到了匈奴的斥候（侦查）部队，被擒。依据汉律，大军失了主帅，全军受罚，诸领兵校尉更会被诛杀，于是，被围的两万汉军只得全军投降。《汉书·匈奴传》是这样记录的："军吏畏亡将而诛，莫相劝而归，军遂没于匈奴。"

这大概是汉匈战争史上汉军最离奇的一次惨败。两万汉军骑兵并非不能战，这个时候汉军的装备和单兵素质早就远远超过匈奴，而且离汉军屯守的受降城只有四百里地，快马加鞭，一天即能赶到。这支部队竟然因为失了主帅而选择全军投降，这也从一个侧面反映出汉武帝时代法令之酷烈和严苛。

儿单于在太初三年（前102年）去世，句黎湖单于立，匈奴开始了对汉边的大规模袭扰。当年秋天，匈奴大入云中、定襄、五原、朔方，杀略数千人；右贤王部入酒泉、张掖，略数千人。不过，就在这年冬天，句黎湖单于也去世了，且鞮侯单于立。

太初四年（前101年），汉军取得了汗血马战争的胜利，汉武帝借此战之威向匈奴宣战："高皇帝遗朕平城之忧，高后时单于书绝悖逆。昔齐襄公复九世之仇，春秋大之。"[10]

且鞮侯单于初立，政权不稳，怕汉军攻击自己，于是很谦卑地对汉武帝说"我儿子，安敢望汉天子！汉天子，我丈人行也"[11]，并主动送还了多年来扣押于匈奴的汉使。

匈奴单于的谦卑让汉武帝很满意，于是汉武帝也将历年来扣留于汉境的匈奴使者送还，并派遣中郎将苏武出使匈奴，同时厚赂单于。

在前面的章节中我们已经说过，公元前119年汉匈两国决战漠北之后，汉武帝不仅仅是对西域诸国采取经济厚赂的策略，对匈奴同样展开了经济攻势。史书中有多次汉武帝"厚赂"匈奴单于的记录：比如乌维单于时，《汉书·匈奴传》就说，"匈奴复謟以甘言，欲多得汉财物"；现在苏武出使匈奴，《汉书·李广苏建传》也说，"因厚（赂）单于，答其善意"。汉武帝的目的很简单，就是要匈奴单于像西域那些小邦、小国的统治者那样，向汉王朝遣子入侍，对自己俯首称臣。我们不知道历任匈奴单于是否领会到了汉武帝的真实意图，可以确定的是，在呼韩邪单于降汉前，没有一个匈奴单于愿意向汉王朝俯首称臣。他们甚至可能比照汉初七十年的汉匈关系，将汉使送来的财物当作汉王朝的贡物。于是我们看到，苏武到达匈奴后，"厚币赂遗单于。单于益骄，礼甚倨，非汉所望也"[12]。

就在苏武出使匈奴期间，发生了一件将两国关系彻底拖入战争状态的大事。

匈奴缑王等谋划劫持单于母亲降汉，并打算射杀投降匈奴而备受单于宠信的丁零王卫律。参与者虞常将消息透露给了苏武的副使张胜，张胜很支持此事，甚至给了虞常很多礼物。直到东窗事发，张胜才将此事告知苏武。

劫持单于母亲，刺杀单于宠臣。策划这件事的人都是匈奴人，这原本应该是一场匈奴内乱。然而，作为汉朝使节的张胜知悉了此事，并给了虞常礼物以表支持。既然是使节，张胜代表的就是国家，他的所作所为也代表着国家行为。因此，事件的性质发生了变化。匈奴且鞮侯单于扣留了苏武，并打算招降他。苏武多次自杀，坚决不降。匈奴人于是将他送往北海（西伯利亚贝加尔湖）牧羊，并扣押了使团其他成员。

这件事让汉武帝意识到，采用经济厚赂以招降匈奴的策略彻底失败了。于是，天汉二年（前99年）夏五月，汉武帝派遣贰师将军李广利领三万骑兵出酒泉，击右贤王于天山。这一役，汉军先胜后败，出击时杀虏匈奴万余级，返回途中却被匈奴大军围困，"汉兵物故什六七"[13]。李广之孙李陵于当年秋天率领五千步卒出居延，恰遇单于主力，几乎全军覆没，仅四百人归汉，李陵也投降了匈奴。

天汉二年这次大规模出击匈奴，李广利军和李陵军的人员损失加起来应该超过两万。而且，这次出击也暴露出汉军在战略布局和战术思想上的重大问题。

卫青、霍去病时代汉军出击匈奴，匈奴尚且势大，在漠南、河西、河套地区都有相对稳定的驻牧地。所以，这个时候的汉军打的是运动战，以动打静，只要能找到匈奴人的聚居点，很容易取得战果。汉军从收复河南地、出击漠南，到征服河西、决战漠北，每一战每一役都有明确的战略目标。

早在漠南之战惨败给汉军后，匈奴就开始按照自次王赵信的建议远遁漠北。"(赵)信教单于益北绝幕，以诱罢汉兵，徼极而取之，无近塞。单于从其计。"[14] 赵信认为汉军无法穿越大漠戈壁到匈奴腹地作战，即便汉军越过了大沙漠，付出的代价也会相当惨重，匈奴正好以逸待劳，在汉军兵疲将乏时坐收捕虏。赵信的计策一开始似乎并未奏效，因为公元前119年，卫青和霍去病穿越大漠取得了骄人的战绩，但这一战，汉王朝几乎是倾尽了国力。到了汉武帝晚年，匈奴依旧严格执行赵信的策略，每次汉军出击，匈奴就将人民和财物转移到更北的地方，只留下精兵严阵以待。即便如此，在面对汉朝主力大军的出击时，匈奴骑兵还是不能力敌，所以，他们会如赵信所言，在汉军撤军、兵疲将乏时再行追击，而且都能取得良好的战果。

匈奴调整了战法，但汉武帝晚年几次大规模出击匈奴时，汉军却仍旧延续卫青、霍去病时代于莽莽戈壁大漠中寻歼匈奴的战法，而且没有明确的战略目标。同时，卫青、霍去病时代的河套、漠南、河西之地都与汉境相接，所以汉军尚能保持相当高的机动性。当匈奴退至漠北后，汉军一旦出击，匈奴民众便悉数向更北方转移，汉军想要采取劫掠匈奴百姓之法"就地取食"难以实现。此时的汉军再要北上，必须穿越大漠戈壁，动辄数千里，粮草供给浩大。主父偃在劝谏汉武帝停止讨伐匈奴时曾以秦始皇时的数据为例，"使天下飞刍挽粟，起于黄、腄、琅邪负海之郡，转输北河，率三十钟而致一石"[15]。也就是说，从今天的山东半岛运粮至河套地区，起运三十钟，而只有一石运抵前线将士手中。三十钟为一百九十二斛，运抵率为一百九十二分之一。足见一场大规模的对匈战争对国力的消耗是非常巨大的。因匈奴逐水草而居，北进的汉军有时甚至连敌人都找不到，却在大漠戈壁中因为天寒地冻、缺水缺粮，便已损兵折将。

再说同年出居延、最终全军覆没的李陵军。

首先，李陵出兵前，汉武帝即明确表示已经没有战马供应李陵军了。李陵直言不需要马匹，只要步卒五千即能直捣单于庭。这样的豪言壮语自然让好大喜功的汉武帝非常高兴，于是，李陵只带了五千步卒便出塞寻衅匈奴。事实上，李陵军若是骑兵部队，即便遭遇匈奴单于八万大军的围困，以其步卒亦能格杀匈奴近万的强大战斗力，尽量保全人马返回汉边不是没有可能，李陵本人也不至于箭尽路绝投降匈奴。

再者，李陵出兵时正值秋天，草原上经历了水草丰足的一夏，匈奴战马正膘肥体壮。卫霍时期汉军出击匈奴，除了汉军负多胜少的关市之战、反击入掠匈奴的雁门之战和霍去病河西迎降是在秋天外，再无秋季出征的记录。汉军一般都选择在春天出击，此时匈奴战马经历了冬季的严寒缺粮后十分羸弱。"方秋匈奴马肥，未可与战，臣愿留陵至春，俱将酒泉、张掖骑各五千人并击东西浚稽，可必禽也。"[16]秋季不宜出兵，强弩都尉路博德在给汉武帝的奏疏中即表明了这种观点。路博德做过伏波将军，尽管他的奏疏一直被认为是不愿做后辈李陵的后援以接应李陵军，但实事求是地说，路博德的建议是合理的，一举解决了秋季不宜出兵和李陵军没有战马两大问题。可惜，汉武帝认为这是李陵畏战，于是强令李陵将步卒出塞。

李陵横挑强胡的勇气固然可嘉，但就汉匈两军的现实状况而言，这种贸然出击，战败的概率非常高。由此也可见，汉武帝在晚年对战争抱持的基本心态是非常急功近利的。作为战争的策划者和最高指挥官，他完全不顾军队的实际情况，听不进任何不同意见，一味只要求战斗和胜利。

可以这样说，到汉武帝晚年，汉王朝不仅仅是国力已经无法支持北击匈奴的大规模战争，更缺乏基本的战略布局，在战术思想上贪功冒进，以至于在具体的战斗中错误频出，导致惨败连连。

皇帝的夙愿　作为一个男人，汉武帝好美酒妇人，这也许正是他大修宫观园囿、追求长生不死、四处寻仙访道的动力之一。而作为一个帝王，汉武帝一生最大的夙愿，一定是让匈奴单于对自己俯首称臣。为了实现这一梦想，他不惜以整个国家、全体民众为代价。

经历了太初二年和天汉二年的两次重大失败之后，按理说汉武帝和他的智囊团应该开始反思战争的必要性，即便要继续作战，也应反思在战略战术上是否有必须改进的地方。笔者认为，汉武帝一定反思过，不过得出的结论却是：前两次失败是因为派出的兵力不够。于是，在天汉四年（前97年）和征和三年（前90年），汉武帝分别派出了二十一万大军和十四万大军出击匈奴。[17]这是汉匈战争史上汉武帝时代在马邑之谋后最大规模出击匈奴的记录。元狩四年（前119年），卫青、霍去病与匈奴人决战漠北，也只是各领了五万精骑作战。从这里，我们也能看到汉武帝对彻底击败匈奴，让匈奴单于对自己俯首称臣是多么执着。这两次出击，完全可以看作他在有生之年孤注一掷的尝试，渴望毕其功于一役。

如前所说，这个时候汉王朝正值旱蝗连年，"人相食"的事件时有发生，农民起义也此起彼伏。在这种状况之下，如此大规模的用兵，无疑是对整个社会经济的毁灭性打击。

天汉四年，贰师将军李广利将步骑十三万出朔方，强弩都尉路博德将万余人与贰师军会合，游击将军韩说将步兵三万出五原，因杅将军公孙敖将步骑四万出雁门。然而，二十一万大军劳师远征却只能算无功而返。虽然无功，但从公孙敖因此战损失士卒多，被下狱判处死刑来看，汉军还是颇有损失。

征和二年（前91年），汉王朝爆发了著名的"巫蛊之祸"，从皇后、太子到贩夫走卒几十万人被牵连其中，十余万人因此被屠杀。而征和二年与三年，匈奴连续南下扰掠汉边。于是在征和三年，汉武帝再派李广利将七万人出五原，御史大夫商丘成将三万余人出西河，重合侯莽通将四万骑出酒泉。

二十一万和十四万大军两次浩荡出征，却让我们看到了汉军的另一个问题：由于战马不足和国力衰退，汉武帝即便有心也无力尽遣骑兵部队了。出征大军步骑混合，甚至可能以步兵为主。在汉武帝时代的汉匈战争中，从公元前129年的关市之战开始，骑兵部队就是汉军出击匈奴的绝对主力，这也是卫霍时期汉军能保持机动性和取得压倒性胜利的关键所在。所以，从汉武帝晚年两次大规模出击匈奴的军队的兵种构成，我们不仅能看到一个曾经雄才大略的君主未泯的雄心，更能看到一个风烛残年的老人昏聩、颟顸的痴心。

征和三年一战，汉王朝损失惨重：三路大军中商丘成部与降将李陵所领匈奴军鏖战数日，虽然有所斩获，但并不算大胜；莽通军则因匈奴军队不愿接战无功而返，为保障莽通军安全而出击车师的开陵侯军虽然力破车师城，却在班师时因为粮食匮乏，几千人在路上被活活饿死；李广利的主力大军深入漠北，先在夫羊句山（蒙古国境内）大败匈奴右大都尉与丁零王卫律的五千精骑，又在郅居水（蒙古色楞格河）血战匈奴左贤王、左大将军部两万骑兵，力斩匈奴左大将军。应该说，这是汉武帝晚年的汉匈战争中，汉军取得的最大的战果。然而在回师途中，于燕然山遭遇匈奴单于亲率骑兵遮击，贰师兵败，全军覆没，李广利投降匈奴。

对于汉武帝晚年汉王朝几次北击匈奴的重大战役的惨败，很多人都归咎于主帅李广利的无能。的确，无论是太初年间历时四年两度远征的汗血马战争，还是天汉二年出酒泉，天汉四年出朔方，征和三年出五原，由李广利领衔的这些战役负多胜少，即便是胜利也带着缺憾，他甚至从未像卫青、霍去病那样打过哪怕一场酣畅淋漓的漂亮的大胜仗。

平心而论，汗血马战争时，长安和大宛相隔万里，中间隔着罗布泊、塔克拉玛干大沙漠和帕米尔高原，仅仅是路途上的损耗就足以击败任何一支军队。诚如《盐铁论·西域》中所言，"夫万里而攻人之国，兵未战而物故过半，虽破宛得宝马，非计也"。天汉、征和年间出击匈奴，我们前面已经分析过，汉王朝国力严重透支，根本无力支撑如此大规模的战役，而汉军的战略布局和战术思想上也存在极大问题。这个时候，即便将主帅换作卫青、霍去病也未必能取得更大的战果。

还有人认为，征和三年的惨败纯粹是李广利一意孤行、坚持深入而危众求功造成的。李广利远征在外，却收到妻子儿女皆因巫蛊事件被皇帝投入诏狱的消息。有部属劝他投降匈奴以避祸，但他罔顾出征前汉武帝"必毋深入"[18]的诏令，决定"深入要功"[19]，救出妻儿。深入匈奴腹地后，又有部属知悉其家人已被皇帝逮捕，所以决定逮捕李广利而后撤，于是贰师大军发生内乱，军心不稳。至匈奴铁骑拦截，汉军遂"大乱败"[20]。

要求大军"必毋深入"，这是贰师军失败后汉武帝在《轮台诏》中自己说的。其实，从公元前119年汉匈两国决战漠北开始，汉军要想北击匈奴，就只能深入漠北匈奴腹地，否则双方连交战的可能性都没有，因为匈奴早已远遁，在战术上也刻意避开汉军锋芒。如果汉武帝真的在大军出征前要求"必毋深入"，那他何苦派遣如此大规模的军队出击，使其在大漠黄沙中兜兜转转，甚至还未找到匈奴军队就已经因为缺水、缺粮和疾疫而死伤无数？而且，皇帝抓捕了李广利的妻儿，此消息势必会传到前线军中，按常理，为保全大军，汉武帝要么应该派人逮捕李广利并接管军队，要么命令李广利即刻撤军。然而，我们却没有看到汉武帝班师的诏令，这其实就是在以李广利的妻儿为质，胁迫其"深入要功"。

在一个将星闪耀的时代，李广利或许平庸，或许没有卫青、霍去病那样的天纵之才。但更严格地说，他真的只是时运不济，遇到了一个国力早已无法支撑穷兵黩武的时代，更遇到了一个政治风云波诡云谲的时代。

作为主帅，李广利当然应该为自己的失败负责。但对于从太初年间一直持续到征和三年十余年中汉王朝北击匈奴的一系列惨败，汉武帝无疑才是第一责任人。

太初二年赵破奴的两万骑兵投降匈奴，天汉二年李广利、李陵军共计损失两万人以上，征和三年李广利麾下损失七万汉军，这十余年间汉王朝一共损失了至少十一万人，甚至超过了卫霍时期汉匈之间三大战役时汉军损失的士卒。而这十余年间，汉军几乎没有取得任何有价值的战果。

贰师兵败后，匈奴狐鹿姑单于给汉武帝写了封非常傲慢的信："南有大汉，北有强胡。胡者，天之骄子也，不为小礼以自烦。今欲与汉闿大关，取汉女为妻，岁给遗我蘖酒万石，稷米五千斛，杂缯万匹，它如故约，则边不相盗矣。"[21]匈奴狐鹿姑单于向汉武帝开列了一份甚至比汉初和亲时更加昂贵的"岁奉"清单，以承诺和汉王朝恢复和亲关系。

史书没有记载汉武帝读到这封信时作何感想。从公元前133年的马邑之谋到公元前90年的贰师兵败，他用了四十四年的时间来谋划和打击匈奴，最终却收获这样一封傲慢无礼的信函。而他治下曾经极度富庶繁荣的大汉王朝已经成为"海内虚耗，户口减半"[22]的末世王朝。

也许，正是迫不及待让匈奴臣服的雄心，让汉武帝晚年的对匈战争受挫连连。

当然，狐鹿姑单于的信也不过是逞口舌之能。在汉武帝时代持续的打击下，匈奴"孕重惶殰，罢极苦之"[23]，根本就没有大规模南下的能力了。

汉武帝时代的汉匈战争，最终落得个两败俱伤。

汉武帝时代汉匈战争主要战役统计表

战争爆发时间	出兵数量	主要战果	战损
前133年夏 （马邑之谋）	步骑三十万	无功	无记录
前129年秋 （关市之战）	骑兵四万	卫青军万骑取得龙城大捷，杀敌七百	公孙贺军万骑无功；公孙敖军万骑损兵七千；李广军万骑全军覆没，李广被俘，后逃回
前128年秋 （雁门之战）	卫青军三万骑，李息军无记录	卫青军杀虏匈奴数千人	无记录
前127年春 （收复河南地）	卫青领军，数量无记录	歼敌二千三百人，俘虏三千零一十七人，并获牛羊百万头	卫青军全甲兵而还，损失应该非常小

战争爆发时间	出兵数量	主要战果	战损
前 124 年春（漠南之战）	卫青领六将军十余万人	杀虏右贤王部一万五千人，获大量牛羊牲畜	前 124 年、前 123 年的漠南之战，汉军士兵和战马一共损失十余万
前 123 年春（漠南之战）	卫青十万骑二月、四月两出定襄	斩首匈奴一万九千级	
前 121 年春（河西之战）	霍去病领一万骑兵	杀虏匈奴八千九百六十人	损兵百分之七十，即七千人马
前 121 年夏（河西之战）	霍去病领数万骑兵	杀虏匈奴三万零二百人	损兵百分之三十
前 121 年夏	张骞、李广出右北平	李广军杀敌三千余	李广军四千骑全军覆没
前 121 年秋（河西迎降）	霍去病领军，数量无记录	斩杀降而复叛的匈奴八千余	无记录
前 119 年春夏（决战漠北）	卫青、霍去病各领五万骑	卫青军杀虏匈奴一万九千余，霍去病军杀虏匈奴七万余	两军战死者数万人，损失战马十余万匹
前 111 年	公孙贺将一万五千骑出九原，赵破奴万余骑出令居	无功	无记录
前 103 年春	赵破奴领二万骑	杀虏数千	赵破奴被俘，全军投降
前 99 年五月	李广利领三万骑	杀虏匈奴万余	损兵百分之六十至七十，即一万八至二万一
前 99 年秋	李陵五千步卒	格杀匈奴近万	李陵投降，全军覆没
前 97 年春	四路大军共计步骑二十一万	无功	公孙敖因此战损兵太多被判处死刑，可见此战汉军颇有损失
前 90 年春	三路大军共计步骑十四万	李广利军于夫羊句山败匈奴右大都尉和丁零王卫律五千精骑，又在郅居水败左贤王、左大将两万骑兵，力斩左大将	七万贰师大军全军覆没，李广利投降匈奴；另有出击车师的开陵侯军数千汉军饿死

注　释

[1]　《史记》卷一百二十三《大宛列传》，中华书局 2014 年版，第 3849 页。

[2]　《史记》卷一百二十三《大宛列传》，中华书局 2014 年版，第 3854 页。

[3]　《史记》卷一百二十三《大宛列传》，中华书局 2014 年版，第 3856 页。

[4]　《汉书》卷九十六上《西域传上》，中华书局 2012 年版，第 3319 页。

[5]　《史记》卷一百二十三《大宛列传》，中华书局 2014 年版，第 3851 页。

[6]　《史记》卷一百二十三《大宛列传》，中华书局 2014 年版，第 3854 页。

[7]　《汉书》卷九十《酷吏传》，中华书局 2012 年版，第 3148 页。

[8]　《汉书》卷九十《酷吏传》，中华书局 2012 年版，第 3149 页。

[9]　《汉书》卷九十《酷吏传》（中华书局 2012 年版，第 3149 页），应劭注曰："沈，没也。敢蔽匿盗贼者，没其命也。"

[10]　《史记》卷一百十《匈奴列传》，中华书局 2014 年版，第 3523 页。

[11]　《史记》卷一百十《匈奴列传》，中华书局 2014 年版，第 3524 页。

[12]　《史记》卷一百十《匈奴列传》，中华书局 2014 年版，第 3524 页。

[13]　《汉书》卷九十四上《匈奴传上》，中华书局 2012 年版，第 3242 页。

[14]　《史记》卷一百十《匈奴列传》，中华书局 2014 年版，第 3513 页。

[15]　《汉书》卷六十四上《严硃吾丘主父徐严终王贾传上》，中华书局 2012 年版，第 2427 页。

[16]　《汉书》卷五十四《李广苏建传》，中华书局 2012 年版，第 2133 页。

[17]　天汉四年（前 97 年）和征和三年（前 90 年）这两次出击匈奴，《史记·匈奴列传》的记录和《汉书·匈奴传》出入较大。因为司马迁《史记》的记录下至太初四年（前 101 年），以后的记录疑为后人补缀，且将两次战役混淆，所以本书对于这两次大战皆采用《汉书·匈奴传》的说法。另外，关于征和三年之役，《汉书·武帝纪》所载商丘成领军二万，比《汉书·匈奴传》所载少一万，《资治通鉴》则据《武帝纪》认为征和三年共计有十三万人出塞。

[18]　《汉书》卷九十六下《西域传下》，中华书局 2012 年版，第 3351 页。

[19]　《汉书》卷九十四上《匈奴传上》，中华书局 2012 年版，第 3244 页。

[20]　《汉书》卷九十四上《匈奴传上》，中华书局 2012 年版，第 3245 页。

［21］《汉书》卷九十四上《匈奴传上》，中华书局 2012 年版，第 3245 页。

［22］《汉书》卷七《昭帝纪》，中华书局 2012 年版，第 200 页。

［23］《汉书》卷九十四上《匈奴传上》，中华书局 2012 年版，第 3246 页。

第十六章

轮台诏

> 春，正月，上行幸东莱，临大海，欲浮海求神山。群臣谏，上弗听；而大风晦冥，海水沸涌。上留十余日，不得御楼船，乃还。

这是《资治通鉴》卷第二十二《汉纪十四》在汉武帝征和四年（前89年）所记录的第一条。而《汉书·武帝纪》对于这年正月汉武帝巡游东莱郡的记录则简单得多："四年春正月，行幸东莱，临大海。"

司马光颇富文学色彩的描写让我们看到了一个风烛残年的老人，他执着地徘徊在大海边，希望能够亲自乘坐楼船出海寻仙，得到点化以了却凡尘俗世，真正飞升成为寿与天齐、仙福永享的逍遥自在的仙人。可惜天公不作美，大风骤起，吹得天空如墨、海水奔腾咆哮，再大的楼船都无法出海。而且，这风一刮就是十余日。老人终于意识到此乃天意。

这一年，汉武帝六十八岁，距离其辞世只有两年。汉武帝是中国历史上一个伟大的帝王，他一生所兴功业，超过了两千多年帝制时代绝大多数的帝王。与此同时，他给自己治下的百姓带来的灾难和痛苦也是极其巨大的。《汉书》中屡屡有"户口减半""海内虚耗"这样的表述，后世很多史家甚至认为汉武帝是以人口减半为代价，换取了自己在政治、军事上的一系列功业。

对于汉武帝时代的人口和户口问题，历史学者葛剑雄先生在其早年著作《西汉人口地理》一书中进行了详细的论述。他认为，汉武帝初年汉王朝人口为三千六百万，因为自然灾害、战争与徭役、严刑杀戮、赋税制度的改变等原因，到汉武帝去世时，总人口减少了四百万。在《大汉王朝》一书中，他对这个数字又进行了更具体的分析：作为一个以农为本的国家，人口是最重要的生产力，在正常的年份中每年人口的平均增长率应该达到千分之七，那么到汉武帝去世时，汉王朝的人口本应从三千六百万增至四千七百五十九万，但实际降到了三千二百万，所以，汉王朝在汉武帝治下一共损失了一千五百五十九万人口。如果这一千五百五十九万人的损失一半是由于非正常死亡，一半是由于出生率降低，那么汉武帝时代非自然死亡的人数超过七百万。

"对一个统治者来说，造成自己的国家五分之一以上的人口死亡，损失了三分之一的人口，无论如何都是令人发指的暴政和不可饶恕的罪行。"[1]

有了葛剑雄先生的研究，我们对汉武帝时代就有了一个由数据带来的直观感受，也能够理解为何皇甫谧在《帝王世纪》中说他"军征三十余岁，地广万里，天下之众，亦减半矣"，司马贞则在《史记索隐》中评价他"疲耗中土，事彼边兵。日不暇给，人无聊生。俯观嬴政，几欲齐衡"。

不可否认的是，汉武帝一生开边、兴利、改制、用法、擅赋，这让"汉承秦敝，非力行有为不可"的汉武帝时代成为一种改革和进取的典范。然而，不受约束的权力也让所有原本对社会颇有裨益的大刀阔斧的变革最终走向了穷兵黩武、与民争利、海内虚耗。于是，我们在《资治通鉴》征和四年的记录中，看到了一个在《史记》和《汉书》中看不到的汉武帝。

在出海寻仙未果后，汉武帝再次于泰山封禅，《资治通鉴》卷第二十二《汉纪十四》记录了一道口谕："朕即位以来，所为狂悖，使天下愁苦，不可追悔。自今事有伤害百姓，糜费天下者，悉罢之！"《史记》下迄太初年间，所以不会记录下这道颁布于征和年间的口谕。然而，对于如此重要的一道口谕，我们在《汉书》中竟找不到相关记录。

紧接着，桑弘羊等人上奏汉武帝，请求于西域渠犁、轮台屯田，并将汉王朝的塞防系统从罗布泊向乌孙延伸，以加强对西域的控制。汉武帝于是发布了著名的《轮台诏》。

有人将征和四年封禅后的口谕与《轮台诏》糅合起来，解读为这是汉武帝晚年在反省既往的施政方针，有"罪己"之意，并且治国理念开始向"守文"转变，从而"稳定了统治秩序，导致了所谓'昭宣中兴'，使西汉统治得以再延续近百年之久"。这种观点以田余庆先生撰写的《论轮台诏》一文为代表。[2]

不过，辛德勇先生在《制造汉武帝》一书中对这种论调进行了全面的反驳。他认为，汉武帝晚年根本没有所谓"罪己"之意，更没有对既有政策的调整之意。《资治通鉴》中那些不见于《史记》和《汉书》的关于汉武帝晚年执政理念的转变以及与卫太子巫蛊事件相关的记录，很多都来自《汉武故事》这个并不尽属于信史的文本。辛德勇先生认为，司马光撰著《资治通鉴》的根本目的不在史学本身，"而是借助史籍来阐扬治国的理念"。

很显然，在司马光看来，汉武帝以灭绝人民为代价换来的功业完全不可取。但如何警醒宋代的为政者以史为鉴，才是司马光最关切的问题。于是，他笔下的汉武帝虽"有亡秦之失"，但晚年悔悟了、"罪己"了，所以有效地避免了"亡秦之祸"。司马光成功地用汉武帝的"轮台诏"给自己笔下的汉武帝定了性。既然汉武帝都认为自己做错了，那么你们这些后来的皇帝就不要再蹈汉武覆辙了吧。

这也许才是《资治通鉴》中"朕即位以来，所为狂悖，使天下愁苦，不可追悔。自今事有伤害百姓，糜费天下者，悉罢之！"这道连《汉书》都未曾收录的口谕的最真实用意。

如果仔细阅读汉武帝的《轮台诏》，其实从中根本读不出丝毫的"罪己"之意，更看不到他对既往政令的反思。"细读轮台之诏，武帝兴兵数十年，而诏中所'悔'的只是征和三年之役"。[3]

征和三年（前90年），李广利率七万大军兵败燕然山，这是汉匈战争史上汉王朝遭遇的最大的一次失败。这一战即便不能将以往的胜利一笔勾销，但这一战之后，汉武帝再也无力也无心继续北伐匈奴的战争了。因为，此时的汉武帝已近古稀之年。让匈奴单于对自己俯首称臣的这个一生的雄心壮志竟然一夕成空，我们能够想象这个老人心中极度的失望和悔恨。

汉武帝一生笃信鬼神之说，《史记·封禅书》说到汉武帝，开篇便说："今天子初即位，尤敬鬼神之祀。"他宠信过无数的方士、法师，希望自己有朝一日能如黄帝一般乘龙升天。为此，他曾说过一句非常著名的话："吾诚得如黄帝，吾视去妻子如脱屣耳。"[4]从元封元年到征和四年的二十二年间，汉武帝一共八次亲自封泰山。自从太初三年（前102年）方士们告诉汉武帝位于泰山下阯南面的石闾山乃是仙人之闾后，汉武帝每次封过泰山，都会禅石闾，其目的就是迎候仙人，求取长生不死之法。征和四年，汉武帝先到东莱海滨寻访仙人踪迹，未果，于是第八次登封泰山。按古制，天子一般五年一封泰山，但此时的汉武帝已六十八岁高龄，百病缠身，大约是活不到下一次封禅了。乘龙升天、长生不死于他而言，已经成了大梦一场。这对一个行将就木的老人来说，无疑是心理上一次致命的打击。

所以，征和四年汉武帝处在北击匈奴失败、飞升成仙失败的双重打击下。两个毕生的夙愿都成泡影，他再也没有时间去等待和实现了。

在这种心理状态之下，汉武帝颁布《轮台诏》，言"当今务在禁苛暴，止擅赋，力本农，修马复令，以补缺，毋乏武备而已"，"由是不复出军。而封丞相车千秋为富民侯，以明休息，思富养民也"。[5] 正所谓人之将死，其言也善，如果《轮台诏》如班固所言是一篇"哀痛之诏"，那它也更像是一个时日无多、雄心壮志已熄的老人临终前的善言罢了。

很显然，汉武帝时代一系列与民争利的经济措施并没有因为这篇"哀痛之诏"的发布而停止，甚至连让百姓三岁即出口钱这样残酷的政令也一直在执行。历经昭宣二帝，直到汉元帝时期百姓出口钱的年龄才推迟到七岁。

历史其实有很大的偶然性，并非所有既成的历史都有其不可更改的必然规律。

秦二世元年，大泽乡下起了瓢泼大雨。谁能想到这场大雨会和大秦江山有什么必然联系呢？"会天大雨，道不通，度已失期。失期，法皆斩"[6]，于是，本来应该到渔阳戍边的两个无名小卒陈胜、吴广干脆揭竿而起，拉开了颠覆暴秦的序幕。而在兼并六国的战争中追亡逐北的虎狼之师——百万秦军，竟然因为这星星之火触发的燎原之势而灰飞烟灭。

同样，汉武帝晚年时的汉王朝也算得上是农民起义风起云涌，只不过这些打家劫舍、攻城伐邑的"盗匪"集团没有最终成功罢了。但如果他们如同陈胜、吴广那样成燎原之势了呢？如果汉失其鹿，天下共逐之了呢？那么，在与汉武帝的较量中尝到了胜利滋味的匈奴狐鹿姑单于会不会真的趁机挥师南下呢？

我们只能说，还好，直到汉武帝雄心已熄、壮志已灭，这样的局面仍尚未形成。而汉武帝临终托孤，所托有人，也没有酿成大的内乱。

巫蛊之祸　　　后元二年（前87年）二月，汉武帝在五柞宫病逝。临死，他做了两件极其残酷和暴虐的事情。

汉武帝共有六个儿子。长子刘据在巫蛊之祸中自缢而亡。次子刘闳多年前就已早逝。第五子刘髆比汉武帝还早死一年，其母是号称有"倾国倾城"之貌的李夫人，他在舅舅李广利兵败燕然山投降匈奴后于后元元年（前88年）暴亡。在活着的三个儿子中，燕王刘旦和广陵王刘胥皆已成年，却都不是汉武帝属意的储君人选。为了立年仅八岁的幼子刘弗陵为储，又怕"主少母壮"[7]，他竟不惜处死了刘弗陵的生母钩弋夫人。

很多人都认为，汉武帝对一个无辜的女子痛下杀手，是怕幼子即位后母后干政、外戚擅权，怕"女主独居骄蹇，淫乱自恣，莫能禁也"[8]。因为有吕后乱政的前车之鉴，这种残酷的做法完全是在为江山社稷考虑。

中国历史上有太多太多的人因为一些莫须有的罪名而无辜惨死，只要冠以一个为了江山社稷、黎民百姓的头衔，我们已经习以为常，冷眼且冷血地旁观了几千年。所以，我无意再费笔墨去讨论这种说法的对与错。不过，汉武帝临死前做的另一件事就是一桩实实在在骇人听闻的残暴罪行——屠杀全长安所有监狱中的囚徒。

发生在征和年间的巫蛊之祸究竟是怎么引发的？是汉武帝出于易储的考虑而引发的大事件，还是由于阴谋家意图夺嫡而酿成的血案？

从元狩元年（前122年）年仅七岁时被汉武帝立为储君，到征和二年（前91年）因为巫蛊之祸在泉鸠里绝望自缢，刘据做了整整三十二年的太子。也许，如同那些并不见于《史记》《汉书》却单单记录在《资治通鉴》中的文字所喻示，刘据的政治主张与父亲不同，他"敦重好静"[9]，是一个贤能的"守文之主"[10]，更反对父亲的穷兵黩武，在兵革数动、征伐四夷之事上常出言劝谏汉武帝。汉武帝由此认为其"不类己"[11]，且钟爱更有乃父之风的幼子刘弗陵，于是动了易储之念。

因为司马光的这些记录，更为了追求所谓"历史的深度"，汉武帝晚年的巫蛊之祸被"打造"成了两种治国理念的斗争：穷兵黩武的汉武帝是苛政虐民的代表，而仁恕温谨的太子刘据则有守文仁君之风。

在古代中国，特别是在外强环伺的时代，一味内守也并非强国之道。汉初七十年，汉文帝和汉景帝虽然用清静无为的治国之术为中国历史演绎了一条积贫积弱之国逐渐走向富庶强大的经典轨迹，然而，在两千年前的历史大环境中，汉匈之间的战争其实是不可避免的。汉武帝力行有为，大力征伐四夷、开疆拓土，这是当时国家发展和时代的一种必然选择。但问题在于，在打造了一个强大的国家机器之后，我们拿什么来约束这台机器的驾驭者——皇帝，让他的所作所为真正是出于国家利益的考量，而非出于一己之欲而为所欲为？这个问题，统治了中国思想界两千年的儒家给不出答案，两千年的帝制中国也终究没能找出答案。

撇开《资治通鉴》中"暴君"和"仁君"路线之争的"历史

深度"不论，回到《史记》和《汉书》所记录的汉武帝、卫氏家族和太子刘据上来，我们其实看不到太子刘据和汉武帝在治国理念上有任何本质的差别。在《汉书·武五子传》中，关于巫蛊之祸的起因，班固只说："武帝末，卫后宠衰，江充用事。充与太子及卫氏有隙，恐上晏驾后为太子所诛，会巫蛊事起，充因此为奸。"《汉书》对巫蛊之祸的记录似乎比《资治通鉴》肤浅了很多，将其性质从政治路线之争降到了一场宫斗和权斗。

谁的记录更接近历史的本来面目？见仁见智。但可以确定的是，汉武帝晚年的巫蛊之祸极其残酷和血腥，波及面非常大。从巫蛊之祸的导火线——太仆公孙敬声贪污北军公款导致卫氏族人和整个公孙家族被牵连诛杀，到江充掘蛊于太子宫之前，"民转相诬以巫蛊，吏辄劾以大逆亡道，坐而死者前后数万人"[12]，及至太子刘据斩江充，"以节发兵与丞相刘屈氂大战长安，死者数万人"[13]。这以后，太子党人、污蔑太子的奸党，更是被汉武帝杀了一茬又一茬。发生在汉武帝征和年间的巫蛊之祸持续数年，直接遇害者应该在十万以上，更有数十万人牵连其中。

真正值得今天的我们反思的，并非巫蛊之祸到底是一场单纯的宫斗、权斗，还是一场具有"历史深度"的政治路线之争，而应该是为什么我们的历史如此的血腥、残酷，几千年来兄弟相残、父子相杀、夫妻相害充斥着每一个历史片段。权力可以将人性扭曲，甚至令其完全泯灭，我们这个文明了上下五千年的民族，却为何始终找不到制约权力的办法？

汉武帝一生雄才大略，晚景却很凄凉。陪伴了他半个世纪的皇后卫子夫自杀了，晚年最宠爱的钩弋夫人也被他杀害了，嫡长子刘据及其三子一女、卫子夫所生的两个女儿阳石公主和诸邑公主都因为征和年间的巫蛊事件而全部遇害……

不过，这个双手沾满了鲜血，甚至是自己至亲骨肉鲜血的老人还没有停止杀戮，就在去世之前还下达了一项可怕的诏令。后元二年（前87年），汉武帝已行将就木。一直为病痛困扰的他请来法师望气。法师称"长安狱中有天子气"[14]。于是，皇帝金口一开，圣旨一道，下令诛杀长安城所有监狱中的因犯，无论定罪与否，无论罪行轻重。

刘询（刘病已）是汉武帝的曾孙，戾太子刘据的孙子，也是后来的汉宣帝。不过数月大，他便遭遇巫蛊之祸，父亲史皇孙刘进、母亲王夫人、祖父太子刘据、祖母史良娣皆在巫蛊之祸中遇害。尚在襁褓中的刘询被收系郡邸狱。

据说这个时候汉武帝已经在深深地追悔和自责。刘据与刘屈氂鏖战长安兵败出逃后，壶关三老中的令狐茂上书汉武帝，为太子刘据鸣冤。读了令狐茂的奏疏，"天子感寤"[15]。然而，汉武帝并未下令赦免逃亡的刘据，而是任由刘据在泉鸠里被追兵所围，最终绝望自缢。

刘据死后，汉武帝一直都在向天下人表达自己对冤死的儿子的舐犊之情。他将在刘据自缢后踢开门并把尸体放下来的两人封侯，将诬陷太子的江充和苏文一个灭族，一个烧死，又将在"泉鸠里加兵刃于太子者，初为北地太守，后族"[16]，最后造了座思子宫，建了个归来望思台，让天下人都知道他的悲伤。

然而，他却丝毫没有要将刘据留存于世上的唯一血脉——刘询接回皇宫抚养的意思，只是任其在牢狱中自生自灭，以至于刘询在郡邸狱中"病，几不全者数焉"[17]。

当望气法师告诉汉武帝长安的监狱中有天子气时，这是一个意味深长的表达，因为谁都知道，戾太子刘据唯一的血脉就在长安的监狱中。汉武帝已经打算立自己最宠爱的幼子刘弗陵为储。刘弗陵虽然辈分高，但仅比刘询大三岁而已。这一年，刘弗陵不过八岁，刘询五岁。我们不得不揣测：汉武帝是不是害怕自己死后，有阴谋家利用刘询的身份威胁刘弗陵的帝位，所以才对年仅五岁的刘询痛下杀手？他又不想背负屠杀刘据唯一血脉的罪名，毁了自己自刘据自缢后塑造起来的追悔、思子的形象，索性下令将全长安的囚徒都杀掉，若有人因此杀了皇曾孙，那就是他们的罪过了。

当然，历史并没有留给我们更多的资料来印证这样的揣测，也就只能姑且存疑。而发生在后元二年（前87年）无比血腥的历史事实是，因为汉武帝的这道圣旨，长安城所有监狱中的囚徒，哪怕只是因为偷了一个胡饼而锒铛入狱，如今全都被杀猪宰羊般地屠杀了。

倒是刘询所在的郡邸狱，廷尉监丙吉冒着被屠家灭族的危险，声称监狱中没有死罪之人而拒绝给皇帝派来的杀手开门。

正是因为丙吉的坚持，刘询和郡邸狱的囚徒们逃脱了皇帝的屠刀，得庆更生。自知时日无多的汉武帝认为此乃"天意"，不仅没有将丙吉治罪，更彻底熄了杀伐之念，宣布大赦天下。而就在这一念之仁后不过十余日，他撒手人寰。

年仅五岁的刘询这才得以离开监狱，被一直照顾自己的丙吉送往祖母史良娣家。史良娣早已在巫蛊之祸中罹难，其母贞君"见孙孤，甚哀之，自养视焉"[18]。五岁的刘询出狱后由曾祖母贞君抚养了一段时间。后来，"有诏掖庭养视，上属籍宗正"[19]。这道诏令应该为汉昭帝时候所下。这样，刘询才有可能在多年之后，即汉昭帝去世、刘贺被废后，由霍光等人拥立为帝。

功狗何辜

对于汉武帝晚年的巫蛊之祸，大多数人也许更多地关注汉武帝对妻女儿孙挥舞屠刀，关注储君之位的更迭，关注皇后卫子夫的冤屈和太子刘据的无奈。其实，巫蛊之祸中还有一部分受害者值得我们关注。这些人曾经为汉王朝立下过汗马功劳。如果说，汉武帝一生最大的功绩就是北拒匈奴，那么，这项功业正是这些人出生入死一刀一箭地为汉武帝成就的。

皇后卫子夫所代表的卫氏家族原属社会最底层，纯粹依靠军功上位。元朔五年（前 124 年），卫子夫的弟弟卫青率部出击匈奴右贤王军，获得大胜。汉武帝得到捷报后，派使者将印信送到军中，拜卫青为大将军。卫青从此统领全国之兵，甚至得娶汉武帝的姐姐平阳公主为妻。卫子夫的外甥霍去病也因为在征服河西走廊、决战漠北的战役中功勋卓著而被汉武帝拜为骠骑将军，受封冠军侯。卫氏家族至此一门五侯（包括卫青三个尚在襁褓中的儿子），富贵震动天下。卫霍时代是汉王朝北击匈奴战果最辉煌的时代，涌现出了一大批战功赫赫的将领。他们几乎都是卫霍的部属，在汉武帝执政中后期的征伐四夷的战争中也都是主力战将。

然而，霍去病于元狩六年（前 117 年）英年早逝，卫青也在元封五年（前 106 年）去世。尽管霍去病和卫青相继去世，卫氏家族在朝堂上的地位仍不可撼动。太初二年（前 103 年），公孙贺被汉武帝拜为丞相。公孙贺早在汉武帝还是太子时，就以太子舍人的身份受宠；汉武帝即位后，公孙贺七伐匈奴，并以军功封侯，是汉武帝时代北击匈奴的主力战将之一。公孙贺被拜为丞相时，还有一重身份——皇后卫子夫的姐夫。

以卫青、霍去病为代表的卫氏家族，以及追随卫霍征战匈奴晋爵封侯的功臣，再加上丞相公孙贺，逐渐形成了一个以血缘军功姻亲为基础的勋贵集团。他们的共同利益诉求，当然是已经做了三十二年太子的刘据能顺利登上皇位。

究竟是因为汉武帝决定易储，才导致了巫蛊之祸，还是说是太子刘据因巫蛊之祸爆发而身亡，导致汉武帝不得不另立储君？我们其实可以从这个勋贵集团开始被清洗的时间点窥知一二。

征和元年（前92年），公孙贺的儿子，时任太仆一职的公孙敬声因挪用公款被抓捕入狱。公孙贺设法抓到了汉武帝下诏抓捕却迟迟未能抓获的阳陵豪侠朱安世，以期将功补过，救出儿子。没想到，朱安世却在狱中上书皇帝，告发公孙敬声与阳石公主私通以及诬告二人行巫蛊诅咒皇帝。就这样，征和二年（前91年）正月，围绕在太子刘据身边的勋贵集团中最重要的人物——丞相公孙贺父子及全族都被汉武帝诛杀，皇后卫子夫的两个女儿——阳石公主和诸邑公主以及卫青长子卫伉皆被杀。

两汉王朝，外戚的势力一直都很盛。刘据如果能顺利登上皇位，卫氏家族和公孙家族无疑会是他为政的基础，至少在他为政初期，无论如何离不开这两个家族的鼎力支持。现在，这个基础几乎被连根拔起，连卫皇后所出的两个女儿也未能幸免。汉武帝由是成为中国历史上第一个屠杀亲生女儿的皇帝。

在矛头直接指向皇后和太子之前，对卫氏家族和公孙家族的清洗与其说是一场意外的变故，其实更像汉武帝开始着手剪除做了三十二年太子的刘据在朝堂上盘根错节的势力。汉武帝的易储之念，应该早已有之。

汉武帝晚年最宠爱的女人是钩弋夫人。据说她足足怀了十四个月才为汉武帝生下幼子刘弗陵，也就是后来的汉昭帝。怀孕十四个月，从现代医学的角度来看，这完全是无稽之谈。但两千多年前的汉武帝可不这么认为，传说中尧的母亲就是怀了十四个月才生下尧，所以他将钩弋夫人的宫门封为"尧母门"，这无疑是在告诉天下人，幼子刘弗陵会是大汉朝的尧舜之君。到刘弗陵五六岁时，"壮大多知，上常言'类我'，又感其生与众异，甚奇爱之，必欲立焉"[20]。汉武帝的易储之念，只怕在刘弗陵出生后就有了，只是缺少一个时机和借口。

到江充用事，皇后卫子夫和太子刘据皆自缢而亡，以卫氏家族为核心的勋贵集团自然彻底瓦解，很多卫青、霍去病当年的亲信部属被牵连，当然也祸及一些原本不属于这个利益集团的功臣将领。

公孙敖是卫青的好友。建元三年（前138年），卫青还是个无名小卒，姐姐卫子夫入宫后怀了身孕，引起皇后陈阿娇的嫉妒。陈阿娇的母亲馆陶大长公主刘嫖为了给女儿泄愤，派人抓捕卫青打算杀掉他。公孙敖听到消息后，率领壮士赶去救下卫青。所以说，公孙敖于卫青而言有救命之恩。

卫霍时期北击匈奴的战役中，公孙敖参加了关市之战、漠南之战、河西之战、决战漠北。可以说，所有的重大战役他都参加了，并且在元朔五年（前124年）以军功封合骑侯。在汉武帝晚年发动的汉匈战争中，公孙敖在元封六年（前105年）以因杅将军身份领兵于塞外修筑受降城；天汉四年（前97年）将步骑四万出雁门，不但无功而返还损失惨重，依律当斩。公孙敖诈死逃脱，在民间待了五六年，却在巫蛊之祸后被抓捕，"坐妻为巫蛊，族"[21]。

另一个涉巫蛊之祸而被灭族的功臣是赵破奴。

赵破奴是霍去病的部将，"为骠骑将军司马"[22]。《西汉会要》记载，"骠骑将军司马"是骠骑将军幕府的重要职位。但赵破奴与卫氏家族有多深厚的关系，史书中没有明确的记录。赵破奴在元狩二年（前121年）春夏两度追随霍去病出击河西匈奴军，有大功，封从骠侯；汉匈决战漠北时又随霍去病深入漠北，有功益封，后坐酎金失侯。但在元封三年（前108年），赵破奴破楼兰、击姑师建功，再封浞野侯。一生两度封侯的赵破奴人生十分传奇。在汉武帝晚年对匈战争中，他于太初二年（前103年）领两万骑兵出击匈奴，却被生擒，数年后带着儿子逃回汉朝。此后，史书中几乎没有赵破奴的记录，但《轮台诏》中提到李广利率领贰师大军出征前，汉武帝曾向北击匈奴的老将、功臣赵破奴咨询出兵吉凶的问题。此时，赵破奴的职位是"郡属国都尉"。

赵破奴被匈奴俘获，便自然失去了侯爵的身份和地位。他逃回汉朝后，汉武帝并未薄待这个对皇帝和朝廷忠心耿耿的将领。《汉书·百官公卿表》记载："郡尉，秦官，掌佐守典武职甲卒，秩比二千石……景帝中二年更名都尉。"又说："关都尉，秦官。农都尉、属国都尉，皆武帝初置。"《续汉书·郡国志》"张掖属国"注云："武帝置属国都尉，以主蛮夷降者。"所以说，赵破奴归汉后，如果其职务是"郡国都尉"，那他就是在内郡任地方军事长官；如果是"属国都尉"，那他即在边郡任地方军事长官。汉武帝向他咨询汉军出征吉凶时，"巫蛊之祸"已经爆发，卫太子刘据已兵败自杀，但此时赵破奴并未被波及。应该就在李广利兵败燕然山后，赵破奴"坐巫蛊，族"[23]。汉武帝杀赵破奴究竟是因为汉军的惨败而迁怒于他，还是因为更深层次的政治原因，也许我们永远都找不出确切的答案了。

即便史书对其评价不高，但贰师将军李广利毕竟也算是汉王朝的功臣。伐大宛、击匈奴，他是汉武帝中后期最主要的军事将领。但同时他也是巫蛊之祸的受害者。试想，征和三年（前90年），在李广利带兵出征后，如果他的妻子儿女没有因为巫蛊事件被汉武帝抓捕，汉军就不会军心不稳，不会在匈奴腹地发生内讧。那么，带着在夫羊句山击败匈奴右大都尉和丁零王卫律，以及在郅居水力斩匈奴左大将之功，李广利安然返回了汉朝，历史又当如何评价他？

李广利兵败燕然山投降匈奴，他的李氏全族以及他的儿女亲家、丞相刘屈氂夫妇全部被汉武帝诛灭。罪名是企图拥立李广利的外甥昌邑王刘髆为储君，并以巫蛊诅咒汉武帝早死。所以我们才会看到一出因为权力的颠顶而造成的悲剧：七万汉军在匈奴腹地鏖战，主帅的家人却被皇帝抓捕。这样的举动除了将贰师大军推向死亡，似乎没有别的作用。

从公孙贺、卫伉到公孙敖，汉武帝是很明确地要瓦解和彻底消灭以太子刘据为核心的整个勋贵集团，为另立皇储铺平道路。对刘屈氂、李广利的清洗，则是要阻断另一个皇子刘髆上位的可能，而刘髆也在汉武帝去世前一年突然死亡。汉武帝的思路很明确，他不仅要易储，而且早就确定了储君是幼子刘弗陵。

有人认为，如果卫青、霍去病还活着，便不会有汉武帝晚年的巫蛊之祸了，皇后卫子夫、太子刘据和整个卫氏家族都能得以保全。持这种观点的朋友完全低估了汉武帝对权力的控制力。

在《史记·佞幸列传》文末，司马迁提到卫青、霍去病，说二人"亦以外戚贵幸，然颇用材能自进"。虽然是在嘉许二人依靠自身才华、军功上位，但也恰恰说明，如果不是作为外戚得到汉武帝的喜爱、重用，以本来的身份地位，二人永远没有出头之日。所以，卫青的部属苏建劝卫青养士，为自己博取良好的声望时，卫青坚决拒绝，"自魏其、武安之厚宾客，天子常切齿。彼亲附士大夫，招贤绌不肖者，人主之柄也。人臣奉法遵职而已，何与招士"[24]。他明白自己的地位虽然是靠自己一刀一箭拼杀出来的，但没有皇帝的恩宠和赐予，卫家人什么也不是。卫青绝不会做汉武帝不喜欢的事，同为卫氏家族一员的霍去病亦然，所以史书说："骠骑亦放（方）此意，其为将如此。"[25]

公元前 127 年，为"内实京师，外销奸猾"，汉武帝根据主父偃的建议决定将全国"訾三百万以上"的富豪皆迁到茂陵邑。豪侠郭解也被纳入移民者之列。卫青替郭解说话，认为郭解家贫，不符合移民的标准。这个时候的卫青刚刚为汉武帝收复河南地，且全甲兵而还，建立了不世之功。汉武帝异常高兴，将他封为长平侯。按理说，自己的心腹爱将替一个无足轻重的侠客说说情，即便汉武帝一心要打击豪侠势力，暂且卖卫青一个人情也在情理之中。然而，汉武帝毫不客气地说："布衣权至使将军为言，此其家不贫。"[26] 于是，郭解只得举家迁至茂陵邑。

从上述两件小事可见，即便在卫霍如日中天的时期，他们也只是"贵幸"而已，并没有真正掌握军政大权。在汉武帝眼中，他们不过是替自己喋血疆场、开疆拓土的兵刃。今天，他们可以是卫青、霍去病；明天，他们也可以是李广利。即便卫青与霍去病都活到了征和年间，只要汉武帝打算易储，他们同样是被清洗的对象。

最后要说的是汉武帝时代的另一位将领韩说。韩说的曾祖父是引发汉初之时平城之役、白登之围的韩王信。当年，韩王信投降匈奴，生下儿子韩颓当。韩颓当在文帝时期又投降汉朝，被汉文帝封为弓高侯。韩说是韩颓当的孙子，卫霍时期就曾追随卫青征战匈奴，有功封侯，后坐酎金失侯，又在元鼎六年（前 111 年）以横海将军击破东越，封按道侯。这个和赵破奴一样一生两度封侯的大将，也是汉武帝晚年北击匈奴的重要将领。太初年间，他为游击将军屯五原郡外列城。天汉四年，他又奉命将步兵三万出五原击匈奴，结果无功而返。在巫蛊之祸中，他参与在太子宫挖掘巫蛊蛊人，被太子刘据所杀。其子韩兴却又在接下来的巫蛊事件中被汉武帝诛杀。

以上提到的只是汉武帝晚年屠杀的功臣中比较令人瞩目的几

个罢了。当汉武帝在公元前 89 年颁布《轮台诏》的时候，很多人认为汉武帝在"罪己"，认为汉王朝从此走向了休养生息的"守文"之路。然而，这是一个多么巨大的误会啊，因为直到最后永远闭上双眼，汉武帝手中的屠刀都还非常刺眼。

注　释

［1］　葛剑雄：《中国历代王朝兴衰录：大汉王朝》，长春出版社 2010 年版，第 170 页。

［2］　田余庆：《论轮台诏》，载《秦汉魏晋史探微》，中华书局 2011 年版，第 31 页。

［3］　陈苏镇：《〈春秋〉与"汉道"——两汉政治与政治文化研究》，中华书局 2011 年版，第 283 页。

［4］　《史记》卷二十八《封禅书》，中华书局 2014 年版，第 1674 页。

［5］　《汉书》卷九十六下《西域传下》，中华书局 2012 年版，第 3351 页。

［6］　《史记》卷四十八《陈涉世家》，中华书局 2014 年版，第 2366 页。

［7］　《资治通鉴》卷二十二《汉纪十四》，中华书局 2011 年版，第 755 页。

［8］　《资治通鉴》卷二十二《汉纪十四》，中华书局 2011 年版，第 755 页。

［9］　《资治通鉴》卷二十二《汉纪十四》，中华书局 2011 年版，第 736 页。

［10］　《资治通鉴》卷二十二《汉纪十四》，中华书局 2011 年版，第 736 页。

［11］　《资治通鉴》卷二十二《汉纪十四》，中华书局 2011 年版，第 736 页。

［12］　《汉书》卷四十五《蒯伍江息夫传》，中华书局 2012 年版，第 1903 页。

［13］　《汉书》卷六《武帝纪》，中华书局 2012 年版，第 180 页。

［14］　《汉书》卷八《宣帝纪》，中华书局 2012 年版，第 204 页。

［15］　《汉书》卷六十三《武五子传》，中华书局 2012 年版，第 2382 页。

［16］　《汉书》卷六十三《武五子传》，中华书局 2012 年版，第 2384 页。

［17］　《汉书》卷七十四《魏相丙吉传》，中华书局 2012 年版，第 2715 页。

［18］　《汉书》卷九十七上《外戚传上》，中华书局 2012 年版，第 3389 页。

［19］　《汉书》卷八《宣帝纪》，中华书局 2012 年版，第 205 页。

［20］《汉书》卷九十七上《外戚传上》，中华书局 2012 年版，第 3386 页。

［21］《史记》卷一百一十一《卫将军骠骑列传》和《汉书》卷五十五《卫青霍去病传》载，公孙敖在公元前 97 年出击匈奴"亡士卒多，下吏，当斩，诈死，亡居民间五六岁。后发觉，复系。坐妻为巫蛊，族"。据此推算，公孙敖应该在巫蛊之祸期间被诛杀。但《汉书·武帝纪》和《资治通鉴》卷第二十二《汉纪十四》皆记录公孙敖在公元前 96 年正月被腰斩，这应该就是列传中所记录的公孙敖的那次"诈死"。

［22］《史记》卷一百一十一《卫将军骠骑列传》，中华书局 2014 年版，第 3563 页。

［23］《史记》卷一百一十一《卫将军骠骑列传》，中华书局 2014 年版，第 3563 页。

［24］《史记》卷一百一十一《卫将军骠骑列传》，中华书局 2014 年版，第 3564 页。

［25］《史记》卷一百一十一《卫将军骠骑列传》，中华书局 2014 年版，第 3564 页。

［26］《史记》卷一百二十四《游侠列传》，中华书局 2014 年版，第 3872 页。

第十七章

武 帝 的 遗 产

太初三年（前102年），李广利第二次领兵出征大宛时，汉武帝为确保战事顺利进行，专门派人前往乌孙，请乌孙王"大发兵并力击宛"[1]。这个时候汉对乌孙采取的是经济厚赂政策，并和乌孙达成了和亲关系，结为昆弟，和亲公主刘细君已远嫁乌孙三年。然而很明显，金钱和女人并没有让西域大国乌孙成为汉王朝坚定的盟友。因为，在刘细君远嫁乌孙之后，匈奴也送了个女人给乌孙王做妻子。在汉和匈奴之间，乌孙明显只想保持中立，甚至骑墙。所以这一次，乌孙王只象征性地派了两千骑兵，而且"持两端，不肯前"[2]。

乌孙在汗血马战争中的态度让我们看到了汉王朝在西域地区的两难处境：要想彻底击败匈奴，就必须先断匈右臂，控制西域；要想真正控制西域，那又必须先彻底击败匈奴。

结束汗血马战争后，我们看到汉武帝调整战略措施，在停战十余年后，又开始了大规模北击匈奴的战争。然而，汉武帝晚年发动的几次规模浩大的对匈战争都是以汉王朝的惨败作结。在征和四年，汉武帝发布《轮台诏》。虽然这并不能看作汉武帝在反省既往的施政方略，并将大汉王朝推向"守成尚文"的阶段，但不可否认的是，发布《轮台诏》后汉武帝在生命的最后两年没再派兵出征。

在汉武帝晚年，汉军大规模远征匈奴在战略战术上所暴露出来的问题，以及因此而付出的惨痛代价足以让后来的为政者引以为戒。所以，昭帝、宣帝延续了汉武帝发布《轮台诏》后在远征匈奴上的政策调整，对匈奴用兵极为谨慎。从昭帝即位到匈奴呼韩邪单于内附，三十六年的时间，汉王朝对匈奴只有两次大规模用兵的记录，一次在昭帝元凤三年（前78年），一次在宣帝本始三年（前71年）。

其实，在昭帝初年，汉王朝内部对于应该采取怎样的对匈政策还是很有争议的。在著名的盐铁会议上，桑弘羊就力主经过汉武帝时代数十年的打击，"匈奴困于汉兵，折翅伤翼，可遂击服"[3]，只是因为汉武帝突然去世，才导致"匈奴不革"[4]。很显然，桑弘羊此说并不符合事实。在汉武帝晚年汉和匈奴乃是两败俱伤，匈奴固然损失惨重，汉王朝整个社会也处于崩溃边缘，如果昭帝即位后汉王朝如桑弘羊所建议，继续大规模北击匈奴，那么后果不堪设想。所以，贤良文学建议昭帝对匈奴"偃兵休士，厚币结和亲，修文德而已"[5]。

但昭帝和辅政的霍光两种策略都没有采纳。北击匈奴是汉武帝留给昭帝的一个未解难题，同时也是一笔巨大的财富。经过几十年的鏖战之后，汉和匈奴都迫切需要休养生息，但在汉和匈奴之间，汉明显已经处于优势状态。如果汉王朝采取贤良文学的策略，与匈奴和亲，回到汉初七十年的汉匈关系上来，那么，匈奴很可能借此机会重新崛起。而汉武帝时代"甲士死于军旅，中士罢于转漕，仍之以科适，吏徵发极矣"[6]，耗尽了整个王朝人力、物力、财力所取得的战果将付之东流。

所以，在昭帝时代，汉匈之间保持着一种极为冷淡的和平。

汉在始元五年（前82年）罢马弩关，恢复与匈奴的部分贸易往来；作为友好的回应，匈奴在第二年释放了关押长达十九年的汉使苏武。

与此同时，汉王朝积极加强武备。始元二年（前85年），"发习战射士诣朔方，调故吏将屯田张掖郡"[7]；始元六年（前81年）"取天水、陇西、张掖郡各二县置金城郡"[8]，新设立的金城郡不仅能弥补因"边塞阔远"而造成的边防疏漏，也能更有效地隔断匈奴和羌人的联系。

在昭帝元凤年间，匈奴三次侵入汉边盗掠。

元凤元年（前80年），匈奴二万骑分四路入寇，"汉兵追之，斩首获虏九千人，生得瓯脱王，汉无所失亡"[9]。元凤三年（前78年），匈奴右贤王、犁污王四千骑分三队入张掖三县，被张掖太守、属国都尉发兵大破，犁污王亦被射杀。这两次战役让我们看到，汉对匈奴的作战策略较汉武帝时代有了非常大的调整。汉武帝晚年，每次匈奴南下，都会派遣大军北上，但劳师远征，汉军损失惨重，整个国家也因此不堪重负。昭帝时代则立足于防守，匈奴一旦寇边，军队厉行反击，但并不远出关塞。这样的效果非常明显，元凤元年的战役后，匈奴"即西北远去，不敢南逐水草"[10]；元凤三年入掠张掖失败后，"匈奴不敢入张掖"[11]。

汉初七十年，汉王朝对匈奴采取的同样是"防守反击"战术，但收效甚微，完全无法阻挡匈奴南下的铁蹄。为何到昭帝时期再采用这一战术，效果就如此明显呢？这一是因为匈奴经历了汉武帝时代的持续打击，早已势弱，远遁漠北；二是得益于武帝时代积极推行的移民实边、屯田戍边策略以及汉边塞防系统的修筑和完善，让接下来的昭宣时代边防充实，匈奴很难找到可乘之机。

就在元凤三年，匈奴还有一次大规模的入掠行为，"三千余骑入五原，略杀数千人，后数万骑南旁塞猎，行攻塞外亭障，略取吏民去"[12]。此后，匈奴又发兵二万出击乌桓。这个时候的乌桓逐渐强大，也时常扰掠汉边。汉廷得知消息后，霍光派遣度辽将军范明友将二万骑兵出辽东，明确指示："兵不空出，即后匈奴，遂击乌桓。"[13]匈奴发现汉军出塞后，迅速撤军。范明友挥军攻击乌桓，斩首六千余级，捕获乌桓三个王。此战是继汉武帝征和三年之后，汉军第一次大规模对匈奴用兵，也是昭帝时代唯一的一次。虽然汉匈之间没有直接交战，但"匈奴鬣是恐，不能出兵"[14]。可见，此战汉王朝付出的代价很小，但效果很明显。

如果说，汉武帝在汗血马战争后感觉到时不我与，一心一意想在有生之年让匈奴单于俯首称臣，不惜穷兵黩武，力图先彻底击败匈奴再控制西域，但遭遇惨败，那么昭帝、宣帝时代的主要任务则是恢复国内经济、巩固内政，同时回到耐心经营西域，用时间换空间，断匈右臂，截断匈奴西方外援，并从经济上封锁匈奴的思路上来。

1. 灭楼兰

打出来的新世界   楼兰在汉使和汉军西进的交通要道之上。

汉武帝在位时着力经营楼兰，曾经两度将楼兰王抓捕。然而，小国楼兰在汉和匈奴两个大国间艰难求存，只能选择谁更强大就依附于谁，甚至同时向两个大国派遣质子。汉武帝时代始终没能彻底解决楼兰的问题。到老楼兰王去世，新任楼兰王曾经在匈奴为质子，自然与匈奴更为亲厚，又"为匈奴反间，数遮杀汉使"[15]。汉武帝曾诏新楼兰王到长安面圣，却被拒。

左："伊循都尉左"汉简（藏于新疆巴音郭楞自治州巴州博物馆，汉代"伊循"位于今天新疆若羌一带。黄豁摄）

右：记录西域管理情况的汉简（藏于新疆巴音郭楞自治州巴州博物馆，记录了汉代对西域的管理情况。黄豁摄）

汉昭帝即位后，大将军霍光派遣傅介子出使楼兰。傅介子在楼兰王的宴席上设计将楼兰王召至身前，趁其不备，一刀将他刺杀。从此，楼兰更名为鄯善，请汉军于国中土地肥美的伊循城屯垦，彻底归附汉王朝。也就是从这个时候起，汉军开始在伊循屯田，"于是汉遣司马一人，吏士四十人，田伊循以镇抚之。其后更置都尉。伊循官置始此矣"[16]。

接下来，汉昭帝采纳了桑弘羊曾经给汉武帝的建议——于轮台屯田。征和四年，汉武帝拒绝了桑弘羊的建议，并以此为由头发布了《轮台诏》。轮台屯田对汉王朝经营西域非常有价值，诚如桑弘羊所言，轮台屯田后，再将汉王朝的塞防系统继续向西延伸，可以"威西国，辅乌孙"[17]。但汉武帝征和四年，刚刚经历了李广利燕然山全军覆没的惨痛失败，汉王朝的内政、经济和整个社会都出现了严重的问题，所以，汉武帝不得不停止一切对外征伐的行动，包括屯田轮台。到昭帝时代，国内局势稍稍稳定，在西域采取小规模的屯田来保障兵力和汉王朝的影响力，付出的代价远远小于大规模的战争。所以，昭帝即位后不久，"乃用桑弘羊前议，以杆弥太子赖丹为校尉，将军田轮台，轮台与渠犁地皆相连也"[18]。

2. 控乌孙

在前面的章节中，我们已经说过，乌孙是《汉书》中有人口记录的西域国家里人口最多的，有六十三万人，兵卒近十九万人。对于两千年前的汉和匈奴来说，乌孙成为谁的坚定盟友，谁就能在西域拥有绝对的话语权。而汉和匈奴，一直都在争夺对乌孙的控制权。

张骞出使乌孙后，匈奴非常恼怒乌孙与汉取得联络，打算攻击乌孙。匈奴的这种做法，反而将乌孙推向了汉王朝。元封六年（前105年），汉与乌孙和亲，汉武帝遣嫁宗室之女刘细君与乌孙王为妻。匈奴知悉后，也送了个女人给乌孙王。太初四年（前101年），刘细君去世，汉武帝又将另一位宗室之女——刘解忧送到了乌孙。

刘解忧不仅在乌孙站稳了脚跟，更在乌孙王岑陬去世后再嫁新任乌孙王翁归靡。在刘解忧的影响下，翁归靡与汉王朝更加亲厚，这惹恼了匈奴。

汉昭帝元凤年间，匈奴效法汉王朝在西域地区展开屯田，派遣四千骑兵屯于车师，并与车师一起攻击乌孙。刘解忧上书汉昭帝，向汉王朝求援。

刘解忧的求救信对汉廷造成的震动一定很大，然而，元平元年（前74年），适逢汉昭帝去世，汉廷忙着处理国内皇权交替的问题无暇西顾。宣帝即位后，刘解忧和乌孙王一起再度上书求援，

"匈奴复连发大兵侵击乌孙，取车延、恶师地，收人民去，使使谓乌孙趣持公主来，欲隔绝汉"[19]。匈奴要乌孙交出的"公主"，即汉王朝的和亲公主刘解忧，足见匈奴的目的不仅仅在于乌孙的土地和人民，还在于断绝汉王朝和乌孙的友好关系，将乌孙重新纳入自己的控制。匈奴的计划一旦得逞，那么，从汉武帝时代派张骞出使乌孙，厚赂乌孙王并与之和亲以来，汉王朝在西域地区所付出的一切努力都将功亏一篑。毕竟，乌孙是离汉王朝和匈奴最近的西域大国，汉王朝控制乌孙即能断匈右臂，而匈奴控制乌孙也将截断汉王朝势力西进的道路。

所以，汉宣帝即位不久，便在本始二年（前72年）发兵十五万骑，于本始三年（前71年）正月，"五将军师发长安"[20]，分五路出击匈奴。

但此举收效甚微，"匈奴闻汉兵大出，老弱犇走，驱畜产远遁逃，是以五将少所得"[21]。这一战也再度说明，在匈奴势弱、遁入漠北之后，汉军要想穿越大漠戈壁在茫茫草原中寻歼匈奴主力，是一个非常艰巨的任务。

五路汉军都没有取得大的战果，倒是汉使常惠监护的乌孙军队一举击破匈奴右谷蠡王庭，"获单于父行及嫂、居次、名王、犁污都尉、千长、将以下三万九千余级，虏马牛羊驴骡橐驼七十余万"[22]。

面对汉军的大举出塞，为了躲避汉军的攻击，加之被乌孙军队重创，匈奴民众死伤无数，在转移的过程中畜产的损失更加不计其数，"于是匈奴遂衰耗"[23]。

匈奴对乌孙非常怨恨，于是在这年冬天，单于亲自率领万骑出击乌孙，虽然取得了一些战果，但在返回的途中遭遇暴雪，一天的积雪就超过一丈。这导致匈奴人民和畜产大量冻死，最终返回驻牧地的不足十分之一。匈奴衰微，乌桓、乌孙趁机攻击匈奴，就连一直臣属于匈奴的丁零也开始反叛。三个国家斩杀匈奴民众数万，劫掠马匹数万、牛羊不计其数。连战连败，以及经济遭遇重创，匈奴民众在饥荒中死掉了十分之三，畜产更损失一半。"匈奴大虚弱，诸国羁属者瓦解，攻盗不能理。"[24]

汉宣帝本始三年（前71年）是汉匈战争史上的又一个关键点。自汉武帝发布《轮台诏》以来，差不多二十年的时间，通过对西域的耐心经营，汉王朝终于迎来了彻底击败匈奴的曙光。

3. 争车师

如果说，楼兰是汉王朝的势力进入西域的必经之路，那么车师则在匈奴南下西域的交通要道上。所以，从汉武帝时代开始，汉匈之间对车师国的争夺就一直没有停止。

汉武帝元封三年（前108年），赵破奴就大破车师。一般认为，这个时候的车师名为姑师，在罗布泊至孔雀河流域一带，所以《史记》和《汉书》才有"楼兰、姑师当道"一说。为汉军所破后，姑师北徙寻求匈奴人的庇护，在吐鲁番盆地以及天山以北的吉木萨尔县一带建立了车师国。

天汉二年（前99年），汉开陵侯率楼兰兵击车师，匈奴右贤王发数万骑兵救之；征和三年（前90年），汉开陵侯率西域六国兵马进击车师，"车师王降服，臣属汉"[25]。不过，这种降服只是暂时的。汉军不可能长驻车师，一旦汉军撤离，车师便又被匈奴控制。

汉昭帝时，为保卫自己南下西域的通道，匈奴派四千骑兵于车师屯田。

汉宣帝本始三年（前71年），汉与乌孙大发兵出击匈奴，匈奴遭遇重创，车师再度向汉臣服。然而，这仍是车师的权宜之策。此后，由匈奴所立的车师王不仅与匈奴通婚，还为匈奴截击汉出使乌孙的使者提供情报。从宣帝地节年间直到元康年间（前

69 年—前 62 年），汉和匈奴都在车师反复较量。地节二年（前 68 年），汉调集西域兵一万余，以及汉屯田士卒一千五百人出击车师，甚至留了三百吏卒屯田车师。但大军一走，匈奴骑兵又回来了。

对匈奴来说，"车师地肥美，近匈奴，使汉得之，多田积谷，必害人国，不可不争也"[26]。但对于汉王朝而言，车师太过遥远，离汉军屯田的渠犁也有千余里，距匈奴又近，汉军小股部队不足以威服，派大军屯戍又消耗巨大，所以，汉决定暂罢车师屯田。汉军撤回了渠犁，同时也将车师国民众全部迁往渠犁，留下一个空荡荡的车师给匈奴。

匈奴与汉对车师的争夺，最终败于自身的内耗。汉宣帝神爵二年（前 60 年），与握衍朐鞮单于有隙的匈奴日逐王先贤掸率领数万人马降汉。以往匈奴控制西域，主要依靠日逐王的势力。日逐王降汉，意味着匈奴在与汉对西域控制权的争夺上彻底失败，车师也自然而然成为汉王朝的臣属国。至汉元帝初元元年（前 48 年），汉又设置戊己校尉，屯田车师故地。

神爵三年（前 59 年），安远侯郑吉"并护北道，故号曰都护。都护之起，自吉置矣。僮仆都尉由此罢，匈奴益弱，不得近西域"[27]。随着西域都护府的设立，"汉之号令班西域矣"[28]。

至此，从武帝时代起于张骞远使的"断匈右臂"的国家战略，终于彻底实现。

旷哉绝域，往往亭障

从汉武帝晚年开始，我们就看到汉王朝在西域用兵的一个转变。汗血马战争时，汉武帝动用了十余万汉军远征，几十万人为军队转运物资，整个国家为之疲惫不堪，战争的收益却明显小于付出。天汉二年，汉开陵侯率楼兰兵击车师；征和三年，莽通领四万骑出酒泉，借道车师至天山。为防车师攻击莽通军，汉武帝派开陵侯率领西域六国兵马攻击车师。这两次出兵车师是汉王朝开始在西域采用"以夷制夷"的策略，动用西域的兵马降服西域国家。汉宣帝即位后，五将军大出匈奴时，也是汉使常惠监护的乌孙军队取得了重大战果；在与匈奴争夺车师时，汉王朝更是不断调遣西域兵力，而非大量动用汉军。

"以夷制夷"的策略大幅度降低了汉王朝经营西域的成本。这以后，整个两汉时期，这一策略都是汉王朝控制西域的最有效手段。到东汉时期，汉王朝国力衰微，对西域的控制力减弱，西域国家叛服不定。被誉为"西域之王"的班超在经营西域期间，即完全采用"以夷制夷"之法，辗转于西域各国，巧妙利用各种力量击破莎车，降服车师，智退大月氏……东汉政府重新设立西域都护府后，班超成为都护，他集结龟兹、鄯善等八国联军七万兵力讨伐仍旧不肯归附的焉耆、危须等国，将整个西域重新纳入汉王朝的控制范围。

汉王朝之所以有力量调动西域兵马，人们往往会直观地认为是出击楼兰、远征大宛这一系列展示武功军威的军事胜利造成的。诚然，这些军事行动对西域诸国有极大的威慑力，但汉军不可能大规模长驻西域。西域诸国本就是一些散布在大漠绿洲中的小城小国，环境承载能力有限，无力供养大规模的军队。而汉王朝自身也无法承受大军长驻域外对国家的消耗。但是，如果仅仅据河西走廊，以玉门关、阳关为界，汉王朝的势力要想深入西域地区，并对其实行有效的管控，的确鞭长莫及。于是，从汉武帝时代开始，我们看到一股特殊的力量顽强地不断向西方延伸。这股顽强的力量即下段文字里"出长城外数千里"的障塞亭燧。

及武帝征伐四夷，开地广境，北却匈奴，西逐诸羌，乃度河、湟，筑令居塞；初开河西，列置四郡，通道玉门，隔绝羌胡，使南北不得交关。于是障塞亭燧出长城外数千里。[29]

在公元前 121 年霍去病征服河西地区之后，"汉始筑令居以西"[30]。令居，即今天甘肃永登。《汉书·张骞李广利传》注引臣瓒曰，"令居，县名也，属金城。筑塞西至酒泉也"。在将河西地区纳入汉王朝版图之后，汉武帝即开始令人在河西地区修筑塞防系统，从令居直到酒泉。十三年后，赵破奴击楼兰、破姑师，"于是酒泉列亭障至玉门矣"[31]。汉王朝的塞防系统自此从酒泉继续向西，延伸至玉门。不久，汉武帝又发动了汗血马战争，与此同时，塞防系统也再度西延，"而敦煌置酒泉都尉；西至盐水，往往有亭。而仑头有田卒数百人，因置使者护田积粟，以给使外国者"[32]。《汉书·西域传》中的相关记录则是："于是自敦煌西至盐泽，往往起亭。"

陈梦家先生认为，《史记》所载之"盐水"和《汉书》所录之"盐泽"是有区别的。"盐泽"即汉之蒲昌海，今天的新疆罗布泊；"盐水"则专指流入盐泽之水，约相当于营盘（东经 87 度 30 分，北纬 41 度）以上孔雀河及营盘以下库鲁克河。[33]

通过考古调查发现，由营盘西北沿库鲁克塔格尔山南麓、孔雀河北岸，西北经沙漠至库尔勒，长达一百七十公里以上的古道旁，有绵延不绝的烽燧，一直延伸到库车西北。[34]

烽燧恰恰沿着一条古道分布：自敦煌西出玉门关，过白龙堆沙漠，沿罗布泊北岸抵达其西北角的楼兰古城，沿库鲁克河至营盘，再向西北沿孔雀河至库尔勒，继续向西沿天山南麓经轮台故址至库车（龟兹故地）。西汉的塞防系统到此为止，但古道最后可经阿克苏、喀什、疏勒西抵大宛。[35] 这条古道是汉时丝路北道，张骞第一次出使西域走的便是这条路。

今天，沿着这条古道行进，我们仍会看到那些矗立了两千多年的烽燧，尤以营盘以上孔雀河东北岸沿线至博斯腾湖最大的注入河流开都河一线，以及博斯腾湖西北方向的和静、和硕、焉耆三县一带分布最为密集。巴音郭楞蒙古自治州境内现已发现三十五座汉代烽燧遗址，其中二十一座便分布在这一带。

对照《史记》的记载，这些烽燧大多应该始建于汗血马战争之后的汉武帝时代。在"盐水"，即孔雀河流域修筑烽燧，显然是为了防止匈奴南下。至今，吐鲁番市和吉木萨尔县之间仍存在着一条被称作"车师古道"的跨越天山南北的交通干线。《史记》和《汉书》都多次记载"（车师）当道"。车师在汉宣帝时代分裂为车师前国、车师后国，其国都分别在今天的吐鲁番西北和吉木萨尔县。

两千年前，居于蒙古高原的匈奴人要想向西南方向进入天山南麓的古丝路北道，即需要通过车师古道穿越天山，再向西南进入焉耆盆地。如果匈奴日逐王的驻牧地在伊吾、蒲类一带，那么，日逐王的势力要深入古丝路北道诸国，同样需要经车师而西，穿越焉耆盆地。所以，汉王朝在孔雀河流域至博斯腾湖一带修造了大量的塞防系统，以保护丝路的畅通和捍卫自己的势力范围。

新疆境内的烽燧与甘肃境内的汉代亭燧建筑结构相同，只是没有长城相连接。到汉宣帝神爵年间，西汉政府置都护府于乌垒城（今轮台县东北）。以都护府为中心，汉政府又在四周修筑了一系列的烽燧、戍堡以预警和防卫。这些烽燧西至今天新疆阿克苏地区的新和、库车，也即西域古国龟兹。

龟兹是塔里木盆地中天山南麓、昆仑山北麓诸国里的大国，

克孜尔尕哈烽燧（位于新疆库
车县，是丝绸之路上我国目前
保存最为完好的汉代单体烽燧，
为世界文化遗产。黄豁摄）

人口为八万余。所以，无论是葱岭以西的草原大国想将其势力范围深入塔里木盆地，还是匈奴人想要控制整个塔里木盆地，龟兹都是必争之地。

今天，在库车县城西北，独库公路东侧的戈壁台地上，扼盐水沟河谷，我们还能看到丝路上保存最完好的单体烽燧——残高约十三米的克孜尔尕哈烽燧。盐水沟河谷是汉时丝路北道的重要通行路段，龟兹与姑墨之间的咽喉地带。汉政府在这一带修筑塞防系统，足见其除了防卫匈奴，亦有防范葱岭以西的草原大国东进，同时让自己的势力范围继续西延的意图。汉成帝时，乌孙内乱，《汉书·西域传》便有"汉徙已校屯姑墨，欲候便讨焉"的记录。这些塞防系统的修造，的确如桑弘羊所言，起到了"威西国，辅乌孙"的作用。

综上可见，汉王朝当然是出于领土扩张和军事进攻的目的才修筑了这些塞防系统。得益于这些军事据点的存在，汉王朝的势力不断向西延伸。

唐代司马贞说："大宛之迹，元因博望。始究河源，旋窥海上。条枝西入，天马内向。葱岭无尘，盐池息浪。旷哉绝域，往往亭障。"[36]史家对这些不断西延的塞防系统评价之高可见一斑。

田余庆先生也在《论轮台诏》一文中说："亭障相连，构成防御线，构成交通线，也构成供应线……可以说，没有亭障，也就没有汉在西域的经营。"[37]

直到今天，当我们的手触摸到这些用沙土垒就的古堡要塞时，仍能感受到一种力量，它来自一个古老民族曾经拥有过的开拓、进取的雄心壮志。

注 释

［1］ 《史记》卷一百二十三《大宛列传》，中华书局 2014 年版，第 3856 页。

［2］ 《史记》卷一百二十三《大宛列传》，中华书局 2014 年版，第 3856 页。

［3］ 《盐铁论》卷八《西域》，中华书局 1992 年版，第 500 页。

［4］ 《盐铁论》卷八《西域》，中华书局 1992 年版，第 500 页。

［5］ 《盐铁论》卷七《击之》，中华书局 1992 年版，第 472 页。

［6］ 《盐铁论》卷七《击之》，中华书局 1992 年版，第 471 页。

［7］ 《汉书》卷七《昭帝纪》，中华书局 2012 年版，第 190 页。

［8］ 《汉书》卷七《昭帝纪》，中华书局 2012 年版，第 193 页。

［9］ 《汉书》卷九十四上《匈奴传上》，中华书局 2012 年版，第 3247 页。

［10］ 《汉书》卷九十四上《匈奴传上》，中华书局 2012 年版，第 3247 页。

［11］ 《汉书》卷九十四上《匈奴传上》，中华书局 2012 年版，第 3248 页。

［12］ 《汉书》卷九十四上《匈奴传上》，中华书局 2012 年版，第 3248 页。

［13］ 《汉书》卷九十四上《匈奴传上》，中华书局 2012 年版，第 3248 页。

［14］ 《汉书》卷九十四上《匈奴传上》，中华书局 2012 年版，第 3249 页。

［15］ 《汉书》卷九十六上《西域传上》，中华书局 2012 年版，第 3322 页。

［16］ 《汉书》卷九十六上《西域传上》，中华书局 2012 年版，第 3323 页。

［17］ 《汉书》卷九十六下《西域传下》，中华书局 2012 年版，第 3350 页。

［18］ 《汉书》卷九十六下《西域传下》，中华书局 2012 年版，第 3353 页。

［19］ 《汉书》卷九十六下《西域传下》，中华书局 2012 年版，第 3344 页。

［20］ 《汉书》卷八《宣帝纪》，中华书局 2012 年版，第 211 页。

［21］ 《汉书》卷九十四上《匈奴传上》，中华书局 2012 年版，第 3249 页。

［22］ 《汉书》卷九十四上《匈奴传上》，中华书局 2012 年版，第 3250 页。

［23］ 《汉书》卷九十四上《匈奴传上》，中华书局 2012 年版，第 3250 页。

［24］ 《汉书》卷九十四上《匈奴传上》，中华书局 2012 年版，第 3251 页。

［25］ 《汉书》卷九十六下《西域传下》，中华书局 2012 年版，第 3357 页。
《汉书·西域传》对此次出兵记录在征和四年（前 89 年），但《匈奴传》明确记载，征和三年汉军分三路大军北击匈奴，其中重合侯莽通领四万骑兵出酒泉击匈奴于天山，开陵侯率西域六国兵马出击车师，是为防止车师截击莽通军或切断汉军退路。汉武帝在征和四年

发布的《轮台诏》中亦专门提到此次出兵汉军有数千被饿死的重大损失。所以，《西域传》所载征和四年实有误，出兵在征和三年。

［26］《汉书》卷九十六下《西域传下》，中华书局 2012 年版，第 3358 页。

［27］《汉书》卷九十六上《西域传上》，中华书局 2012 年版，第 3319 页。

［28］《汉书》卷七十《傅常郑甘陈段传》，中华书局 2012 年版，第 2599 页。

［29］《后汉书》卷八十七《西羌传》，中华书局 2012 年版，第 2313 页。

［30］《史记》卷一百二十三《大宛列传》，中华书局 2014 年版，第 3848 页。

［31］《史记》卷一百二十三《大宛列传》，中华书局 2014 年版，第 3850 页。

［32］《史记》卷一百二十三《大宛列传》，中华书局 2014 年版，第 3857 页。

［33］陈梦家：《汉武边塞考略》，载《汉简缀述》，中华书局 1980 年版，第 214 页。

［34］斯坦因：《西域考古记》，商务印书馆 2013 年版，第 282 页。原文作"从（营盘）东北经过沙漠以达库尔勒"，疑有误，"东北"应为"西北"。

［35］陈梦家：《汉武边塞考略》，载《汉简缀述》，中华书局 1980 年版，第 213 页。

［36］《史记》卷一百二十三《大宛列传·索隐·述赞》，中华书局 2014 年版，第 3858 页。

［37］田余庆：《论轮台诏》，载《秦汉魏晋史探微》，中华书局 2011 年版，第 48 页。

第十八章

最后的匈奴

从汉高祖七年（前200年）的平城之役、白登之围到汉宣帝甘露三年（前51年）匈奴呼韩邪单于于甘泉宫朝见汉家天子，汉与匈奴之间持续了整整一百五十年的对立和征战终于画上了一个句号。

如同野狼一样凶猛、雄鹰一般骄傲的匈奴人向他们曾经轻视过的汉王朝俯首称臣。

从汉武帝时代开始，汉王朝便一直致力于对匈奴的征服。这种征服除了大规模的武力征讨外，还包括对匈奴实行"经济厚赂"政策。化外之邦只要肯纳贡称臣，汉王朝不会计较自己需要付出多大的经济代价。对于周边的小邦小国，特别是西域地区的，"经济厚赂"政策在树立汉王朝的权威、彰显国家实力上取得了非常显著的效果。然而在汉武帝时代，无论是大规模的武力征讨还是"经济厚赂"，始终没能达成最终的目的——让匈奴向汉王朝称臣。

匈奴是一个不立文字的民族。这个勇猛、尚武且骄傲的族群，全部的历史传奇都有赖于我们书书的记录。《史记·秦本纪》中有"韩、赵、魏、燕、齐帅匈奴共攻秦"的记录。这一年是公元前318年。这是"匈奴"这个名称第一次出现在我们的书书中。如果从这一年算起，到公元前51年呼韩邪单于降汉，匈奴作为一个独立的民族，历时二百六十多年。

在汉武帝时代，从漠南、河西接连败退之后，历代匈奴单于都面临着一个巨大的诱惑——当携带着大量财帛的汉使出现在苦寒之地漠北时，他们完全可以选择屈服，向汉王朝派遣质子、纳贡称臣，以换来长久的和平、安逸以及汉家天子慷慨的赏赐。然而，毕竟"胡者，天之骄子也"，在很长的一段时间里，匈奴人宁肯选择在漠北艰难求存。

恶劣的生存环境和不断发生的天灾让匈奴人挣扎于生死边缘，血腥的内斗则不断啃噬着民族健康的机体，在分裂和动荡之后，一部分匈奴人为了生存不得不选择南下，内附于曾经的敌人——强大的汉王朝。

呼韩邪单于在决定南下"从汉求助"[1]前，曾召集身边的亲贵臣子商议。几乎所有人都竭力反对，认为：

> 匈奴之俗，本上气力而下服役，以马上战斗为国，故有威名于百蛮。战死，壮士所有也。今兄弟争国，不在兄则在弟，虽死犹有威名，子孙常长诸国。汉虽强，犹不能兼并匈奴，奈何乱先古之制，臣事于汉，卑辱先单于，为诸国所笑！虽如是而安，何以复长百蛮！[2]

这袭话让我们看到，一个曾经的"百蛮大国"，即便在生死存亡之际，仍旧保持着"天之骄子"的自尊与骄傲。

然而，对于此时的呼韩邪单于来说，"事汉则安存，不事则危亡"[3]。所以，他并没有采纳多数人的意见，而是断然决定南下，带领部众靠近汉王朝的边塞，并遣儿子入侍汉廷。

匈奴来附，这对汉王朝来说是个天大的好消息，同时也给汉王朝出了个大难题。呼韩邪单于欲朝拜汉宣帝，汉王朝应以怎样的礼仪接待他呢？毕竟，与那些前来朝拜的小邦小国的君主不同，匈奴单于乃是曾经的"百蛮之王"，亦曾是汉王朝最强大的敌人。

"单于非正朔所加，王者所客也，礼仪宜如诸侯王，称臣昧死再拜，位次诸侯王下"[4]，这代表了汉宣帝的朝堂上很多大臣的心声。最终，汉宣帝力排众议，认为呼韩邪单于愿意作为中国北方藩属前来朝觐，应以国宾之礼接待，位次在诸侯王之上，并且拜谒时只称"臣"，不称名字。

汉宣帝在民族问题上所表现出来的宽容与大度，对接下来半个世纪汉匈之间维持长久的和平起到了关键作用。更为重要的是，随着匈奴单于降汉，西域一些原本归附匈奴的国家也逐渐转变态度，向汉王朝称臣，汉王朝在西域的影响力愈加扩大；而原本与呼韩邪单于针锋相对的郅支单于一部，则慑于汉王朝和呼韩邪的联盟而被迫西迁，匈奴重新崛起的希望彻底破灭。

内耗与天灾　匈奴自冒顿单于起，至五单于争立的分裂内乱前，一共有十二任单于。汉武帝打击匈奴的前期，匈奴在单于位的继承上出现过一次内乱——军臣单于去世后，太子於丹无法顺利继承单于位，被迫降汉，其叔叔左谷蠡王伊稚斜自立为单于。此后，虽然不断有阴谋反叛者，但匈奴单于位的交接都很顺利，没有再发生大的内乱，一直到汉昭帝始元二年（前85年）。这一年，曾经击败过汉武帝的狐鹿姑单于去世，匈奴自此走向了不断的内乱。

狐鹿姑单于的异母弟弟为左大都尉，是一个非常贤能的人，受到国人拥戴。狐鹿姑单于的母亲生怕儿子死后，将单于位传给左大都尉，于是派遣杀手杀掉了左大都尉。这导致左大都尉的同母哥哥怀恨在心，从此"不肯复会单于庭"[5]。狐鹿姑单于去世前，因为儿子年幼，所以打算立弟弟右谷蠡王为单于。但是，丁零王卫律和颛渠阏氏联合起来，矫托单于令，立狐鹿姑单于的儿子左谷蠡王为壶衍鞮单于。这导致左贤王和右谷蠡王心生怨恨，最终"未尝肯会龙城"[6]。

由此可见，在狐鹿姑单于去世前后，匈奴至少有三位贵戚叛离了单于。这意味着匈奴的内部开始出现分裂。

壶衍鞮单于在位期间，汉匈之间爆发了一次大规模的战争，即上一章中详细叙述过的汉宣帝本始三年（前71年）汉军和乌孙军队联合出击匈奴。这场战争让匈奴在人口和经济上都损失惨重，更要命的是，这次大战之后，匈奴又遭遇了严重的天灾。

匈奴的游牧经济十分脆弱，本来就很难自给自足。在强盛时期，这种不足可以通过臣属国的税收和南方汉王朝的"岁奉"等渠道来补充。即便遭遇天灾，粮食物资严重缺乏，还可以劫掠汉边，武力抢夺生产生活所需。但在卫霍时期被汉军击败后，匈奴丧失了来自南方的财源，对西域地区的控制权也面临着汉王朝的争夺，更兼丢失了河西、漠南大片肥沃的牧地，所以，稍有天灾就可能给整个族群带来极为可怕的后果。

根据《汉书》的记录我们发现，匈奴退至漠北地区后，不断遭遇天灾。儿单于时代（前105—前102年），匈奴遭遇过一次大雪灾，很多畜产被冻死，这才导致左大都尉欲杀儿单于降汉，赵破奴率领二万骑兵前去接应；狐鹿姑单于在位后期（前89年），又有"会连雨雪数月，畜产死，人民疫病，谷稼不孰"[7]的记录，以为是先单于发怒示警的狐鹿姑单于还将投降的贰师将军李广利拿来祭祀先单于；壶衍鞮单于在汉宣帝本始三年（前71年）这一年，遭遇军事挫败后，"又重以饿死，人民死者什三，畜产什五，匈奴大虚弱，诸国羁属者皆瓦解，攻盗不能理"[8]；仅仅三年之后，虚闾权渠单于即位之初（前68年），匈奴又发生了大饥荒，人民畜产因此死亡的达到十之六七。

陈序经先生在其著作《匈奴史稿》中认为，自军臣单于以来，匈奴因为战争和天灾所损耗的人口超过匈奴总人口的一半。按照陈序经先生的说法，如果匈奴全盛时期的人口是一百五十万到二百万，那么，到虚闾权渠单于时代，匈奴的人口应该缩减到了不足百万。

战争和天灾让匈奴自壶衍鞮单于时代开始便国力大衰，此前处于匈奴控制下的周边各民族、国家趁其衰败和虚弱开始群起而攻之，就连已经向匈奴臣服了百余年的丁零这样的小部落也开始不断入掠盗边，杀略匈奴人民，而东方的乌桓和西方的乌孙对匈奴的威胁则更甚。

不过，对于匈奴这样一个强大了百余年的国家来说，这些都不算是最致命的危机。只要内部肯团结，内政保持稳定，匈奴还有可能重新强大起来。然而，历史却似乎注定了匈奴会在持续的内耗中走向彻底的衰败。

壶衍鞮单于去世后，其弟弟左贤王继位，为虚闾权渠单于。虚闾权渠单于即位后，立右大将的女儿为大阏氏，且废黜了前单于所宠爱的颛渠阏氏。结果，内心充满了怨恨的颛渠阏氏在虚闾权渠单于去世后，和弟弟左大且渠一起谋立自己的情夫右贤王为握衍胸鞮单于。而原本应该即位的虚闾权渠单于的儿子稽侯狦只得逃亡。

握衍胸鞮单于上位后，开始大肆屠杀虚闾权渠单于在位时所任用的亲信官员，又悉数罢免虚闾权渠单于的子弟近亲，代之以自己的子弟。

正是在握衍朐鞮单于在位期间，与单于有嫌隙的日逐王先贤掸率领部众于汉宣帝神爵二年（前60年）降汉。匈奴领西域各国的日逐王降汉，为汉匈在西域地区长达六十多年的争夺画上了句号。从此，匈奴彻底失去了对西域地区的控制权，汉廷则在西域地区设置西域都护府，开始了对西域诸国的有效管理。

握衍朐鞮单于对此却并不以为意，仍忙着内斗，随即将自己的哥哥薄胥堂立为日逐王，第二年又杀害了先贤掸的两个弟弟。

因为握衍朐鞮单于"暴虐杀伐，国中不附"[9]，于是，匈奴贵族一起拥戴虚闾权渠单于的儿子稽侯狦为呼韩邪单于，发兵西击握衍朐鞮单于。然而，双方还未交战，握衍朐鞮单于便败走。由此也可见，握衍朐鞮单于已经民心尽失。在逃亡途中，握衍朐鞮单于派人向弟弟右贤王求救："匈奴共攻我，若肯发兵助我乎？"右贤王却对他说："若不爱人，杀昆弟诸贵人。各自死若处，无来污我。"[10]仅仅做了三年单于便众叛亲离的握衍朐鞮绝望自杀。

然而，暴虐的握衍朐鞮单于虽死，匈奴却并未走向安定。稽侯狦为呼韩邪单于后，一着不慎，引发了更严重的内乱。

呼韩邪单于打算诛杀握衍朐鞮单于的弟弟右贤王。于是，右贤王立日逐王薄胥堂为屠耆单于，发兵数万东击呼韩邪单于。接下来，居于西方的呼揭王因为与屠耆单于有矛盾自立为呼揭单于。其他匈奴贵人见呼揭王自立，也纷纷效法：右奥鞮王自立为车犁单于，乌藉都尉自立为乌藉单于。

这样，在汉宣帝五凤元年（前57年）这一年，北方匈奴的土地上一共有五个单于并立，各自为政，相互攻伐，史称"五单于争立"。

面对屠耆单于的攻击，呼揭单于、乌藉单于自去单于号，与车犁单于联合起来，共尊车犁单于。于是，匈奴的单于由五个减至三个：呼韩邪单于位于东方，屠耆单于居中，车犁单于在西方。

在屠耆单于的攻击下，车犁单于败走。呼韩邪单于趁机出兵西击屠耆单于，结果屠耆单于大败自杀。逃亡的车犁单于也率众投降了呼韩邪单于。

因此，在汉宣帝五凤二年（前56年），呼韩邪又成为匈奴唯一的单于。然而，好景不长，投降匈奴的汉将李陵的儿子再立乌藉都尉为单于。呼韩邪单于只得再度出兵将其诛杀。

此时的呼韩邪单于虽然还驻单于庭，成了匈奴名义上的王者，但经过连番恶斗，整个国家已经支离破碎。"诸王并自立，分为五单于，更相攻击，死者以万数，畜产大耗什八九，人民饥饿，相燔烧以求食，因大乖乱。单于阏氏子孙昆弟及呼邀累单于、名王、右伊秩訾、且渠、当户以下将众五万余人来降归义……"《汉书·宣帝纪》所录汉宣帝一份诏书中的内容，揭示了连年内耗给匈奴国家带来的惨重损失。

这个时候，呼韩邪单于手下不过数万人，力量大为削弱。于是，屠耆单于的从弟休旬王在西方自立为闰振单于；呼韩邪单于的哥哥左贤王呼屠吾斯又在东方自立为郅支骨都侯单于。接下来的两年，闰振单于攻击郅支单于，却被郅支单于诛杀。郅支单于收其兵，趁势攻击呼韩邪单于。呼韩邪单于不敌，只得引兵南下，并在汉宣帝甘露三年（前51年）降汉。

关于匈奴在汉宣帝神爵二年（前60年）至甘露三年这十年间的内讧，这里只梳理了粗略的线条，其中的血腥杀戮、残酷斗争，《汉书·匈奴传》记录得较为详尽。

匈奴，这个曾经强大、骄傲的"百蛮大国"，终于在惨烈的内斗中土崩瓦解。

"单于天降"瓦当（1955 年出土于内蒙古包头召湾，现藏于国家博物馆。黄豁摄）

"汉并天下"瓦当（出土于陕西西安汉长安城遗址，现藏于国家博物馆。黄豁摄）

匈奴为何会彻底衰败？

在汉宣帝时期，匈奴的政局为何会如此混乱？即便从公元前 209 年冒顿杀父夺位算起，到呼韩邪单于降汉，匈奴这个国家已有一百五十多年的历史，也强大了一百五十多年。在这一百五十多年中，虽然有冒顿杀父自立，有伊稚斜夺取太子於丹的单于位，在汉武帝时代又因为连年的战争而丧失大量的土地和人口，然而，我们并不见这个国家有太大的动荡和内战发生。为何在汉宣帝时代，匈奴各部会内战连年，直至将国家推向彻底的衰败？

原因应该有两个：一是汉武帝时代的持续用兵；二是昭帝、宣帝时代对西域的耐心经营。

汉武帝执政后，从马邑之谋到决战漠北，汉王朝用了十五年时间打击北方的强邻匈奴。匈奴被迫放弃漠南、河西大片肥美的土地，退至苦寒的漠北。这个时候，匈奴的经济来源除了自身的游牧经济，愈加依赖于臣属国，特别是西域地区的赋税收入。

西域地区一直都是匈奴人力和财力的主要补充来源。在匈奴强盛时，单于庭居中，直接和汉的代郡、云中相连；左王将居东方，连汉上谷以东，接秽貉、朝鲜；右王将居西方，接汉上郡以西，并和氏、羌相通。而到汉武帝元封年间，乌维单于去世后，"单于益西北，左方兵直云中，右方直酒泉、敦煌郡"[11]。匈奴向西迁徙，更有助于对西域地区的控制。到汉武帝执政中后期，匈奴狐鹿姑单于在太始元年（前96年）立日逐王，以强化对西域地区各个国家的统治，而且在日逐王下设置僮仆都尉，专门负责对西域国家征税。狐鹿姑单于的举措很明显是想通过对西域地区的牢牢掌控，进一步维护和加强匈奴的经济基础，以巩固政权，强大国力。

匈奴将国家发展的重心向西方转移，应该说取得了明显的效果。汉武帝执政中后期虽然在西域地区数度用兵，甚至不惜国力发动了汗血马战争，但西域诸国仍旧更加畏服匈奴。所以，整个汉武帝时代，西域诸国对匈奴使者往往"国传送食，不敢留苦"，而对汉使则"非出币帛不得食，不市畜不得骑用"。而汉武帝晚年发动的几次大规模出击匈奴的战役都未尝胜绩，这也充分说明，在汉武帝晚年，匈奴的国家战略是成功的，而汉王朝的则不然。

到昭帝、宣帝时代，汉王朝很少主动出击匈奴，而将主要的精力放在了经营西域上。汉王朝在争夺西域地区的控制权上一旦取得主动，便是对匈奴经济的釜底抽薪。匈奴丢掉楼兰，失去乌孙，甚至在自己南下西域的门户——车师也不得不连番苦斗。这个时候，虽然不能说匈奴完全失去了西域地区的税收，但其数量一定大打折扣。所以，一旦发生天灾，便会造成整个国家的贫穷和饥荒，导致人心不稳，触发权力争斗。而不断的内斗又势必导致社会不稳定，激化社会矛盾，形成恶性循环。

所以，到汉宣帝时代，匈奴爆发了如此大规模的内乱，甚至将国家导向了彻底的衰败。

弄清楚了匈奴走向衰败的原因，我们就不难发现，汉武帝晚年几次大规模出击匈奴的军事行动，无论是赵破奴被俘，还是李广利的天山之战、李陵的浚稽山之败，直至最后贰师大军兵败燕然山全军覆没，这些战役如果从国家利益的角度来衡量，其必要性极为可疑。

汉宣帝的智慧

呼屠吾斯在自立为郅支骨都侯单于前是左贤王。匈奴以左为尊，在五单于争立、内乱不休的时代，呼屠吾斯能位居左贤王，说明他具有仅次于呼韩邪单于的实力和号召力。呼屠吾斯在自立为单于后，又与闰振单于鏖战，并将其击败，收其部众人民。这个时候，郅支单于的实力一定超过了呼韩邪单于。虽然说呼韩邪单于向汉王朝称臣，"从汉求助"，是"乱先古之制""卑辱先单于"的行为，然而，在当时的现实之下，这是呼韩邪单于唯一的自保之法。

呼韩邪单于率领部众南下降汉，郅支单于理所当然地认为呼韩邪单于会如同以往无数降汉的匈奴亲贵那样滞留长安，其部众也会被收编入汉朝的军队或安置在边境属国中。《汉书·匈奴传》是这样记录的："郅支单于以为呼韩邪降汉，兵弱不能复自还。"郅支单于于是放放心心地率领部众向西攻伐，欲平定匈奴右地。匈奴的实力虽然大为衰败，但平定右地，再征服西域小国应当还是不在话下的。所以，接下来我们看到，郅支单于击败了居于右地自立的伊利目单于，吞并其部众，并勒兵击破乌孙，降服乌揭，又西破坚昆，北逐丁零。长此以往，匈奴在郅支单于的带领下，重新崛起的可能性很大。

然而，汉宣帝却不打算给匈奴人这个机会。他没有趁机派兵打击匈奴，因为汉武帝晚年北击匈奴的一系列惨败已证明，这不是解决匈奴问题的好办法。汉宣帝以客臣之礼接见来降的呼韩邪单于，也就是说，汉廷依旧承认呼韩邪单于所领导的匈奴是一个独立的国家，汉王朝只是将其视作臣属国，而非像以往来降的匈奴亲贵那样将其纳入统治。呼韩邪单于在长安待了一个多月，汉宣帝主动遣他回国。如果任其留滞长安，结果可能适得其反，其在边境上的部众很可能再度叛离，北上投奔郅支单于。

不过，汉宣帝派长乐卫尉高昌侯董忠、车骑都尉韩昌率领一万六千骑兵，出动上千边郡人马，共同护送呼韩邪单于出朔方城鸡鹿塞。又令董忠等人留在单于身边保护他，帮他讨伐叛逆不服的人，这当然也是汉廷对呼韩邪单于及其部众的一种监视，防其作乱犯边。与此同时，汉廷还转运了三万四千斛粮食供给匈奴人。

汉王朝所做的一切，无疑是在给居于北方的郅支单于传递一个信息：呼韩邪单于是汉廷承认的匈奴单于，他治下的匈奴仍是一个独立的国家，在强大汉朝的支持下，他完全有可能北上夺回属于自己的地盘。

汉王朝的态度让郅支单于不敢再度返回漠北的单于庭。于是，在打下西面的坚昆部后，郅支单于将王庭迁到了离漠北单于庭足有七千里之遥，离南面的车师国也有五千里的坚昆。

一开始，郅支单于也打算争取汉王朝这个强大的盟友，最起码希望汉王朝在自己和呼韩邪单于之间不偏不倚。所以，在呼韩邪单于率领部众南下，遣子右贤王入侍汉廷的同时，郅支单于也将自己的儿子右大将送到汉王朝做质子。不过，呼韩邪单于是彻底向汉王朝臣服，称藩保塞，而郅支单于则希望能与汉王朝建立如汉初七十年和汉武帝时代那样对等的国家关系。所以，汉王朝选择了支持呼韩邪单于。

汉元帝即位后，郅支单于因为汉王朝对呼韩邪单于的支持而要求汉王朝送还自己的儿子。汉使谷吉奉命护送其子，然而，郅支单于却杀害了谷吉。这样，郅支单于与汉廷的关系彻底破裂。对郅支单于而言，呼韩邪单于随时都可能在汉王朝的支持下返回漠北王庭，并攻击自己；而西面乌孙与汉王朝的同盟关系非常牢固，也有出兵攻击自己的可能。为摆脱困局，郅支单于受当时与乌孙对立的西域大国康居所邀，开始西迁。

然而，历史再也不会给匈奴人任何重新崛起的机会了。

呼韩邪单于降汉前，《汉书》记载其麾下有"数万人"。击败闰振单于后并其兵的郅支单于有能力战胜呼韩邪单于，逼其败走南下，其麾下部众应该至少也有"数万人"。呼韩邪单于降汉后，郅支单于在平定右地的过程中，又袭杀伊利目单于，"并其兵五万余人"[12]。这意味着，郅支单于一部的匈奴人数应该不低于十万。然而，在西迁的过程中，郅支单于的部众遭遇严寒袭击，只有三千人到达康居地区。也就是说，此次郅支单于损失了百分之九十五以上的民众，即差不多十万人，这大约是匈奴的最后一支生力军。

郅支单于抵达康居后，与康居王互娶女为妻，双方联姻通好。康居王本就打算利用匈奴在西域地区建立已久的威名慑服周边的国家，于是不断借兵给郅支单于。郅支单于则利用康居的兵力屡屡出击乌孙，杀略人民，劫夺畜产，以致乌孙西部空虚，上千里地无人敢居住。逐渐在康居站稳脚跟的郅支单于愈加骄横，"自以大国，威名尊重，又乘胜骄，不为康居王礼，怒杀康居王女及贵人、人民数百，或支解投都赖水中。发民作城，日作五百人，二岁乃已。又遣使责阖苏、大宛诸国岁遗，不敢不予。汉遣使三辈至康居求谷吉等死，郅支困辱使者，不肯奉诏"[13]。

面对如此嚣张跋扈的郅支单于，汉元帝建昭三年（前36年），西域都护甘延寿、副校尉陈汤发兵千里奔袭康居地区，诛斩郅支单于。

郅支单于被消灭以后，匈奴便作为汉王朝的一个臣属国而存在。尽管王莽篡汉后，匈奴很快脱离了中原王朝的羁縻，再度连年南下寇掠中原，甚至在刘秀建立东汉王朝后，积极支持卢芳的割据势力对抗刘秀，但很快，匈奴再度分裂，南匈奴重新内附汉王朝，北匈奴则被东汉大将窦宪击败驱逐。到西晋末年，五胡乱华，第一个建立割据政权的就是匈奴，但这个时候的匈奴已经是汉化后的匈奴，其首领早就被赐姓为"刘"了。

所以，呼韩邪单于降汉前后的匈奴有着本质的区别。呼韩邪单于降汉后，匈奴是一个走向衰落的，并开始和周边部族，包括汉人进行融合的族群。他们开始接受汉文化的浸染、熏陶，逐渐成为汉化匈奴。这以后的匈奴，再也不是那个强大的、绝对独立的"百蛮大国"和"百蛮之王"。

注　释

［1］《汉书》卷九十四下《匈奴传下》，中华书局 2012 年版，第 3259 页。

［2］《汉书》卷九十四下《匈奴传下》，中华书局 2012 年版，第 3259 页。

［3］《汉书》卷九十四下《匈奴传下》，中华书局 2012 年版，第 3259 页。

［4］《汉书》卷八《宣帝纪》，中华书局 2012 年版，第 232 页。

［5］《汉书》卷九十四上《匈奴传上》，中华书局 2012 年版，第 3246 页。

［6］《汉书》卷九十四上《匈奴传上》，中华书局 2012 年版，第 3247 页。

［7］《汉书》卷九十四上《匈奴传上》，中华书局 2012 年版，第 3246 页。

［8］《汉书》卷九十四上《匈奴传上》，中华书局 2012 年版，第 3251 页。

［9］《汉书》卷九十四上《匈奴传上》，中华书局 2012 年版，第 3253 页。

［10］《汉书》卷九十四上《匈奴传上》，中华书局 2012 年版，第 3254 页。

［11］《史记》卷一百十《匈奴列传》，中华书局 2014 年版，第 3520 页。

［12］《汉书》卷九十四下《匈奴传下》，中华书局 2012 年版，第 3261 页。

［13］《汉书》卷七十《傅常郑甘陈段传》，中华书局 2012 年版，第 2601 页。

第十九章

昂贵的和平

孔子曰："远人不服，则修文德以来之。既来之，则安之。"

自先秦，我们就有"溥天之下，莫非王土；率土之滨，莫非王臣"的观念，认为五服、九服之域，都应该奉中原天子为天下共主。根据这个观念，化外蛮夷之邦属于需要我们通过文教约束使之服从并以时入贡的范围，他们的朝贡被视为礼义慕化和天子盛德的结果。

然而，从高祖、惠帝、吕后，直到文帝、景帝，汉初七十年的经验和教训却告诉我们，"以德服人"在古代国家与国家之间的交往中很难体现其实际意义。满口的仁义道德、诗书礼乐并不能宾服远人，甚至无法阻挡匈奴南下的铁蹄。所以，在汉武帝时代，汉王朝开始了征伐四夷的大规模战争。

体量庞大、财力雄厚的汉王朝在面对周边的小邦小国时，无疑有着打遍天下无敌手的势头。然而，纯粹依靠武力征讨，不仅徒耗国力，实际也无法换取万夷来朝。世界太大，总有汉军的强弓硬弩无法企及的广袤地域。汉武帝时代，仍旧以"天之骄子"自居的匈奴和西域那些不断摇摆于汉和匈奴两个大国之间叛服不定的国家便是最好的例子。

公元前 119 年，张骞第二次出使西域前给汉武帝所出的"经济厚赂"的主意，无疑为两千年前的大国外交指明了方向。耀武扬威的同时，汉王朝开始对西域国家，甚至匈奴采取经济攻势，派遣大批使团携带大量财帛出使，厚赐这些"夷狄"之君，让他们一面畏服汉军的武功军威，一面又艳羡大汉的富庶繁华。当西域诸国的国君在双重压力之下开始派遣使者到长安时，《汉书·西域传》中记录汉武帝"设酒池肉林以飨四夷之客……及赂遗赠送，万里相奉，师旅之费，不可胜计"。

渐渐地，孔子所谓"修文德"以招远人的理念，实际上变成了以"经济厚赂"为主的"金元外交"。从汉武帝时代开始，东亚、东南亚和中亚地区逐渐形成了一个以中国的中原王朝为核心的"朝贡体系"。前来朝贡的国家越多，说明中原王朝国势越强，当然，更说明天子盛德、圣主英明。

在"朝贡体系"之下，中原王朝追求的是周边国家向自己派遣质子、纳贡称臣；而那些甘愿臣服的国家追求的则是经济利益。在"朝贡体系"下建立起来的所谓"朝贡贸易"，是指前来臣服的小国向中原王朝奉献"方物"，即土特产。它们可能是一些奢侈品，更多的则是没有太大经济价值的稀罕玩意儿，甚至如硕大无比的鸵鸟蛋、杂耍艺人之类都在贡品之列。中原王朝则根据贡品的价值回赐金钱财帛。

今天，我们已很难考证汉王朝对前来朝贡的国家赏赐数额的具体标准，可以明确的是，汉王朝一直延续着自汉武帝开始便执行的"厚往薄来"的"经济厚赂"政策。所以，汉王朝与周边国家的"朝贡贸易"其实与以"等价交换"为目的的商业贸易没有多大关系。我们本就有着抑商的传统，在统治者眼中，更重要的是手中的皇权能够无远弗届，并不需要与任何国家进行对等的经济贸易，不需要任何层面的政治、文化交流。

所以，在这些国家之间的交往中，我们几乎看不到汉王朝可以从那些臣服于自己的小邦小国身上取得任何经济利益。相反，为了维持这种"万夷来朝"的美好图景，千千万万汉朝民众通过极为艰辛的小农经济所创造出的社会财富大量以这种所谓"朝贡贸易"的方式——其实是汉家天子的慷慨赏赐，流入到周边国家君王贵族的口袋中。

"盛德在我，无取于彼"，这句话出现在《汉书·西域传》的赞词中。它大约是中国两千多年的帝制时代一切外交政策的精髓所在。

在史书中，我们能看到很多西域国家的国君利用汉王朝这种"厚往薄来"的"经济厚赂"政策，做着几乎"无本万利"的好生意；也看到，汉朝百姓在养活庞大的官僚系统和皇家贵族的同时，还要养活大量只是为皇帝的权威涂脂抹粉的外国人，甚至曾经凌虐自己的仇敌匈奴，却单单养不活自己的家人。

于是乎，在"大国崛起"的美好图景中，在竹简木牍的字里行间，我们往往不时会看到许多不合"时宜"的记录——"生子辄杀""人相食""人复相食""赤地千里""寇盗并起"……

客观地说，起于汉武帝时代的"经济厚赂"政策，在将汉王朝的势力向西域延伸，最终击败劲敌匈奴方面曾发挥过积极的作用。它在很大程度上替代了战争，用和平的方式换来了国家领土的扩张和汉文化的有效传播。遗憾的是，自汉武帝开始，我们就一直致力于构建一个万夷来朝的"朝贡体系"。这个"朝贡体系"涵盖了周边国家和中原王朝之间所有的政治、经济、外交关系，让中原王朝一步一步走进了"天朝上国"、唯我独尊的死胡同中，几乎无法和任何一个国家建立起平等的国与国之间的正常关系。

更令人意想不到的是，当周边所有国家都被纳入"朝贡体系"后，我们发现，这些建立在"经济厚赂"政策上的"朝贡贸易"，对汉王朝和汉朝百姓来说，不是一笔资产，更像是一笔沉重的"债务"。

变味的朝贡贸易　　　汉王朝确立起对西域国家的统领保护，并将西域诸国纳入"朝贡体系"殊为不易。在西域都护府建立之后，特别是在匈奴呼韩邪单于降汉后，汉和西域之间的关系趋于稳定。

从汉王朝开始经营西域，一直到双方关系进入稳定期，汉朝的西域政策一直都是双管齐下——武力威慑和"经济厚赂"，即"恩威并重"。

《汉书·西域传》在记载西域都护的职责时，有这样的文字："都护督察乌孙、康居诸外国动静，有变以闻。可安辑，安辑之；可击，击之。"所谓"督察"，我们可以理解为，西域都护对西域国家实行的是监视保护，而并不参与处理诸国的日常事务。但这些国家一旦出现不稳定因素，特别是发生危及汉王朝对西域统领保护的事件，西域都护可采取和平的方式处理，如无法用和平手段解决问题，则可兴兵打击。

汉王朝对西域采取的以"安辑"为主的治理手段，从史料上看，仍是"经济厚赂"。

被纳入"朝贡体系"的西域国家，一般会向汉王朝派遣质子。这些人质留居京师，学习汉文化。西汉于长安，东汉于洛阳皆设有"蛮夷邸"，用于"接待周边民族官员或头人"[1]。人质在汉境必须遵守汉律。在汉武帝时代，便有楼兰国的质子在长安触犯法律被施以宫刑的记录。对这些归附的国家，从翻译官到国君，汉廷都会慷慨地赐予其汉官爵和印绶。到西汉末年，接受了汉官爵的外国人至少有三百七十六人[2]，"这些贡纳国的官员甚至可以从中国政府那里领取常规的俸禄"[3]。

从汉武帝时代开始，"把皇帝赐给各国统治者的币帛等礼物运送到西域已经成了一种既定的做法"[4]。这些主要由黄金和丝织品构成的礼物，成为汉王朝在西域地区调解争端和扶持亲汉势力的重要手段。在乌孙，与解忧公主不和的狂王被解忧公主派人刺伤后，为安抚狂王，"汉遣中郎将张遵持医药治狂王，赐金二十斤，采缯"[5]；在楼兰，曾在匈奴做质子的楼兰王子归国即位而为楼兰王，更与匈奴亲厚，出使楼兰的傅介子就是以天子赏赐金钱财帛为诱饵，才诱杀了楼兰王……

在汉王朝的"经济厚赂"政策中，最为重要的自然是"朝贡贸易"。

西域地区在两千多年前，本就是东西方贸易通道。西方世界非常青睐汉王朝的特产，尤其是丝织品，而且价值极高。英国作家赫德逊的《欧洲与中国》一书中引录了生活在公元1世纪的古罗马作家普林尼的记录。从这些记录中我们可以看到，罗马上流社会对东方奢侈品，特别是对香料、芳香品、珠宝、丝绸的需求非常大，以至于印度、丝国和阿拉伯每年都会从罗马汲走至少一亿金币（超过一百万英镑）。这里的丝国一般被认为是古罗马对古代中国的称呼。

印度曾发现了大量的古罗马货币，足以证明在普林尼生活的时代，罗马帝国的贵金属曾大量东流。然而，作为丝绸原产地，中国境内"简直不曾发现过任何罗马货币"，可见罗马人的丝绸"几乎全部是从安息人、贵霜人以及别的中介商那里买来的"[6]。

我们的史书一般认为，罗马（汉时称大秦）商人所得到的中国丝织品都是从安息中转的。安息因此赚取了巨额财富，为了垄断这项买卖，甚至不惜设法阻止大秦与汉之间的使节往来："（大秦）其王常欲通使于汉，而安息欲以汉缯彩与之交市，故遮阂不得自达。"[7] 赫德逊在《欧洲与中国》一书中更进一步论证："公元一世纪的早年，丝绸的使用已从安息传到地中海，在安息宫廷中丝绸或许从头一个中国使节到达时就已经开始了。"

我们可以想象，如果汉王朝所主导的"朝贡贸易"是一种有经济目的的正常的商品交换，那么通过丝织品的制造和交易，大汉的子民能从中赚取怎样丰厚的经济利润，创造怎样巨大的社会财富。这些财富不仅能让国民变得富足，更会让国家愈加强大。

余英时先生的《汉代贸易与扩张》一书详细论述了两汉王朝与西方国家之间的经济关系，从中我们不难看出，汉王朝"主要的丝绸出口来自礼物和资助"，甚至那些不属于"朝贡贸易"的交易中的丝织品其源头仍旧是"朝贡体系"。可以这样说，在两汉时期的丝绸之路上，丝绸以汉家天子赏赐给各臣属国礼物的方式流入丝路上的各胡族，而这些胡族则用昂贵精美的丝织品和西方进行贸易，从中谋利。

所以，一些西域国家，特别是那些地域遥远，不受西域都护羁属的西域大国，为了从中渔利，不惜假意纳贡称臣以换取好处。

康居是大宛的邻居。根据《汉书·西域传》的记录，康居人口规模仅次于乌孙，有六十万人，兵马十二万，是一个名副其实的西域大国。康居一直都与匈奴通好，汉宣帝时，郅支单于即是受康居王的邀请才西迁至康居地区，并与康居王互通婚姻。到汉成帝时，这个远离汉王朝控制范围的西域大国突然主动派遣王子到长安侍奉汉家天子，并向汉王朝纳贡称臣。然而，康居向汉王朝称臣，却不肯按照臣属国的礼仪向汉朝的使者礼拜。汉使到康居，康居王竟然让他们坐在乌孙等国的使者之下，甚至直到国王和贵人们吃完饭，才让他们吃饭。康居王轻慢汉使，并以此向西域其他国家夸耀自己的实力。

遣子入侍、纳贡称臣，这是主动示弱、示好的表现，但康居王对汉使的态度却让汉王朝感受到深深的敌意。西域都护郭舜为我们解开了谜团："以此度之，何故遣子入侍？其欲贾市为好，辞之诈也。"[8]原来，康居人很会做生意。他们意识到，只需要送个王子到长安，名义上向汉王朝称臣，就可以时不时以纳贡为名向汉朝送去几峰骆驼，而换取皇帝极为丰厚的回赐礼物。

对于康居国这种贪财逐利、傲慢乖张的无耻行径，西域都护郭舜愤而上书汉成帝，认为应将康居王子遣送回国，断绝两国使节往来，"以章汉家不通无礼之国"[9]。不过，汉成帝认为汉和康居互通使者不久，"经济厚赂"西域诸国，旨在"致远人"，以彰显国势、德化蛮夷，并未采纳郭舜的意见。

西域存在如此众多的国家，像康居这样以逐利为目的主动纳贡称臣的并非特例。《汉书·西域传》还记录了另外一个西域大国的类似行径。

罽宾也是一个远离汉王朝势力范围的西域大国，其国都离长安足有一万两千多里。罽宾国王认为自己所在绝远，汉军根本鞭长莫及，所以数度派人"剽杀汉使"[10]。虽然该国一度也曾向汉王朝遣使奉献，但劫杀汉使的事件仍有发生，以致汉元帝主动"绝而不通"，拒绝其使者前来朝贡。

到汉成帝时，罽宾主动派遣使者，向皇帝纳贡并对先前屠杀汉使的事件悔罪认错。汉成帝本打算原谅罽宾，并向其派遣使者，同时也护送其使者回国。大臣杜钦向辅政的大将军王凤进言，认为罽宾此番遣使来朝根本是别有目的，"今悔过来，而无亲属贵人，奉献者皆行贾贱人，欲通货市买，以献为名"[11]。大意是，罽宾主动遣使示好，使团成员却并非王室亲贵，都是生意人，足见其目的和康居一样，是为了做生意赚钱。汉成帝于是打消了派遣使者到罽宾的念头。而罽宾也诚如杜钦所言，确实是因为贪图汉王朝的赏赐和在汉王朝做生意的机会才来朝的，其使者根本不顾在汉王朝所受的冷遇，每隔几年仍会来一次。

"养"在边境上的劲敌

公元前 3 年，匈奴单于上书汉哀帝，希望能在第二年春天入长安朝觐天子。

按理说，夷狄来朝，更何况是号称"百蛮之王"的匈奴单于主动前来朝觐，汉哀帝刘欣理应满心欢喜地一口答应下来才是。然而，刘欣却非常为难，在朝堂上和文武百官商议此事。官员们一致认为，匈奴单于来朝，对汉王朝来说完全是"虚费府帑"，不如暂且婉拒。

汉哀帝和他的朝臣们为何会觉得这是一件"虚费府帑"、劳民伤财的事呢？我们且把《汉书·匈奴传》中记载的每次匈奴单于前来朝觐，汉王朝为此付出的代价捋一捋，就能明白一二了。

汉匈关系的转折点在汉宣帝甘露三年（前 51 年），这一年，匈奴向汉王朝俯首称臣，呼韩邪单于朝觐了汉宣帝。为了这次朝觐，汉王朝不仅派军队迎送呼韩邪单于一行，转运了三万四千斛粮食给匈奴，汉宣帝更赏赐呼韩邪单于大量金钱、礼物，以及杂帛八千匹、絮六千斤。

仅隔一年，呼韩邪单于再度入朝。这一次，匈奴人除带走众多金钱、礼物外，还带走了锦帛九千匹、絮八千斤。就在这一年，汉宣帝去世，汉元帝即位。呼韩邪单于上书汉元帝，称匈奴民众困乏。于是，汉元帝令云中、五原两郡转运了两万多斛谷物进行支援。但与此同时，就在汉元帝即位的初元元年（前48年）和初元二年（前47年），因为关东水灾，汉王朝爆发了大规模的"人相食"事件。汉王朝自己也是饿殍盈野。

这以后，匈奴单于每次前来朝觐，汉王朝回赐的礼物都会较上一次更多，甚至翻倍。到汉成帝河平四年（前25年）时，汉王朝赏赐给前来朝觐的匈奴单于的礼物已经增加到了锦绣缯帛两万匹、絮两万斤。所以，汉哀帝即位后，匈奴单于再度请朝，朝臣们才会有"虚费府帑"一说。

然而，匈奴来朝对汉王朝来说，不仅仅是个经济问题，更是个非常重要的政治问题。所以，黄门郎扬雄上书汉哀帝，认为"北狄不服，中国未得高枕安寝也"。匈奴臣服于汉，是数代帝王的努力换来的，如今，汉政府为制服匈奴，每年仅在西域统领保护三十六国，花费的钱财就数以百万计。拒绝单于来朝，是爱惜一钱而浪费十钱的行为，更让先代帝王百年的劳苦功绩毁于一旦。扬雄希望汉哀帝能"留意于未乱未战，以遏边萌之祸"[12]。

的确，汉王朝与匈奴之间经历了百年战争，和平来之不易。汉初七十年，汉王朝采取和亲的方式来换取和平；汉武帝时代，为打击匈奴，整个国家更是付出了"海内虚耗""户口减半"的代价，究竟耗费了多少的人力、物力、财力，完全不可计数。所以，扬雄所言，不无道理。

汉哀帝读罢扬雄的奏折，大悟，当即召还匈奴使者。于是，匈奴单于得以在元寿二年（前1年）入朝。这一次，汉哀帝回赐单于的礼物增加到锦绣缯帛三万匹、絮三万斤。

在光武帝建武二十六年（公元50年），东汉王朝和南匈奴恢复了朝贡关系。这一年，汉王朝向前来纳贡朝觐的南匈奴回赐锦绣缯布万匹、絮万斤、谷米二万五千斛、牛羊三万六千头。[13]这以后，纳贡与回赐便成了每年的成例。而这个"成例"意味着，汉王朝每年给予南匈奴的经济援助价值一亿九十余万钱。[14]

公元88年，北匈奴因为鲜卑的攻击，更兼遭遇蝗灾和饥荒，国内大乱。向汉王朝称藩保塞的南单于趁机上疏汉廷，希望汉政府允许其出兵歼灭北单于。在奏疏中，南单于说了这样一句话："臣等生长汉地，开口仰食，岁时赏赐，动辄亿万……"[15]一般认为，匈奴在西汉宣帝时期来降时，约有五万军民，但到东汉和帝永元二年（公元90年），增至二十三万七千三百人。[16]

随着鲜卑的崛起，东汉王朝每年给予鲜卑的经济援助更达到了二亿七千万钱之多[17]。再加上每年给西域诸国的七千四百八十万钱[18]，东汉王朝每年仅在匈奴、鲜卑、西域所固定支付的钱财就达到四亿四千五百七十万钱之巨。

若按照一个普通五口之家一年耕种百亩土地，收成二百石，每石价值三十钱计算，这四亿多钱相当于七万五千个汉朝普通家庭三十七万人一年的全部收入。当然，汉王朝周边的少数民族不仅仅是匈奴、鲜卑，还有羌、乌桓等等，前来朝贡的国家也不只有西域诸国。且上述的开支还不包括相应的军事、行政管理费用。根据余英时先生的研究，东汉王朝每年用于维持朝贡体系的费用大约是整个国家收入的百分之七。[19]

从汉武帝时代开始，向外扩张成为我们这个原本内守的文明的主题。然而，扩张的代价如此巨大，即便在国家稳定时期，君主们也不得不再三思量。汉武帝去世前下过《轮台诏》，否决了桑弘羊屯田轮台的建议；汉哀帝差点拒绝匈奴单于来朝；光武帝建立东汉之初，西域十六国曾集体将质子送到汉朝，希望东汉王朝向西域派驻军队，设立西域都护府，光武帝却以"中国初定，未遑外事"[20]为由，婉拒了西域诸国的请求。

梳理两汉时期汉匈之间的关系，我们大致可以分为三个时期：一是汉初七十年的和亲时期；二是汉武帝时代至匈奴呼韩邪单于来降的战争时期；三是西汉中后期到整个东汉王朝（都称作和平时期）。

战争给两个国家都带来了巨大的灾难和损失，是汉匈之间最不可取的一种关系。

汉初七十年的和亲，史书中多是"岁奉匈奴絮缯酒食物各有数"这样含糊的说法。在《汉书·匈奴传》的赞词中，班固则对汉初七十年汉王朝岁奉匈奴的财物多次这样记录："增厚其赂，岁以千金"，"和亲赂遗，不过千金"。而《汉书·食货志》中记录，在汉武帝时代，汉军北击匈奴往往一次大的战役就会耗费"数十百巨万"；公元前 124 年和公元前 123 年，卫青在漠南击败匈奴后，汉武帝给予立功将士的赏赐为黄金二十余万斤；公元前 119 年，卫青、霍去病与匈奴决战漠北，给立功将士的赏赐更是达到五十万金。这些还并非战争本身所需要付出的巨大费用。

汉武帝征和四年，匈奴单于携全歼七万汉军、生擒贰师将军李广利之威，给汉武帝写了封信，要求汉王朝开放关市、遣嫁汉女，并"岁给遗我蘖酒万石，稷米五千斛，杂缯万匹，它如故约"[21]，以换取匈奴不再犯边。这应该是一份比汉初七十年和亲时期更为昂贵的清单，要求汉王朝奉送的财帛大为增加。而到汉哀帝时，汉王朝一次性回赐单于的礼物为锦绣缯帛三万匹、絮三万斤。

汉初七十年汉匈维持和亲关系，汉朝"岁奉"匈奴的"千金"是什么概念呢？我们一般认为，汉代一斤黄金等于一万钱。"千金"折算下来，大约是一千万钱。而在东汉时期，汉王朝每年给予南匈奴的经济援助价值一亿九十余万钱。

比对和平时期汉王朝所给予匈奴的经济援助，我们发现，汉初七十年，汉与匈奴维持和亲关系时，向匈奴输送的财物可能要少很多。而汉初七十年，汉王朝在政治上和军事上还处于劣势，但至少汉匈之间"约为昆弟"，保持着相对平等的国家关系。

遗憾的是，自汉武帝开始，逐渐强大的汉朝就一直致力于构建一个万夷来朝的"朝贡体系"，而非国与国之间正常的政治、经济、外交关系。

在"朝贡体系"之下，汉与匈奴以及其他少数民族之间的和平都显得如此昂贵。而在中原王朝国力衰微，尤其是王朝更迭时，以"经济厚赂"方式建立起来的"朝贡体系"更是脆弱无比。

以鲜卑为例。在东汉明帝永平元年（公元58年），鲜卑内附，东汉王朝每年给予鲜卑二亿七千万钱之巨的"经济援助"。然而，鲜卑与东汉的和平也就维持了明帝、章帝时期大约三十年而已。从公元91年北匈奴战败西逃后，因占据匈奴故地而愈加强大的鲜卑又开始不断南下犯边。

对于更加遥远的西域地区，中原王朝的控制力更弱。赫德逊在《欧洲与中国》一书中甚至认为，中国对西域地区的实际控制，与其说是一贯的，倒不如说是例外的，"它总是意味着对中国资源的一种负担，只有在中国某些朝代的极盛时期才能办到"。

历史的迷思

汉连兵三岁，诛羌，灭南越，番禺以西至蜀南者置初郡十七，且以其故俗治，毋赋税。南阳、汉中以往郡，各以地比给初郡吏卒奉食币物，传车马被具。而初郡时时小反，杀吏，汉发南方吏卒往诛之，间岁万余人，费皆仰给大农。大农以均输

> 调盐铁助赋，故能赡之。然兵所过县，为以訾给毋乏而已，
> 不敢言擅赋法矣。

这是《史记·平准书》所记录的元鼎、元封年间之事，汉政府对羌、南越、东越、闽越用兵后，在番禺以西至蜀南一共新设置了十七个郡。这些新纳入王朝版图的地域，依照其旧俗，是没有赋税的。所以，汉政府也本着"德化蛮夷"的理念免征赋税，并由周边的郡县供给其官吏的薪俸和开支。然而，这些地方的人民仍时常造反，汉政府每年又不得不再派军队进行镇压。

古代的征服战争，胜利者除了取得更多的领土外，最主要的目的就是从被征服地域获取经济利益。同时代的罗马在每一次对外战争结束后，都会向战败者提出高昂的战争赔款，同时向殖民地征收赋税。匈奴在实现了对周边国家和民族的征服后，同样采取税收的方式弥补自己在战争中的损失和游牧经济的不足。汉初白登之围后，汉匈两国达成了平等大国、友好邻邦的关系，但军事上更具有优势的匈奴仍会向汉王朝索取"岁奉"。然而，在汉王朝崛起后，不断对外用兵、开疆拓土局势大好的时候，我们却看不到这种对被征服地域的经济索取，哪怕是合情合理的战争赔偿。

从"盛德在我，无取于彼"的文化理念出发，单纯从道德的角度来衡量，汉王朝的做法当然无可厚非，其谦谦君子之国的形象格外高大。但如果从国家利益的角度来思考问题呢？

连年的对外战争本身耗费就非常巨大，加之被征服地域的百姓不断反叛，汉政府又不得不连年派兵镇压，管理新设置郡县的一切费用都靠周边旧有的郡县供给……这一切的开支自然而然全部都由汉王朝的每一个普通民众承担。

《史记·平准书》告诉我们，战争的费用是大农通过均输法

调动盐铁专卖的收益来筹集的。我们尚且可以说"民不益赋而天下用饶",至少没有直接向老百姓征税。然而,军队所过之地,地方政府需要提供粮饷供给。为了满足军队的需求,地方政府"不敢言擅赋法矣"。徐广注曰:此处的"擅"作"经"。意思就是说,为了足用,便无法遵守国家规定的赋税成法了。简而言之,需要多少钱,就向百姓摊派多少钱。

读到这里,我们不得不思考一个问题:开疆拓土对于汉王朝的普通百姓而言,究竟有何意义?也许会有人说,我们应该把目光放得更长远些,汉武帝时代尽管牺牲了千千万万百姓的利益乃至于生命,但换来了"万夷来朝",奠定了中国版图的基础,拓展了汉民族的生存空间。

在汉武帝晚年时,汉王朝虽然"地广万里""万夷来朝",但"天下虚耗,百姓流离,物故者半"。以后虽然经历了昭、宣、元、成、哀、平数代,但王朝的百姓依旧被牢牢地束缚在土地上,面朝黄土背朝天地供养着日益庞大的皇室和官僚集团,从未能共享开疆拓土、万夷来朝所带来的经济利益。相反,他们还需要供养新设置的初郡和劲敌匈奴。

写到这里,我不禁想到了古国迦太基。

迦太基由腓尼基人建于公元前8世纪,位于北非北海岸(今突尼斯),最为繁盛之时,称霸西地中海,积累了巨大的财富,并建立了许多的殖民地。迦太基是一个商贸大国,商业被视为最为高尚的职业。德国史学家蒙森在《罗马史》里告诉我们,迦太基的属国和殖民地所贡献的财物以及从贸易中征收的关税,足以支持国家的运营和军队的庞大开支,政府完全"不必向公民征收直接税"。甚至在第二次布匿战争后,迦太基除了国家的正常运转所需之费用外,还需要每年向罗马贡献四万八千英镑作为战争赔偿金。即便如此，富足的迦太基仍"不必征收任何赋税"[22]。

迦太基是不幸的。经过三次布匿战争，迦太基被罗马击败。大约在公元前122年，也就是汉武帝发动河西之战的前一年，罗马在迦太基建立殖民地。但迦太基的人民却是幸运的，他们共享了国家在繁荣时期取得的一切经济成果。

回到我们的汉王朝。从汉武帝去世到东汉王朝覆灭，在超过三百年的漫长时间中，我们的确没有看到汉朝的百姓因为对外战争和建立在"经济厚赂"基础上的朝贡体系而得到任何经济层面的实惠。倒是一代又一代的汉朝百姓因为战争和沉重的赋税、徭役、兵役而痛苦地死去和悲惨地活着。

至少，我们找不到任何史料和证据可以证明，汉武帝时代之后汉王朝的百姓过得比文景时期更好，更富足和安宁。

公元前33年，已经内附的匈奴呼韩邪单于上书汉元帝，称愿为天子守边，请皇帝裁撤上谷郡到敦煌郡之间的要塞，复员戍卒，让人民得以休养生息。在汉元帝的朝堂上，郎中侯应提出异议。他列举了十条理由，向皇帝陈述为何不能裁撤要塞戍卒，而单纯依靠匈奴之力守卫边疆。

在侯应列举的十个理由中，我们发现有六个在谈论防御外敌，还有四个则是在说边塞戍卒一旦裁撤，属国移民、沿边各地的奴仆婢女、官府通缉的犯人、历年来投降匈奴的将士的亲属等可能逃到境外。

此时的汉朝虽然强大，但社会管控严密，自然灾害频发。汉元帝即位之初，《汉书》不仅有数次"人相食"的记录，就在他登上皇位的第一年，上郡有万余人逃亡匈奴。[23]

汉元帝看过侯应的奏章后，当即下令罢议裁撤要塞戍卒之事。

对于汉王朝的百姓来说，疆域再大也不过是一家一姓的天下，得到拓展的并非他们的生存空间，只是无远弗届的帝王权威。在统治者眼中，百姓只是编录在册的编户，只意味着可以上缴的赋税。

在古代中国，统治者习惯于将治理国家的方法称作"驭民之术"，认为自己在"代天牧民"。表面上，统治者自称"君父"，民众乃自己慈心抚育的"子民"。实际上，所谓"牧民"，只是把民众当作驯服的牛羊。一个强悍的政府能驱赶虎狼、御敌于外，但更多的时候，他们不过是在恣意地驱使、宰割牛羊而已。

统治者试图以强权管控整个社会、每一个人。这种思维模式实际上将当权者推到了民众的对立面，而在皇帝等同于国家的时代，国家与民众便无法形成利益共同体。于是，"国不知有民，民遂不知有国"的历史悲剧频频轮回。

我很赞同茅海建先生在《天朝的崩溃》一书中所说的话："我们在历史中看得最少的是，中国人在这个过程中究竟犯了哪些错误，尽管历史已经明白无误地说明，我们犯过错误。"茅海建所说的历史错误当然是针对鸦片战争。相对于让中国人普遍感受到屈辱、仇恨、自卑的鸦片战争，两千多年前爆发的汉匈战争似乎仅仅是一场胜利之战、荣耀之战，并不需要反思，更无须自省我们曾经的错误。

然而，历史和文化是在民族血脉当中延续的，两千年未曾断绝。如果说"天朝"崩溃于两千年后的鸦片战争的话，那么它又是如何被构筑起来的呢？当汉武帝的军队南征北讨、威服四夷的时候，彼时彼地建立起来的政治、经济、外交观念，难道不能为鸦片战争时期的清政府与世界潮流格格不入的思维模式进行全面的注脚？

为了构筑一个高度稳定的中央集权国家，自秦汉时期，统治者便致力于通过严刑峻法将民众牢牢地束缚在土地上，让他们的活动范围远不过乡村周围数十里，生存视野所及无非土地、房屋和父母妻儿。在思想上，从汉武帝时代开始，罢黜百家，将儒术定为一尊。清末怪杰辜鸿铭在《中国人的精神》一书中说："必须承认，中国人的智力发展，在一定程度上被人为地限制了。"这种"限制"如果不追根溯源，从文明发展模式上进行反思，难道仅仅是大清二百六十八年的统治就能成功改造完成的？

　　一个成熟和文明的人，一定是理性和善于哲思的，国家和民族亦然。

注　释

［1］　《三辅黄图校释》，中华书局 2005 年版，第 390 页。

［2］　《汉书》卷九十六下《西域传下》，中华书局 2012 年版，第 3362 页。

［3］　余英时：《汉代贸易与扩张》，上海古籍出版社 2005 年版，第 119 页。

［4］　余英时：《汉代贸易与扩张》，上海古籍出版社 2005 年版，第 121 页。

［5］　《汉书》卷九十六下《西域传下》，中华书局 2012 年版，第 3345 页。

［6］　赫德逊：《欧洲与中国》，中华书局 1995 年版，第 73—74 页。

［7］　《后汉书》卷八十八《西域传》，中华书局 2012 年版，第 2348 页。

［8］　《汉书》卷九十六上《西域传上》，中华书局 2012 年版，第 3334 页。

［9］　《汉书》卷九十六上《西域传上》，中华书局 2012 年版，第 3334 页。

［10］　《汉书》卷九十六上《西域传上》，中华书局 2012 年版，第 3328 页。

［11］　《汉书》卷九十六上《西域传上》，中华书局 2012 年版，第 3328 页。

［12］　《汉书》卷九十四下《匈奴传下》，中华书局 2012 年版，第 3274 页。

［13］　《后汉书》卷八十九《南匈奴列传》，中华书局 2012 年版，第 2367 页。

［14］　《后汉书》卷四十五《袁张韩周列传》，中华书局 2012 年版，第 1210 页。

［15］　《后汉书》卷八十九《南匈奴列传》，中华书局 2012 年版，第 2374 页。

［16］　《后汉书》卷八十九《南匈奴列传》，中华书局 2012 年版，第 2375 页。

［17］　《后汉书》卷九十《乌桓鲜卑列传》，中华书局 2012 年版，第 2400 页。

［18］《后汉书》卷四十五《袁张韩周列传》，中华书局 2012 年版，第 1210 页。

［19］余英时：《汉代贸易与扩张》，上海古籍出版社 2005 年版，第 59 页。

［20］《后汉书》卷一下《光武帝纪下》，中华书局 2012 年版，第 59 页。

［21］《汉书》卷九十四上《匈奴传上》，中华书局 2012 年版，第 3245 页。

［22］特奥多尔·蒙森：《罗马史》第三卷，商务印书馆 2004 年版，第 17 页。

［23］《汉书》卷九《元帝纪》，中华书局 2012 年版，第 242 页。

参考书目

此书目并非写作本书时全部参考资料的汇集，而仅限于文章和注释中提到的文献，按照作者姓名拼音排序。

班固：《汉书》，中华书局 2012 年版。

柏杨：《柏杨版通鉴纪事本末》，中信出版社 2008 年版。

柏杨：《中国人史纲》，山西人民出版社 2008 年版。

陈序经：《匈奴史稿》，中国人民大学出版社 2007 年版。

陈梧桐等：《中国军事通史》第五卷《西汉军事史》，军事科学出版社 1998 年版。

陈梦家：《汉简缀述》，中华书局 1980 年版。

陈直：《两汉经济史料论丛》，中华书局 2008 年版。

陈苏镇：《〈春秋〉与"汉道"——两汉政治与政治文化研究》，中华书局 2011 年版。

崔明德：《中国古代和亲史》，人民出版社 2005 年版。

狄宇宙：《古代中国与其强邻——东亚历史上游牧力量的兴起》，中国社会科学出版社 2010 年版。

范晔：《后汉书》，中华书局 2012 年版。

葛剑雄：《西汉人口地理》，商务印书馆 2014 年版。

葛剑雄：《统一与分裂》，商务印书馆 2013 年版。

葛剑雄：《中国历代王朝兴衰录：大汉王朝》，长春出版社 2010 年版。

桓宽编撰、王利器校注：《盐铁论校注》，中华书局 1992 年版。

郝树声、张德芳：《悬泉汉简研究》，甘肃文化出版社 2009 年版。

赫德逊：《欧洲与中国》，中华书局 1995 年版。

甘肃省文物工作队编：《汉简研究文集》，甘肃人民出版社 1984 年版。

黄文弼：《西域史地考古论集》，商务印书馆 2015 年版。

何清谷撰：《三辅黄图校释》，中华书局 2005 年版。

贾谊：《新书》，中华书局 2012 年版。

金铁木：《帝国军团——秦军秘史》，中华书局 2004 年版。

景爱：《中国长城史》，上海人民出版社 2006 年版。

克劳塞维茨：《战争论》，北京联合出版公司 2014 年版。

林幹：《匈奴史》，内蒙古人民出版社、人民出版社 2010 年版。

林甘泉：《中国经济通史·秦汉经济卷》，经济日报出版社 1999 年版。

李剑农：《中国古代经济史稿·先秦两汉部分》，武汉大学出版社 2011 年版。

李玉福：《秦汉制度史论》，山东大学出版社 2002 年版。

李开元：《汉帝国的建立与刘邦集团》，生活·读书·新知三联书店 2000
    年版。

勒内·格鲁塞：《草原帝国》，商务印书馆 1998 年版。

卢兆荫：《发现满城汉墓》，浙江文艺出版社 2011 年版。

茅海建：《天朝的崩溃——鸦片战争再研究》，生活·读书·新知三联书店
    2014 年版。

诺曼·戴维斯：《欧洲史》，世界知识出版社 2007 年版。

潘其风：《潘其风考古人类学文选》，科学出版社 2015 年版。

钱穆：《国史大纲》，商务印书馆 1996 年版。

钱穆：《中国历代政治得失》，生活·读书·新知三联书店 2012 年版。

司马迁：《史记》，中华书局 2014 年版。

司马光：《资治通鉴》，中华书局 2011 年版。

斯坦因：《西域考古记》，商务印书馆 2013 年版。

叔孙通撰：《汉礼器制度》，中华书局 1985 年版。

台湾三军大学编著：《中国历代战争史》第三卷，中信出版社 2012 年版。

谭其骧：《中国历史地图集》，中国地图出版社 1982 年版。

特奥多尔·蒙森：《罗马史》，商务印书馆 2004 年版。

田广金：《桃红巴拉的匈奴墓》，《考古学报》1976 年第 1 期。

田余庆：《秦汉魏晋史探微》，中华书局 2011 年版。

王明珂：《游牧者的抉择——面对汉帝国的北亚游牧部族》，广西师范大学
　　出版社 2008 年版。

王明珂：《华夏边缘——历史记忆与族群认同》，浙江人民出版社 2013 年版。

魏收：《魏书》，中华书局 1974 年版。

吴礽骧：《河西汉塞调查与研究》，文物出版社 2005 年版。

徐天麟撰：《西汉会要》，上海古籍出版社 2006 年版。

徐国栋：《罗马人的税赋》，《现代法学》2010 年第五期。

谢桂华、李均明、朱国炤：《居延汉简释文合校》，文物出版社 1987 年版。

西嶋定生：《秦汉帝国——中国古代帝国之兴亡》，社会科学文献出版社
　　2017 年版。

西塞罗：《论义务》，译林出版社 2015 年版。

辛德勇：《制造汉武帝》，生活·读书·新知三联书店 2015 年版。

严可均辑：《后汉全文》，商务印书馆 1999 年版。

伊恩·莫里斯：《战争》，中信出版社 2015 年版。

约翰·基根：《战争史》，中信出版社 2015 年版。

岳邦湖、钟圣祖：《疏勒河流域汉代长城考察报告》，文物出版社 2001 年版。

永田英正：《居延汉简研究》，广西师大出版社 2007 年版。

余英时：《中国文化史通释》，生活·读书·新知三联书店 2011 年版。

余英时：《汉代贸易与扩张》，上海古籍出版社 2005 年版。

泽田勋：《匈奴——古代游牧国家的兴亡》，内蒙古人民出版社 2010 年版。

郑麒来：《中国古代的食人》，中国社会科学出版社 1994 年版。